JN016279

厚生労
一般職業
（GA　適性検査）

VPI 職業興味検査

関係性アプローチ

社会心理学の父

早期決定論

個人のパーソナリティ
や仕事の6つの分類
現実的,研究的,芸術的、
社会的,企業的,慣習的

主観的なキャリアと
客観的なキャリア

マージナルマン

職業選択の父（創始者）

親の養育態度
情緒型,拒否型,受容型

パーソナリティの六角形

プロティアン・キャリア
と伝統的キャリア

Tグループ

職業選択理論
（後にウィリアムソン先生の
特性因子論へ発展）

スリー・レター・コード

職業レディネス・テスト

アイデンティティと
アダプタビリティの
2つのコンピテンシー

6つの発達段階と発達課題
乳幼児期・児童期・青年期
壮年期・中年期・老年期

パーソナリティ・特性因子論アプローチ　パーソンズ

パーソナリティ・特性因子論アプローチ　ホランド

パーソナリティ・特性因子論アプローチ　ホール

発達論・トランジションに関するアプローチ　レヴィン

パーソナリティ・特性因子論アプローチ　ロー

パーソナリティ・特性因子論アプローチ　ホランド

パーソナリティ・特性因子論アプローチ　ホール

発達論・トランジションに関するアプローチ　レヴィン

パーソナリティ・特性因子論アプローチ　パーソンズ

パーソナリティ・特性因子論アプローチ　ロー

パーソナリティ・特性因子論アプローチ　ホランド

パーソナリティ・特性因子論アプローチ　ホール

発達論・トランジションに関するアプローチ　レヴィン

パーソナリティ・特性因子論アプローチ　パーソンズ

パーソナリティ・特性因子論アプローチ　ホランド

パーソナリティ・特性因子論アプローチ　ホランド

パーソナリティ・特性因子論アプローチ　ホール

発達論・トランジションに関するアプローチ　ハヴィガースト

アイデンティティ（自我同一性）などの概念

特性因子理論と自己概念理論を統合（包括的理論）

アーチモデル

４つの発達期と主な過渡期
成人への過渡期、30歳の過渡期、人生半ばの過渡期、老年への過渡期

外的キャリア（客観的）と内的キャリア（主観的）

心理社会的発達段階の生みの親

職業的適合性

職業的発達の14の命題

中年の危機

キャリア・アンカー
専門・職種別コンピタンス、全般管理コンピタンス、自律／独立、保障・安定、起業家的創造性、奉仕／社会献身、純粋な挑戦、生活様式

職業的発達理論
職業選択は発達的プロセス

ライフ・ステージ
成長段階、探求段階、確立段階、維持段階、解放段階

４つの社会システム
マイクロシステム、メゾシステム、エクソシステム、マクロシステム

キャリア・コーン

３つのキャリア・サイクル
生物学的・社会的、家族関係、仕事・キャリア形成

３つの発達段階
空想期、試行期、現実期

ライフ・キャリアレインボー
ライフ・スパン、ライフ・ロール

ライフサイクルを人生の四季に例える

組織と個人の相互作用

９つのキャリア発達段階
成長・空想・探求、仕事の世界へのエントリー、基本訓練、キャリア初期、仕事中期、キャリア中期の危機、キャリア後期、衰える及び離脱、引退

発達論・トランジションに関するアプローチ　エリクソン

発達論・トランジションに関するアプローチ　スーパー

発達論・トランジションに関するアプローチ　スーパー

発達論・トランジションに関するアプローチ　レビンソン

発達論・トランジションに関するアプローチ　シャイン

発達論・トランジションに関するアプローチ　エリクソン

発達論・トランジションに関するアプローチ　スーパー

発達論・トランジションに関するアプローチ　スーパー

発達論・トランジションに関するアプローチ　レビンソン

発達論・トランジションに関するアプローチ　シャイン

発達論・トランジションに関するアプローチ　ギンズバーグ

発達論・トランジションに関するアプローチ　スーパー

発達論・トランジションに関するアプローチ　プロッフェンブレナー

発達論・トランジションに関するアプローチ　シャイン

発達論・トランジションに関するアプローチ　シャイン

発達論・トランジションに関するアプローチ　ギンズバーグ

発達論・トランジションに関するアプローチ　スーパー

発達論・トランジションに関するアプローチ　レビンソン

発達論・トランジションに関するアプローチ　シャイン

発達論・トランジションに関するアプローチ　シャイン

キャリア・サバイバル

統合的人生設計（ILP）

4L
愛(Love)、労働(Labor)、学習(Learning)、余暇(Leisure)

統合的人生設計の結合性と
全体性をキルトに例える

6つの人生課題

ナラティブ・アプローチの
先駆け

キャリア構築理論
職業的パーソナリティ、キャリア・アダプタビリティ、ライフテーマ

キャリア・アダプタビリティ
の4次元
キャリア関心、キャリア統制、キャリア好奇心、キャリア自信

キャリア構築インタビュー

予測していた転機（イベント）、予測していなかった転機（イベント）、予測していたのに起こらなかった転機（ノンイベント）

4S
状況(Situation)、自己(Self)、支援(Support)、戦略(Strategies)

トランジション・プロセス
終焉、中立圏・ニュートラルゾーン、開始

転機の始まりは
何かが終わるとき

転機の4段階循環モデル
準備、遭遇、適応(順応)、安定化

転機の4サイクルの
3つの特徴
再帰性、相互依存性、不連続性

モデリング（観察学習）
注意過程、保持過程、運動再生過程、動機づけ過程

求人形実験

自己効力感を高める
ための4つの情報源
遂行行動の達成、言語的説得、代理的経験、情動(的)喚起

機会遭遇理論

キャリア意思決定に
与える4つの要因
遺伝的(先天的)な特性や特別な能力、環境的状況・出来事、学習経験、課題アプローチスキル(意思決定スキル)

発達論・トランジションに関するアプローチ シャイン	発達論・トランジションに関するアプローチ ハンセン	発達論・トランジションに関するアプローチ サビカス	人生の転機の知識 ブリッジス	社会的学習理論アプローチ バンデューラ
発達論・トランジションに関するアプローチ ハンセン	発達論・トランジションに関するアプローチ コクラン	人生の転機の知識 シュロスバーグ	人生の転機の知識 ニコルソン	社会的学習理論アプローチ バンデューラ
発達論・トランジションに関するアプローチ ハンセン	発達論・トランジションに関するアプローチ サビカス	人生の転機の知識 シュロスバーグ	人生の転機の知識 ニコルソン	社会的学習理論アプローチ バンデューラ
トランジションに関するアプローチ ハンセン	発達論・トランジションに関するアプローチ サビカス	人生の転機の知識 ブリッジス	社会的学習理論アプローチ バンデューラ	社会的学習理論アプローチ クランボルツ

計画的偶発性理論（プランドハップンスタンス理論）

偶然の出来事を
キャリアに活かすための
5つのスキル
好奇心、持続性、柔軟性、楽観性、冒険心

認知的不協和理論

合理的な意思決定
予測（予期）システム、価値（評価）システム、基準（決定）システム

フリー・チョイス

連続的意思決定プロセス

積極的不確実性

7つの段階的意思決定方法と
8つの意思決定スタイル
衝動型、運命論型、従順型、延期型、苦悩型、直観型、無力型、計画型

局所論
意識、前意識、無意識

心の構造
自我、イド（エス）、超自我

防衛機能
隔離（分離）、否認、投影、退行、同一化・同一視、摂取（取り入れ）、合理化、補償、置き換え・代償、昇華、反動形成

6歳までに決定する
10の欲求パターン
養育的、口唇攻撃的、操作的、肛門的、性器的、探索的、尿道的、露出的、律動的

目的論、全体論、社会統合論、仮想論、主体論

勇気づけ

5段階欲求
生理的欲求、安全の欲求、所属・愛情の欲求、自尊と承認の欲求、自己実現の欲求

低次の欲求が満たされると
高次の欲求を求める

X理論・Y理論

達成動機理論
達成欲求、権力欲求、親和欲求、回避欲求

二要因論
動機付け要因、衛生要因

ERG理論

社会的学習理論アプローチ **クランボルツ**	意思決定論アプローチ **ジェラット**	精神分析的理論 **フロイト**	精神分析的理論 **アドラー**	動機づけ（職務満足・職業適応）理論 **マクレガー**
社会的学習理論アプローチ **クランボルツ**	意思決定論アプローチ **ジェラット**	精神分析的理論 **フロイト**	精神分析的理論 **アドラー**	動機づけ（職務満足・職業適応）理論 **マクレランド**
意思決定論アプローチ **ヒルトン**	意思決定論アプローチ **ジェラット**	精神分析的理論 **アンナ・フロイト**	動機づけ（職務満足・職業適応）理論 **マズロー**	動機づけ（職務満足・職業適応）理論 **ハーズバーグ**
意思決定論アプローチ **ジェラット**	意思決定論アプローチ **ティンクレッジ**	精神分析的理論 **ボーディン**	動機づけ（職務満足・職業適応）理論 **マズロー**	動機づけ（職務満足・職業適応）理論 **アルダファ**

マズロー先生の5段階欲求を3段階に集約	パーソナリティ変容理論 自己洞察、自己受容、自己決定	論理療法の創始者	スキーマ	絶対臥褥期
職務特性モデル	受容的態度、共感的理解、自己一致	ABC（DE）理論	自動思考	内観療法
来談者中心療法	カウンセリングの技法 受容、内容の再陳述、感情の反射、感情の明確化	ラショナル・ビリーフ（合理的な信念）とイラショナル・ビリーフ（非合理な信念）	認知のゆがみ	身調べ
パーソナリティ構造 自己一致、自己不一致	ベーシック・エンカウンター・グループ	認知療法の創始者	森田療法 症状を「あるがまま」を受け入れる	自律訓練法の創始者

動機づけ（職務満足・職業適応）理論 アルダファ	カウンセリング理論／来談者中心アプローチ ロジャーズ	カウンセリング理論／論理療法 エリス	カウンセリング理論／認知療法 ベック	カウンセリング理論／心理療法 森田正馬 
動機づけ（職務満足・職業適応）理論 ハックマン	カウンセリング理論／来談者中心アプローチ ロジャーズ	カウンセリング理論／論理療法 エリス	カウンセリング理論／認知療法 ベック	カウンセリング理論／心理療法 吉本伊信
カウンセリング理論／来談者中心アプローチ ロジャーズ	カウンセリング理論／来談者中心アプローチ ロジャーズ	カウンセリング理論／論理療法 エリス	カウンセリング理論／認知療法 ベック	カウンセリング理論／心理療法 吉本伊信
カウンセリング理論／来談者中心アプローチ ロジャーズ 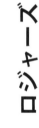	カウンセリング理論／来談者中心アプローチ ロジャーズ	カウンセリング理論／認知療法 ベック 	カウンセリング理論／心理療法 森田正馬	カウンセリング理論／行動療法 シュルツ 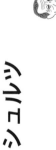

行動分析学の創始者	レスポンデント条件付けとオペラント条件付けを再定義	シェイピング法 （行動形成法／漸次的接近法）
行動療法の父	逆制止理論	スキナー・ボックス
現実療法 （リアリティ・セラピー）	系統的脱感作法	主張訓練法 （自己主張訓練法、 アサーティブトレーニング）
交流分析 構造分析、交流パターン分析、 ゲーム分析、脚本分析	ゲシュタルト療法	エンプティ・チェア （空の椅子）
I am OK, you are OK., I am not OK, You are OK., I am OK, You are not OK., I am not OK, You are not OK.	いま、ここ	コーヒーカップ・モデル
マイクロカウンセリング技法 かかわり行動、かかわり技法、 積極技法、技法の統合	コーヒーカップ・モデル	構成的グループ・ エンカウンター
ヘルピング技法の創始者	ヘルパー・ヘルピー	サイコドラマ

カテゴリー	氏名
カウンセリング理論／行動療法	スキナー
カウンセリング理論／行動療法	ウォルピ
カウンセリング理論／行動療法	グラッサー
交流分析	バーン
カウンセリング理論／包括的・折衷的アプローチ	アイビィ
カウンセリング理論／行動療法	スキナー
カウンセリング理論／行動療法	ウォルピ
ゲシュタルト療法	パールズ
交流分析	バーン
カウンセリング理論／包括的・折衷的アプローチ	カーカフ
カウンセリング理論／行動療法	スキナー
カウンセリング理論／行動療法	ウォルピ
ゲシュタルト療法	パールズ
カウンセリング理論／包括的・折衷的アプローチ	國分康孝
カウンセリング理論／包括的・折衷的アプローチ	カーカフ
カウンセリング理論／行動療法	スキナー
カウンセリング理論／行動療法	ウォルピ
ゲシュタルト療法	パールズ
カウンセリング理論／包括的・折衷的アプローチ	國分康孝
グループ・アプローチ	モレノ

本書の構成

　一般的な養成講習団体のテキストやその他の受験対策本は「キャリアコンサルタント試験の試験科目及びその範囲並びにその細目」に沿って編集されることが多いようですが、その試験科目の細目に沿って勉強を進めると不効率な点が多々あります。

　例えば多くの理論家が出題される中分類の「1　キャリアに関する理論」は、大分類の「Ⅱ　キャリアコンサルティングを行うために必要な知識」に含まれますが、シュロスバーグなどが出題される中分類の「10　人生の転機の知識」は大分類「Ⅱ　キャリアコンサルティングを行うために必要な知識」に入ってしまっているので、理論家の重要な論点を別々に覚えなければなりません。同じジャンルの論点は別々に覚えるよりもまとめて覚えたほうが頭にも残りやすく効率的です。

　本書ではタイトルにもある通り、皆様に『最速合格』を成し遂げていただくために、過去の出題傾向を徹底的に分析し「キャリアコンサルタント試験の試験科目及びその範囲並びにその細目」を、独自に次の4ジャンル　①理論　②実践　③法律・施策　④白書・統計数字　に整理し、以下の4章立てに再構成しました。

①理論	第1章　人物と流れで覚えるキャリア理論
②実践	第2章　キャリアコンサルティングの実践 （社会的意義・役割・倫理・行動等・技能・ツール・ハローワーク情報・職業分類）
③法律・施策	第3章　キャリアコンサルタントに必要な「関連知識」（法律・施策）
④白書・統計数字	第4章　キャリアコンサルタントに必要な「白書・統計数字」

　それぞれの章が「キャリアコンサルタント試験の試験科目及びその範囲並びにその細目」のどの部分に対応しているかは以下の一覧で確認してください。

キャリアコンサルタント試験の試験科目及びその範囲並びにその細目			本　書
Ⅰ キャリアコンサルティングの社会的意義	1	社会及び経済の動向並びにキャリア形成支援の必要性の理解	第3章
	2	キャリアコンサルティングの役割の理解	第2章
Ⅱ キャリアコンサルティングを行うために必要な知識	1	キャリアに関する理論	第1章
	2	カウンセリングに関する理論	第1章
	3	職業能力開発（リカレント教育を含む）の知識	第3章
	4	企業におけるキャリア形成支援の知識	第3章
	5	労働市場の知識	第4章
	6	労働政策及び労働関係法令並びに社会保障制度の知識	第3章
	7	学校教育制度及びキャリア教育の知識	第3章
	8	メンタルヘルスの知識	第2章
	9	中高年齢期を展望するライフステージ及び発達課題の知識	第1章
	10	人生の転機の知識	第1章
	11	個人の多様な特性の知識	第2章
Ⅲ キャリアコンサルティングを行うために必要な技能	1	基本的な技能	第2章
	2	相談過程において必要な技能	第2章
Ⅳ キャリアコンサルタントの倫理と行動	1	キャリア形成及びキャリアコンサルティングに関する教育並びに普及活動	第2章
	2	環境への働きかけの認識及び実践	第2章
	3	ネットワークの認識及び実践	第2章
	4	自己研鑽及びキャリアコンサルティングに関する指導を受ける必要性の認識	第2章
	5	キャリアコンサルタントとしての倫理と姿勢	第2章

「キャリアコンサルタント試験の試験科目及びその範囲並びにその細目」

● 特定非営利活動法人キャリアコンサルティング協議会

　https://www.career-shiken.org/wordpress/wp-content/uploads/2019/12/past-03.pdf

● 特定非営利活動法人日本キャリア開発協会

　https://www.jcda-careerex.org/files/requirements/66file_15876275291.pdf

※特定非営利活動法人キャリアコンサルティング協議会と特定非営利活動法人日本キャリア開発協会の試験科目及びその範囲並びにその細目は同じものになります。

本書の使い方 〜合格への道〜

LINEお友だち登録無料特典

STEP 1

LINEお友だち登録

※このLINEお友だち登録無料特典は
予告なく終了することがございます
ので、お早目にご登録ください。

STEP 2

スマホで学習

・書籍連携動画

LINE お友だち登録の QR コードを読み込んだ後のマイページの作り方

メッセージで届いた
無料特典
フォーム
のリンク
をクリック

LINE アカウントで
登録ボタンを
押す

マイページ登録完了

STEP2の無料
特典がすぐに利
用できます。

ピン留めがオススメ

※Androidトークルームを
長押しして【ピン留め】をタップ

※iPhone右側にスワイプして
【ピン留めマーク】をタップ

書籍

STEP 1

赤シートで隠し
ながらテキスト
で学ぶ

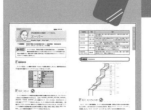

STEP 2

一問一答

で理解度チェック

STEP 3

・スピードチェック

・単語カード

スマホで暗記
・オンライン単語帳
・統計数字

STEP3 実力チェック
・学科試験模擬テスト

STEP4

過去問題を時間の許す限りできるだけたくさん解く

👑 国家資格キャリアコンサルタント
　→(推奨)直近5回分以上

👑 キャリアコンサルティング技能検定2級
　→(推奨)直近2回分以上

ページの見方

●理論家出題頻度
理論家は出題頻度によって出題頻度を3段階の★で示しています。

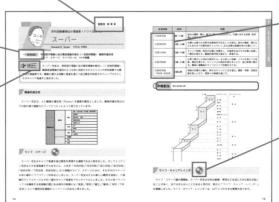

キーワード●
各理論家で覚えておくべきキーワードを記載しています。

POINT●
理論の概要を記載しています。

●赤い文字
重要な点は赤い文字になっているので、付属の赤シートで隠して学べます。

●頻出マーク
試験によく出る項目には頻出マークを付けています。

目　次

第 1 章　人物と流れで覚えるキャリア理論

第4章　キャリアコンサルタントに必要な「白書・統計数字」

第1章

人物と流れで覚えるキャリア理論

1-1
パーソナリティー・特性因子論アプローチ

● パーソンズ
知的才能に恵まれた一家に育ち、一年で司法試験に合格した弁護士

● ロー
見目麗しい4人娘の継母
親の養育態度で子供の職業が決まる⁉ 発達論の真逆を追求

● ホランド
ホランドといえば「リアセック（RIASEC）」

● ホール
プロティアンキャリアの必要性を唱える
シャイン先生の教えを受けるが後継者にはなれなかった（泣）

重要度 ★ ★

知的才能に恵まれた一家に育ち、
一年で司法試験に合格した弁護士

パーソンズ

Frank Parsons　1854-1908

 KEYWORD　職業指導の父（創始者）
職業選択理論（後にウイリアムソン先生の特性因子論へ発展）

 POINT！　キャリアに関する研究は、1900年代初頭にイギリス生まれのアメリカ人パーソンズ先生によって始められました。パーソンズ先生はアメリカ東部のボストンに職業局を置き、恵まれない若者に就職指導を行っていたことから「職業指導の創始者」「職業指導の父」と呼ばれています。

特性因子論　頻出

人と職業の適合に関する理論です。ネジとネジ穴がピッタリ（丸い釘は丸い穴へ）と合うような適合を重視することから「ペグの理論」とも言われています。

特　性	個人の適性や性格・価値観など
因　子	それぞれの職業が求める要件（仕事内容や必要とされる能力）

職業選択における適合を実現させるための3つの要素

①自己理解〈自己分析〉	自分自身の適正・能力・興味・目標・強み・弱み・そしてそれらの原因について、はっきりと理解すること。
②仕事理解〈職業分析〉	さまざまな職種に関しての仕事の要件・成功の条件・有利な点・不利な点・報酬・機会・将来性について調べる。
③推論〈理論的推論〉	自己理解と仕事理解で把握したことを組み合わせ、合理的な正しい推論を行う。

この職業選択における3つの要素は、厚生労働省編一般職業適性検査（GATB）などの心理検査手法の開発やアセスメントツール、学生向けのキャリアガイダンスンなどにも活用されています。

上記3つの要素を支援する7段階

①個人資料の記述→②自己分析→③選択と意思決定→④カウンセラーによる分析→⑤職業についての概観と展望→⑥推論とアドバイス→⑦選択した職業への適合

見目麗しい４人娘の継母。親の養育態度で子供の職業が
決まる!?　発達論の真逆を追求

ロー

Anne Roe　1904-1991

KEYWORD　早期決定論　親の養育態度　パーソナリティと職業選択

POINT!　ロー先生といえば、早期決定論と覚えてください。ロー先生はそのベー
スとしてマズロー先生の欲求段階説を取り入れ、幼児期の欲求不満度が
進路選択を方向付けると説いています。

早期決定論

早期決定論とは、親の養育態度、家庭の雰囲気や親の援助（関わり方）によって子供のパーソ
ナリティ（性格）に差がつき、将来の職業選択に影響を与えるというものです。

親の養育態度と職業選択の関係性

ロー先生は、親の種類を以下の３つに分類し、子供のキャリア選択の傾向をまとめました。

親のタイプ	養育態度	子供の仕事に対する態度や職業興味
情緒型	過保護・過剰要求	親の価値観が子供に直接的に影響するような養育態度。子供が親の期待通りに成果を発揮することが求められる。条件がかなえば報酬のよい職業（例えば、芸術・アーティスト関係など）を志向する
拒否型	拒否・無関心	拒否あるいは無関心により、人間関係を志向せず金銭的な満足度を重視してモノ志向となりやすい。科学的、機械的職業を志向する
受容型	愛情のある受容	親は子供に対する関心があるかないかは別として、子供の行動に対して受け入れる態度を示す。受け入れられた場合、すべての欲求を満たすことができる。ヒトとモノの両方についてバランスのとれた職業選択を志向する

重要度 ★★★

ホランドといえば「リアセック（RIASEC）」

ホランド

John L. Holland　1919-2008

 **KEYWORD**　6つのパーソナリティ（性格）特性　スリー・レター・コード
VPI職業興味調査

POINT!　ホランド先生は、個人のパーソナリティ（性格）と職業興味は、相互に深く関係していて、自身の性格特性と一致している環境で働くことで、安定した職業選択と高い職業的満足を得ることができると提唱しました。

6つのパーソナリティ（性格）と職業（環境）

　ホランド先生は個人のパーソナリティ（性格）や仕事（環境）は、それぞれ以下の6つに分類することができるとしました。

	パーソナリティ（性格）	適合する職業
①現実的 （Realistic）	機械・道具・物体を対象とした、具体的かつ秩序的で体系化された操作を伴う活動を好む	機械オペレーター・運転手・料理人・大工
②研究的 （Investigative）	好奇心が強く、物理学・生物学・文化的現象を対象とした体系的・実証的・抽象的・創造的研究活動を好む	医師・学者・研究者
③芸術的 （Artistic）	美術・音楽・言語など芸術的作品を創造する能力がある。発想力が豊かで創造的・独創的であり、あいまいで体系化されていない、自由な活動を好む	アーティスト・俳優・デザイナー
④社会的 （Social）	対人関係を大切にし優れたコミュニケーションスキルを持つ。人と接したり人に奉仕するなどの活動を好む	キャリアコンサルタント・教師・カウンセラー・看護師
⑤企業的 （Enterprising）	説得力や指導力、対人処理能力があり、外交的である。組織目標の達成や経済的利益を目的とした他人との交渉を伴う活動を好む	経営者・管理職・コンサルタント・支配人
⑥慣習的 （Conventional）	計算力、ビジネスセンス、書記的能力を持ち、緻密で責任感が強い	事務員・秘書・データ処理・税理士

スリー・レター・コードとホランド先生の六角形

6つのタイプは六角形で表現されます。それぞれのタイプ間の相関や心理学的類似性は、タイプ間の距離と反比例します。つまり隣り合っているタイプは心理学的類似性が高く一貫性があり、対角線上にあるタイプは最も理学的類似性が低く一貫性がない、異なるタイプといえます。6つのタイプの中で、傾向が強い3つの性格タイプを使って性格を表したものをスリー・レター・コードといい、ホランド先生は、この理論に基づいてアセスメントツールである「VPI職業興味検査」(VPI：VocationalPreferenceInventory)や、職業レディネス・テスト(VRT：Vocational Readiness Test)などを開発しました。

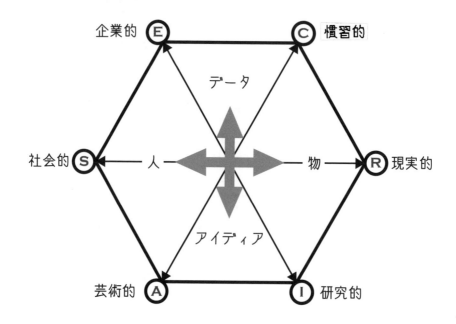

重要度 ★★

プロティアンキャリアの必要性を唱える
シャイン先生の教えを受けるが後継者にはなれなかった（泣）

ホール

Douglas T. Hall　1940-

 **KEYWORD** 関係性アプローチ　プロティアン・キャリア　主観的キャリア
客観的キャリア　アイデンティティ　アダプタビリティ

> **POINT!** ホール先生は、キャリアは行動と態度から構成されていて、キャリアを捉えるためには、主観的なキャリア（働く価値観・動機）と客観的なキャリア（履歴書に書けるような職歴や経歴）双方を考慮する必要があると唱えました。また、キャリアは他者ではなく自己で評価するものであり、他者との関係において、相互に学び合うことで形成されていくという関係性アプローチを提唱し、依存的ではなく、独立的なものでもない、相互依存的な人間関係の中で学ぶことで、変幻自在（プロティアン）なキャリアを築くことができると説きました。

ホール先生が唱える4つのキャリアの定義

①キャリアとは成功や失敗を意味するものではなく、早い遅いでもない。
②キャリアは本人が評価するもので他者に評価されるものではない。
③主観的なキャリアと客観的なキャリア双方を考慮する必要がある。
④キャリアはプロセスで、仕事に関する経験の連続である。

プロティアン・キャリア

　プロティアンとは、ギリシャ神話に登場するプロテウスから名付られ、「変幻自在である」という意味になります。プロティアンキャリアは組織ではなく個人によって形成され、移り変わる環境に、変幻自在に対応していくものであるとしました。伝統的キャリアとの違いは次表の通りです。

項目	プロティアン・キャリア	伝統的キャリア
主体者	個人	組織
価値観	自由・成長	昇進・進化・権力
パフォーマンス・成果	心理的成功・満足	地位・給与
評価	主観的	客観的
姿勢・態度	仕事の満足度 専門的コミットメント	組織等的コミットメント
アイデンティティ	自分が何をしたいのか 自分自身を尊敬できるか	自分は組織で何をすべきか 組織から自分自身が尊敬されているか
アダプタビリティ （適合性）	自分自身の仕事に対する柔軟性 市場価値	組織内での自分自身の柔軟性 組織内でのサバイバル

 ## プロティアン・キャリアに必要な 2 つのメタ・コンピテンシー

　ホール先生は、アイデンティティとアダプタビリティの 2 つのメタ・コンピテンシーがプロティアン・キャリアの形成には必要だと考えました。メタ・コンピテンシーとは、自分の知識の有効性を判断し、状況に合わせて選択して使う、あるいは必要なコンピテンスについて学ぶ力のことをいいます。

アイデンティティ	エリクソン先生によって提唱された概念。次に挙げる 2 つの構成要素から成り立つとしている ①自分の価値観・興味・能力・計画に気付いている程度 ②過去と現在と未来の自己概念が統合されている程度
アダプタビリティ	アダプタビリティ＝適応コンピテンス×適応モチベーション ・適応コンピテンスとは以下 3 つの要素を指す ①アイデンティティの探索 ②反応学習 ③統合力 ・適応モチベーションとは、適応コンピテンシーを発達させたり、応用しようとする意志のこと

問題　特性因子論とは、過去から現在の経験に対して意味づけをし、職業人生に自分らしい意味を見出していく過程がキャリアとなっていくとしている。

解答　✕　サビカスの「キャリア構築理論」である。◁「特性因子論」要確認!

問題　パーソンズが示した職業選択における適合を実現させるための3つの要素は、自分自身について理解すること、様々な職種について調べること、自己分析と職業分析の合理的な推論を行なうことである。

解答　○　自己理解と仕事理解で把握したことを組み合わせて、合理的な正しい推論を行うことである。

問題　早期決定論とは、親の養育態度によって幼少の頃の性格に差が出て、職業選択に影響が出てくるというものである。

解答　○　マズロー先生の欲求段階説を取り入れ、幼児期の欲求不満度が進路選択を方向付けると説いている。

問題　親の養育態度は、情緒型、共感型、拒否型の3つに分類される。

解答　✕　情緒型、拒否型、受容型の3つに分類される。◁「親のタイプ」要確認!

問題　ホランドは個人のパーソナリティ（性格）や仕事（環境）は現実的、情報的、芸術的、社会的、企業的、慣習的の6つに分類できるとした。

解答　✕　現実的、研究的、芸術的、社会的、企業的、慣習的である。
「RIASEC」要確認!

問題　ホランドが示した6つのパーソナリティ・タイプの中で、傾向が弱い3つの性格タイプを使って性格を表したものをスリー・レター・コードという。

解答　✕　6つのパーソナリティ・タイプの中で、傾向が強い3つの性格タイプを使って表したものをスリー・レター・コードという。◁「六角形」要確認!

問題　キャリアは行動と態度から構成されていて、キャリアを捉えるためには、主観的なキャリアを重点的に考慮する必要があるとホールは唱えた。

解答　✕　キャリアを捉えるためには主観的なキャリアと客観的なキャリアの双方を考慮する必要があると唱えている。◁「4つのキャリアの定義」要確認!

問題　ホールは変幻自在なキャリア形成には2つのメタ・コンピテンシーが必要であると考えた。

解答　○　アイデンティティとアダプタビリティの2つのメタ・コンピテンシーがプロティアン・キャリアの形成には必要だと考えた。

第1章　人物と流れで覚えるキャリア理論

1-2
発達論・トランジションに関するアプローチ

● **レヴィン**
社会心理学の父、T グループを提唱

● **レビンソン**
人生を四季にたとえたレビンソン

● **ハヴィガースト**
発達課題を世界で初めて提唱した男

● **シャイン**
組織内キャリア発達理論といえばシャイン！

● **エリクソン**
アンナ・フロイトの弟子。ウィーン精神分析所の分析家の資格を取得

● **ハンセン**
高校・大学教師からカウンセリングの道へ。女性リーダーとして活躍

● **ギンズバーグ**
戦時における大統領のアドバイザー　スーパー先生にも影響を与えた理論家

● **コクラン**
「ナラティブ・アプローチ」は
サビカス先生だけではありません！
※お写真が見つかりませんでした（汗）

● **スーパー**
学科試験最頻出の理論家！
ハワイ生まれ

● **サビカス**
師匠たちの理論をいいとこ取りして
「キャリア構築理論」を構築

● **ブロンフェンブレナー**
マトリョーシカ構造の生態学的システム論を提唱

重要度 ★ ★

社会心理学の父、Tグループを提唱

レヴィン

Kurt Lewin 1890-1947

 **KEYWORD** マージナルマン T グループ

POINT! レヴィン先生は、社会心理学の父と呼ばれています。ゲシュタルト心理学の影響を受け、トポロジー心理学（場の理論）を提唱しました。

レヴィン先生の理論、用語のまとめ

マージナルマン	青年を子どもと大人の重なり合いのうえに立つために社会的に不安定な存在として、「周辺人」「境界人」(マージナルマン)と呼びました。
T グループ	T グループ（Training Group）は、参加者相互の自由なコミュニケーションにより、自己理解、他者理解、グループダイナミックス、リーダーシップなどの人間関係に深い気づきを得て、人間的成長を得るための体験的な学習方法です。 なお、T グループはロジャーズのベーシック・エンカウンター・グループの開発に大きな影響を与えたとされています。
トポロジー心理学 場の理論	トポロジー心理学の根底には「場の理論」という考え方があります。レヴィン先生は、行動を起こすすべての条件は、その瞬間における生活空間に含まれていると考え、その生活空間を「現場」として重視しました。
アクションリサーチ	理論と実践の相互フィードバックを中心とした心理学研究法です。次の5つのステップに分かれます。 ①計画段階 ②実践段階 ③評価段階 ④修正段階 ⑤適用段階

発達課題を世界で初めて提唱した研究者

ハヴィガースト

RobertJames Havighurst　1900-1991

 KEYWORD　6 つの発達段階と発達課題

👉 **POINT!**　ハヴィガースト先生は、人生において健全で幸福な発達を遂げるために、各段階（年齢）で乗り越えなければならない発達課題があることを示しました。

6 つの発達段階と発達課題

乳幼児期 0〜6歳	一般に生きるために必要なもの 食べる、話す、排泄するなどの学習 善悪の区別、良心の学習
児童期 6〜12歳	社会生活への適応 同じ年頃の仲間とうまく付き合う学習 読み書き計算の基本的技能の学習
青年期 12〜18歳	親からの精神的な独立 男性または女性としての社会的役割の獲得 両親や他の大人からの情緒的自立 身体的変化を受け入れて身体を有効に使うこと
壮年期 18〜30 台前半	新たな集団を作ること 就職、配偶者の選択、結婚、子どもの養育 適切な社会集団の発見
中年期 30台前半〜60台前半	次世代へどのように伝えていくのか 大人としての市民的・社会的責任を達成すること 一定の経済力を確保し、維持すること 配偶者と信頼関係で結びつくこと 生理的変化を受け入れ、適応すること 老年の親の世話と順応
老年期 60台前半以上	やがて訪れるだろいう死と向かい合うこと 肉体的な強さと健康の衰退への適応 引退と収入の減少への適応 同年代の人と明るい親密な関係を結ぶこと やがて訪れる死への準備と受容

重要度 ★ ★ ★

アンナ・フロイトの弟子。
ウィーン精神分析所の分析家の資格を取得

エリクソン

Erik Hom burger Erikson　1902-1994

 **KEYWORD**　心理社会的発達段階説の生みの親
アイデンティティ（自我同一性）などの概念

> **POINT!**　エリクソン先生は、アンナ・フロイト先生の弟子となった後、ウィーン
> 精神分析研究所の分析家の資格を取得します。エリクソン先生の発達段
> 階説は、キャリア分野においてもギンズバーグ先生やスーパー先生などに影響を与えていく
> ことになります。

心理社会的発達理論（ライフサイクル理論）による発達段階

　エリクソン先生は、これが他ならぬ自分であり、他のものではないという「アイデンティティ（自我同一性）」の概念を提唱しました。人生を8つの段階に分け、それぞれの発達段階における心理社会的発達課題と危機を整理し、個体発達分化の図式（漸成図式）により、人間の発達を包括的に捉えました。

　8つの発達段階にはそれぞれ心理社会的課題と危機が存在し、克服して力を得ながら徐々に人の中核となるものが作られていくとしました。

発達段階	おおよその年齢（諸説あり）	獲得したい課題	心理的課題と危機	得られる力	得られなかったとき
乳児期	0~1歳半頃	基本的な信頼関係	基本的信頼感⇔不信感	希望	引きこもり
幼児前期	1歳半~4歳頃	歩行や排泄の自律	自律性⇔羞恥心・疑惑	意思強迫	強迫
幼児後期	4~6歳頃	自主的で自発的な行動	積極性・自主性⇔罪悪感	目的	制止
学童期	6~12歳頃	学校等での勤勉な学び	勤勉性⇔劣等感	有能感	不活発不活発
青年期	12~22歳頃	自分を受け入れる	自我同一性（アイデンティティ）⇔同一性拡散	忠誠心	役割拒否
成人前期	22~40歳頃	パートナー等との親密性	親密性⇔孤立	愛	排他性
成人期	40~64歳頃	次世代の育成（育てる）	世代継承性・生殖性⇔停滞	世話	拒否性拒否性
老年期	65歳頃~	人生を振り返り、受け入れる	自己統合⇔絶望	英知	侮蔑

　エリクソンは、アイデンティティ（自我同一性）を確立する青年期を特に重要視し、親密性、世代継承性などを通じてこれまでの自分のライフワークや生活を受け入れ、肯定的に統合しなければならないとしています。また、人生の最終的な発達課題を自己統合としています。

重要度 ★★

戦時における大統領のアドバイザー
スーパー先生にも影響を与えた理論家

ギンズバーグ

Eli Ginzberg　1911-2002

 KEYWORD　職業的発達理論　職業選択は発達的プロセス

👉 POINT!　ギンズバーグ先生は、職業の選択は長い年月を通しての発達的プロセスであることを最初に理論化しました。

職業発達プロセス

時期	年齢	特徴
空想期	児童期 （0～11歳）	前半：遊びの中で仕事や職業を学ぶ 後半：仕事に関する概念ができる 職業に初めて興味・関心を示し、衝動・欲求を直接的に満たす職業を選択
試行期	青年期 （11～17歳）	自分の主観的な要素（興味・価値観）を仕事と結びつける 興味ステージ／能力ステージ／価値観ステージ／過渡期ステージに分かれる
現実期	青年期 （17～20代前半）	職業選択をするための自分の能力・価値観を意識し、自ら発達させることが可能となる 環境的要因（機会・限界）を考慮して職業選択をする探索ステージ／結晶化ステージ／特殊化ステージに分かれる

3つの命題

　ギンズバーグ先生は職業選択の発達的な特徴として、以下の3つの命題があるとしました。そして研究を進める中で、修正を加えます。

1950年代（修正前）	1970年代（修正後）
①職業選択は、10年以上の長期にわたる発達のプロセス ②意思決定のプロセスは非可逆的で基本的に後戻りができない ③職業選択は、個人の主観的要素（興味・能力・価値）などと現実との妥協のプロセス	①職業選択は、生涯を通して行われる ②職業選択のプロセスは、後戻りすることができるが、時間や経費などの損失を受ける ③職業選択は個人的要因（興味・能力・価値観）と現実的要因（雇用機会）の最適化のプロセスである

重要度 ★★★

学科試験最頻出の理論家！ハワイ生まれ

スーパー

Donald E. Super　1910-1994

 **KEYWORD**　特性因子理論と自己概念理論を統合（＝包括的理論）　職業的適合性
ライフ・ステージ　ライフ・ロール　14の命題

👉 **POINT!**　スーパー先生は、特性因子理論と自己概念理論を統合し（＝包括的理論）、
職業発達理論を現在のような形に完成させたキャリコンの学科試験では
最頻出の理論家です。職業に関する回顧と展望を通じて自己概念が形成されていくプロセス
こそがキャリア発達だと説きました。

職業的適合性

　スーパー先生は、人と職業の適合性（vocational fitness）を重要な概念としました。職業的
適合性は以下の図の通り諸能力とパーソナリティによって成り立っています。

職業適合性	諸能力	適性	知能（言語の推理、数の推理、抽象的推理）
			空間視覚
			知覚の速さ・正確さ
			運動精神機能
			未開発のもの
		技量	学力
			熟練度
	パーソナリティ	適応	欲求
			人間特質
		価値観	
		興味	
		態度	

ライフ・ステージ

　スーパー先生はキャリア発達を自己概念を実現する過程であると説きました。そしてエリクソ
ン先生などの生涯発達モデルをもとに、人生を「成長段階」「探求段階」「確立段階」「維持段階」
「解放段階（下降段階・衰退段階）」の5段階のライフ・ステージに分け、それぞれのステージ
の中に細かくサブステージがあるとしました。スーパー先生はさらに新しい概念を追加し、5段
階のライフステージ上での一連のキャリア発達をマキシサイクルとしました。さらに各マキシサ
イクルを構成する各段階の間にある移行の時期には、「成長」「探求」「確立」「維持」「解放（下降・
衰退）」という意思決定過程のミニサイクルがあると考えました。

発達段階	時期	特徴
①成長段階	0歳〜14歳	自分の興味・関心・能力に関する探究を行う。仕事に対する空想・欲求・関心が高まる。
②探索段階	15歳〜24歳	仕事には様々な分野や必要条件があることを知る。自分の興味・関心などにあわせて仕事を絞りこんでいく。また必要な訓練を受け仕事につく。
③確立段階	25歳〜44歳	キャリア初期。特定の仕事に定着をし、生産性をあげその仕事に従事して責任を果たす。職業的専門性が高まり、昇進する。
④維持段階	45歳〜65歳	仕事で確立した地位を維持する。また新しい知識・スキルを身につけ役割・責任を果たす。キャリア上の成功を果たすことで、自己実現に繋がる。最後に退職後のライフキャリア計画を立てる。
⑤解放段階 （下降段階／衰退段階）	65歳以降	有給の仕事から離れ、新たなキャリア人生を進む。趣味・余暇・地域活動を楽しんだり、家族との時間を過ごす。

暗記法

せい	た	か	い	か
成長	探索	確立	維持	解放

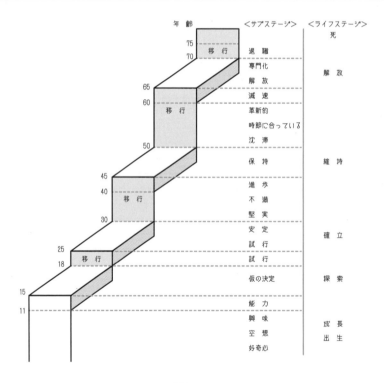

ライフ・キャリアレインボー

　ライフ・ステージ論の提唱後、スーパー先生は、女性は結婚・育児など生活に大きな変化が起こることが多く、この理論に当てはまらないこともあると気付き、新たに「ライフ・キャリア・レインボー」を提唱しました。ライフ・キャリア・レインボーは、以下2つの大きな要素があります。

①ライフ・スパン

　ライフ・ステージにあたり、外側に、成長、探索、確立、維持、解放が表現されています。

②ライフ・ロール

　スーパー先生は、人生における役割を子ども／学習する人／余暇人／市民／労働者／家庭人などに分類しました。人はライフ・スパンの中で、同時に複数の役割を担っており、またその役割は相互に影響し合っていると提唱し、例えば仕事をしている間は労働者の役割、休日は配偶者・親・子供などの役割があると考えました。

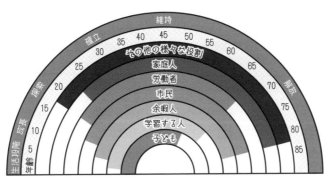

ライフ・キャリアレインボーの図

　スーパー先生は、キャリア発達の集大成として、ハヴィガースト先生の発達課題やギンズバーグ先生の発達理論などを取りまとめ、以下の通り「14の命題」を示しました。

---

①人はパーソナリティの諸側面（欲求、価値、興味、特性、自己概念）および能力において違いがある。

②これらの特性から見て、人はおのおの多くの種類の職業に対して適合性を示す。

③それぞれの職業には、必要とされる能力やパーソナリティ特性の独自のパターンがある。職業に就いている人に多様性が見られるように、個人も多様な職業に就く許容性を有している。

④職業に対する好みやコンピテンシー、生活や仕事をする状況は、時間や経験とともに変化し、それゆえ自己概念も変化していく。このような社会的学習の成果としての自己概念は、選択と適応において連続性を提供しながら青年期後期から晩年にかけて安定性を増していく。

⑤自己概念が変化していくこのプロセスは、成長、探索、確立、維持、解放の連続としてみなされた一連のライフ・ステージ（「マキシ・サイクル」）に集約され、また発達課題によって特徴づけられた期間へ細分化されうる。ミニ・サイクルは、あるステージから次のステージへキャリアが移行するときに起こる。または病気や傷害、雇用主による人員削減、必要な人的資源の社会的変化、または社会経済的ないしは個人的出来事によって、個人のキャリアが不安定になるたびに起こる。このような不安定で試行錯誤に富むキャリアには、新たな成長、再探索、再確立といった再循環（リサイクル）が含まれる。

⑥キャリア・パターンとは、到達した職業レベルである。また試したものであれ安定したものであれ、経験した職務に従事した順序、頻度、期間を意味する。キャリア・パターンの性質は、各個人の親の社会経済的レベル、本人の知的能力（mentalability）、教育レベル、スキル。パーソナリティの特徴（欲求、価値、興味自己概念）、キャリア成熟、および個人に与えられた機会によって決定される。

⑦どのライフ・ステージにおいても、環境と個体の要求にうまく対処できるかどうかは、これらの要求に対処する個人のレディネス（対処するために個人がどの程度準備できているか、すなわち、キャリア成熟）の程度による。

⑧キャリア成熟は、心理社会的構成概念であり、それは成長から解放までのライフ・ステージおよびサブ・ステージの一連の職業的発達の程度を意味する。社会的視点からは、キャリア成熟は、個人の暦年齢に甚づいて期待される発達課題と、実際に遭遇している発達課題とを比較することによって操作的に定義できる。心理学的視点からは、現在遭遇している発達課題を達成するために必要な認知的・情緒的資源と、個人が現在もっている認知的・情緒的資源とを比較することにより操作的に定義できる。

⑨ライフ・ステージの各段階をとおしての発達は、部分的には能力、興味、対処行動を成熟させること、また部分的には現実吟味や自己概念の発達を促進することによって導かれる。

⑩キャリア発達とは、職業的自己概念を発達させ実現していくプロセスである。キャリア発達のプロセスは統合と妥協のプロセスであり、そのなかで、生まれもった適性、身体的特徴、様々な役割を観察したり担ったりする機会、役割をこなした結果を上司や仲間がどの程度承認しているかの自己認識との間の相互作用によって自己概念は作られる。

⑪ 個人要因と社会要因間および自己概念と現実間の統合と妥協とは、役割を演じ、フィード・バックを受けるなかで学習することである。その役割は空想やカウンセリング面接で演じられる場合もあれば、クラス、クラブ、アルバイト、就職といった現実生活で演じられる場合もある。

⑫職業満足や生活上の満足は、個人の能力、欲求、価値、興味、パーソナリティ特性、自己概念を適切に表現する場をどの程度見つけるかによって決まる。満足感は、人がその役割をとおして成長し、探索的な経験を積み自分にとって合っていると感じられるような類の仕事、仕事の状況、生活様式に身をおいているかどうかに拠る。

⑬仕事から獲得する満足の程度は、自己概念を具現化できた程度に比例する。

⑭仕事と職業は、たいていの人にとってパーソナリティ構成の焦点となる。しかし、仕事や職業が周辺的であったり偶発的であったり、まったく存在しなかったりする人もいる。また、余暇や家庭といったほかの焦点が中心となる人もいる。個人差と同様に社会的伝統（性役割におけるステレオ・タイプやモデリング，人種的民族的偏見、機会が与えられるかどうかという社会構造）が、労働者，学生、余暇人、家庭人、市民のうちどの役割を重視するかの重要な決定要因である。

出典：渡辺 三枝子編著『新版 キャリアの心理学【第2版】』ナカニシヤ出版，2018年7月，52-54ページ

アーチモデル

スーパーは晩年に発表した前述の「ライフ・キャリア・レインボー」を再定義して、「アーチモデル」を発表しました。ただし、理論的にはライフ・キャリア・レインボーと大きな違いはありません。

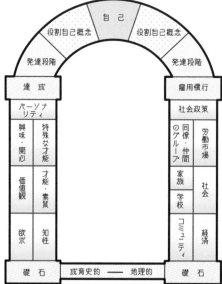

重要度 ★

マトリョーシカ構造の生態学的システム論を提唱

ブロンフェンブレナー

Urie Bronfenbrenner　　1917-2005

 **KEYWORD**　マイクロシステム　メゾシステム　エクソシステム　マクロシステム

POINT!　ブロンフェンブレナー先生は、当時父親が研究者として勤めていた精神薄弱児のための施設と同じ敷地で育ちました。実験室での行動と現実の行動に違いを見い出し、人が生活する中では社会的な環境の変化が発達の変化に繋がるため、構造面から分析する必要があるとして、生態学的システム論を提唱しました。

4つの社会システム

マイクロシステム	自分に一番身近な環境。自分が直接接している親・兄弟・友人・保育士など
メゾシステム	マイクロシステム同士の関係性。自分の親と教師や友人との関係など
エクソシステム	自分の直接的な環境の出来事に影響を生み出す、メゾシステムの外の関係性。例えば親の職場の人間関係など。親が職場でストレスを抱えると子供にも影響してしまう
マクロシステム	マイクロシステムからエクソシステムまでが影響を受けている広い価値観。文化・慣習・歴史など

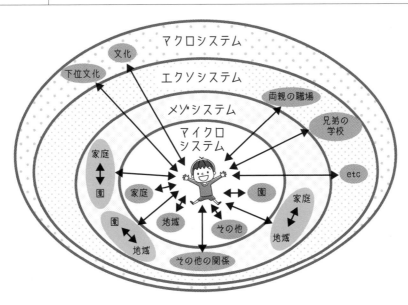

人生を四季にたとえたレビンソン

レビンソン

Daniel J. Levinson 1920-1994

 **KEYWORD** ライフサイクル　中年の危機（40~65 歳）　人生の四季

> **POINT!** レビンソン先生は、人の発達について、安定期と過渡期を繰り返すものと考えました。そして過渡期こそキャリアを質的に新しく発展させる自己再成の好機と捉えました。

各段階と過渡期と直面する課題

　人生の発達段階を四季（人生の四季）にたとえたレビンソン先生は、成人の発達は 4 つの発達期（児童と青年期、成人前期、中年期、老年期）を経るとしています。またそれぞれの段階では安定期と 5 年程度の過渡期が交互に現れると考えました。この理論は人生を日の出から日没までの 1 日に例えたユング先生の理論の影響を受けています。

4 つの発達期	主な過渡期（節目の 5 年間）	過渡期で直面する課題
児童期と青年期 （0歳～22歳）	親や社会に保護されながら生きる時期のため課題はない	
成人前期 （17歳～45歳）	成人への過渡期 （17歳～22歳）	アパシー（無力感・無価値）と離人感（自分が自分と思えなくなる感覚）
	30 歳の過渡期 （30歳～35歳）	焦燥感とさまよい、無力感
中年期 （40歳～65歳）	人生半ばの過渡期 （40歳～45歳）	自分らしさの模索・葛藤を通じて、真の自己との折り合いをつける。若さと老い、破壊と創造、男らしさと女らしさ、愛着と分離の両極性の解決。価値観崩壊
老年期（60歳以降）	老年への過渡期	死の受容と新たな生きがいの獲得。役割感の喪失。孤立化

成人前期と中年期の発達段階

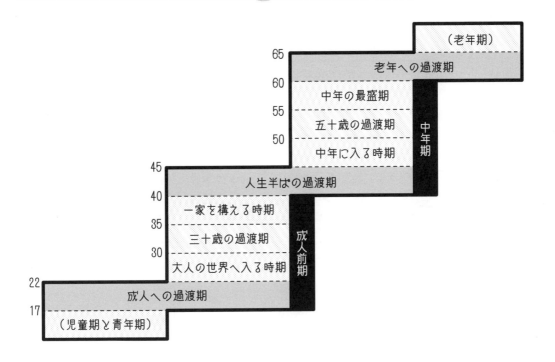

　人生半ばの過渡期は、いわゆる「中年の危機」と呼ばれます。子どもが巣立った後の寂しさや喪失体験などを感じ、空の巣（からのす）問題が生じる時期になります。ちなみにユング先生はこの時期のことを「人生の正午」と表現し、人生最大の危機であると考えました。

組織内キャリア発達理論といえばシャイン！

シャイン

Edger Henry Schein　1928-2023

 **KEYWORD**　外的キャリア・内的キャリア　キャリアコーン　キャリアアンカー
キャリアサイクル　キャリアサバイバル

POINT!　シャイン先生は「組織心理学」という言葉を初めて生んだ組織開発の専門
家です。個人と組織の関係に注目し、組織内キャリア発達理論を提唱しま
した。個人と組織ニーズとの適合を図るような、組織と個人の相互作用を重要視しています。

外的キャリアと内的キャリア

シャイン先生はキャリアを、外的キャリア、内的キャリアという2つの軸で捉えられると考え
ました。

軸	内容
外的キャリア	経験をした仕事の内容・実績・保有資格・学歴・組織内での地位・会社名など。履歴書等に記載することができる客観的なキャリア
内的キャリア	職業生活においての歩みや動きに対する自分なりの意味付けや価値観。主観的なキャリア

キャリア・コーン（外的キャリアを示す組織の3次元モデル）

シャイン先生は、組織内キャリア発達を、円錐状の組織の3次元モデル（キャリア・コーン）
で表しました。この3次元モデルでは、外的キャリアの観点から、組織内でのキャリアを以下3
方向で形成されているとしています。

垂直方向の移動：階層（昇進や降格など）

円周方向の移動：職能・技能（異なる部門への配置転換等）

中心方向への移動：部内者化・中心性（特定の部門のエキスパートになる、組織の中心に位置
し重要な情報にアクセスできるようになる等）

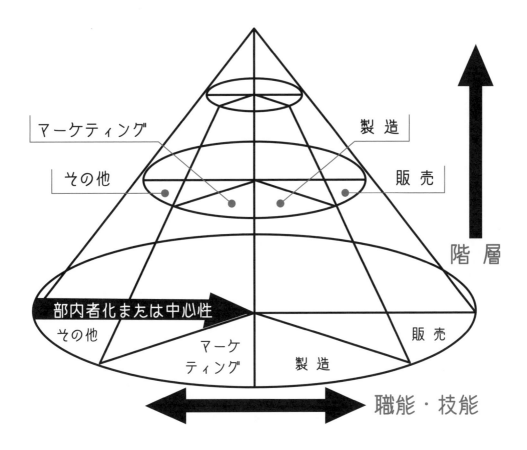

キャリア・アンカー

　キャリアアンカーとは、個人が選択を迫られた際、その人が職業生活において、最も放棄したがらない欲求・価値観・能力（才能）などの自己概念のことです。個人のキャリアを船に例えた場合、船をつなぎ止める錨（いかり）のように、キャリアを安定させる積極的定着促進要因といえます。

　キャリア・アンカーには、次の8つのカテゴリーがあります。

①専門・職種別コンピタンス	特定の業界・分野・職種で自分の能力や技術を発揮し、自分らしさを確立することを重視する
②全般管理コンピタンス	組織内で集団を統率したり、権限を行使する柔軟な能力を発揮し、組織の期待に応えることを重視する
③自律／独立	ルールや規制に縛られず、枠組みを自分で決め、自分のやり方で仕事を進めていくことをを重視する
④保障・安定	雇用保障、年金などの経済的な安定を得ることを重視する。組織への忠誠や献身などが見られる。
⑤起業家的創造性	新しいものを創り出す、リスクを恐れず何かを達成することを重視する。
⑥奉仕／社会献身	他者の救済、教育など、人の役に立つ、価値のあることをなし遂げることを重視する。
⑦純粋な挑戦	解決困難と思われる問題の解決に取り組む、難しい障害を克服するなど、挑戦を求める事を重視する。
⑧生活様式	仕事に求めるもの、個人的な欲求、家庭生活などのバランスや調和をうまくとることを重視する。

暗記法

専門	全般	自律	保障	起業	奉仕	純粋	生活
せん	ぜん	じぶんは	ほう	きでそうじして	ほうしする	じん	せい
戦	前	自分は	ほう	きでそうじして	奉仕する	人	生

キャリア・サイクル

　シャイン先生は組織との関わりだけではなく、人が生きている領域を、以下3つのサイクルに分け、それぞれのサイクルに段階及び課題を設定しました。また3つのサイクルは相互に影響し合っていると考えました。

　①生物学的・社会的サイクル

　②家族関係におけるサイクル

　③仕事・キャリア形成におけるサイクル

暗記法　　生物社会で家族として仕事するシャイン(社員)

　さらに、組織内でのキャリアの発達段階を、生涯を通じて次の9つの段階に区分しました。

発達段階	年代	内容
①成長・空想・探究	0歳～21歳	自分の価値観を見つけ、教育を受け、体験を重ねる準備段階。
②仕事の世界へのエントリー	16歳～25歳	初めて職業に就く時期。組織の仕事を学びながら、立ち位置・役割を見出そうとする。
③基本訓練	16歳～25歳	仕事に取組み、困難を乗り越え、徐々に組織メンバーとして定着していく。
④キャリア初期	17歳～30歳	責任ある仕事を任され、独立を求める自己と組織の葛藤が生じやすい。
⑤キャリア中期	25歳以降	組織の中で明確な立場を確立していく時期。方向性が決まる重要な時期。
⑥キャリア中期の危機	35歳～45歳	自分の価値観や能力を明確に理解する時期。現状に留まるか否かの葛藤が生じる時期。
⑦キャリア後期（指導者・非指導者）	40歳～引退	十分な経験を積み、後輩育成など指導者的立場を担う時期。
⑧衰え及び離脱	40歳～引退まで	能力のミスマッチや体力・影響力の衰えにより、組織から少しずつ距離を置き、引退の準備を考え始める時期。
⑨引退		

キャリア・サバイバル

　キャリアサバイバルとは、キャリア・アンカーによって個人のニーズを明確化し、組織のニーズとマッチングさせ、実現していくことの概念を示しています。組織の職務と役割を分析し、現在もしくは将来の職務や役割を理解することで、キャリアを戦略的にプランニングしていくことが可能となると唱えました。

重要度 ★★★

高校・大学教師からカウンセリングの道へ。
女性リーダーとして活躍

ハンセン

Sunny S. Hansen　1929-2020

KEYWORD　統合的人生設計　4L　キルト　6つの人生課題

統合的人生設計・4L

　ハンセン先生といえば「統合的人生設計」（ILP：Integrative Life Planning）と覚えましょう。ハンセン先生はキャリアを家庭や社会など生活上の役割すべてを盛り込んだ包括的な概念として捉えました。そして、人生の役割としては、以下4つの要素（4L）が統合されて初めて人生が「意味のある全体」になるとしています。

　4Lの要素：①愛（Love）②労働（Labor）③学習（Learning）④余暇（Leisure）

> **暗記法**　　ハンセン　フォー（4）ラブ（L）！

　またハンセン先生は、統合的人生設計の結合性と全体性を小さな布を縫い合わせて1つの大きな布を作る「キルト（パッチワーク）」に例えています。

6つの人生課題

　ハンセン先生は統合的人生設計において、重要な人生課題を6つ提示しています。統合的人生設計では、個人の成長に加えて、コミュニティの改善・民主主義社会が目指すゴールも考慮していたのです。

---

① グローバルな状況を変化させるためになすべき仕事を探す

② 人生を意味ある全体像の中に織り込む

③ 家族と仕事の間を結ぶ

④ 多元性と包括性を大切にする

⑤ 個人の転機と組織の変革にともに対処する

⑥ 精神性、人生の目的、意味を探求する

重要度　★

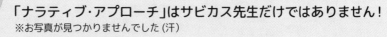

「ナラティブ・アプローチ」はサビカス先生だけではありません！
※お写真が見つかりませんでした（汗）

コクラン

Larry Cochran　1944-

 **KEYWORD**　ナラティブ・アプローチ

POINT!　コクラン先生は、1990年代にキャリアカウンセリングにおいてナラティブ・アプローチを導入した先駆者と言われています。ナラティブ（物語）と言えば、「サビカス先生しかいない！」と思い込んでしまっている人が多いので注意しましょう。

コクラン先生のナラティブ・アプローチ

　コクラン先生は、物語が、人・機動力・機会・意味・場所・出来事といった要素を統合または構成すると指摘しており、意味づけがキャリアの中心的主題であることから、「語り」の有効性を論じています。

　コクラン先生は、下記の流れでクライエントの人生物語を「強化」していくアプローチを試みました。

ライフライン	人生を上下する曲線で書く
ライフチャプター	人生の各時期にタイトルをつける
成功体験	自身の成功体験をリスト化する
家族	家族構成、特徴、違いを確認
ロールモデル	尊敬する人と自分の共通点や違いを確認
早期記憶	想起される最も古い記憶を引き出し、パーソナリティ確認する

重要度 ★★★

師匠たちの理論をいいとこ取りして
「キャリア構築理論」を構築

サビカス

Mark. L. Savickas 1947-

KEYWORD キャリア構築理論　職業パーソナリティー　キャリアアダプタビリティ
ライフテーマ　キャリア構築インタビュー

POINT! サビカス先生は、スーパー先生やその弟子のホランド先生から指導を受けています。そして特性因子論やスーパー先生、ホランド先生の理論などを統合・発展させ、21世紀のキャリア理論と位置づけられる「キャリア構築理論」を組み立てました。「キャリア構築理論」では過去から現在の経験に対して意味づけをし、職業人生に自分らしい意味を見出していく過程がキャリアとなっていくと説いています。

キャリア構築理論における3つの重要概念

キャリア構築理論には以下3つの重要概念があるとされています。

（what）職業的パーソナリティ	どの職業が合っているのか	個人のキャリアに関連する能力、ニーズ、欲求、価値観、関心
（how）キャリア・アダプタビリティ	どのように職業を選択し、発達課題に適応していくのか	現在および今後のキャリア発達課題、職業上のトランジション、そしてトラウマに対処するためのレディネスおよびリソース。関心／統制／好奇心／自信の4つから構成される
（why）ライフテーマ	なぜ職業を選択するのか、なぜ働くのか	クライアントが相談時に語る過去の経験や課題はクライアントの価値観で再構成された真実であり、それはキャリアストーリーと呼ばれる。その中で繰り返し語られる重要なテーマが、ライフテーマ。独自のライフテーマはパターン化され、ばらばらに見えるキャリアストーリーにまとまりのある意味や価値観を与える

キャリア・アダプタビリティの4次元

重要度1	キャリア関心	職業上の未来に関心を持つ。経験は連続しており、過去の回顧、現在の熟考によって未来を展望し、未来が現実になると感じるようになる
重要度2	キャリア統制	自分のキャリアを構築する責任は自分自身にあると自覚し確認する。主体的に決断をし、未来は自分が所有しているという信念をもつことで、職業発達課題に直面しても先延ばしや回避することなく取り組むことができる
重要度3	キャリア好奇心	自分と職業を適合させるために、好奇心を持って職業に関わることを探索する。自己の理解を深め、職業の知識を蓄積し活用することで、現実的な職業選択ができるようになる
重要度4	キャリア自信	進路や職業選択に必要な一連の行動に適切に取り組めるという自己効力感。複雑な困難が起きても、自信を持って乗り越えられることができる

🔑 暗記法	か	とう	こう	じ
	関心	統制	好奇心	自信

キャリア構築インタビュー

　サビカス先生は、アドラー心理学を取り入れてキャリア構築インタビューという技法を開発しました。構造化した面接をすることで、クライエントから人生の目標、ライフスタイルに関する情報を引き出すことを目標としています。キャリア構築インタビューでは以下5つのインタビュー項目について、それぞれのストーリーを話してもらいます。

インタビュー項目	語られる内容
①ロール・モデル	ありたい姿、自己概念
②お気に入りの雑誌・テレビ番組・WEBサイト	興味がある職業、居心地のよい仕事環境
③お気に入りのストーリー（小説・映画のストーリー）	①自己概念が②興味がある職業などにどう関わるか
④モットー（座右の銘・ことわざ）	自分に効果的なアドバイス
⑤思い出せる最も昔の記憶	大元になっているストーリー。マッチングの際には、ストーリーの背景にあるこだわりや先入観に相当すると考えられている

一問一答

問題 レヴィンは子どもと大人の重なり合いのうえに立つ青年を社会的に不安定な時期を
マージナルマンと呼んだ。

解答 ○ マージナルマンとは境界に位置している「周辺人」「境界人」などと訳される。

問題 ハヴィガーストは青年期における発達課題を男性または女性としての社会的役割を
獲得し、両親や他の大人からの情緒的自立であるとした。

解答 ○ 青年期は、親からの精神的経済的な独立をし、身体的変化を受け入れて身体を
有効に使う時期としている。

問題 エリクソンは老年期の心理的課題を世代継承性・生殖性、危機を停滞とした。

解答 × 成人期の心理的課題と危機である。老年期の心理的課題は自己統合、危機は絶
望が正しい。⟨「心理社会的課題と危機」要確認!⟩

問題 エリクソンは人生を 8 つの段階に分け、12〜22 歳頃の青年期を自我同一性（アイ
デンティティ）を確立する時期として特に重要視した。

解答 ○ 青年期に獲得したい課題は自分を受け入れることである。

問題 ギンズバーグは職業発達プロセスの試行期を、環境的要因を考慮して職業選択をす
る探索ステージとした。

解答 × 試行期は、11 歳〜17 歳を指し、自分の興味や価値観を仕事と結びつける時期
とした。⟨「職業発達プロセス」要確認!⟩

問題 スーパーは生涯発達モデルをもとに、人生を「成長段階」、「探求段階」、「確立段階」、
「発展段階」、「維持段階」、「解放段階」の 6 段階のライフステージがあるとした。

解答 × 生涯発達モデルをもとに、人生を「成長段階」「探求段階」「確立段階」「維持段階」
「解放段階」の 5 段階のライフ・ステージに分けた。⟨「ライフ・ステージ」要確認!⟩

問題 スーパーは各発達段階の間に移行期があり、ミニサイクルとされる新たな成長や再
探索、再確立といった再循環があるとしている。

解答 ○ 14 の命題の 1 つとして示されている。

問題 ブロンフェンブレナーは親の職場の人間関係など、自分の直接的な環境の出来事に
影響を生み出す関係性をマクロシステムとした。

解答 × 自分の直接的な環境の出来事に影響を生み出す関係性はエクソシステムであ
り、マクロシステムは文化・慣習・歴史など、マイクロシステムからエクソシステ
ムまでが影響を受けている広い価値観を指している。

問題 レビンソンは成人の発達には 5 つの発達期があり、それぞれの段階では安定期と過
渡期が交互に訪れると考えた。

解答 × 人生の発達をライフサイクルの四季にたとえ、成人の発達は 4 つの発達期を経
て、安定期と過渡期を繰り返すものと考えた。

問題　レビンソンは自分らしさの模索・葛藤を通じて、真の自己との折り合いをつける時期を中年期とした。

解答　〇　人生半ばの過渡期（40歳〜45歳）である。

問題　シャインは外的キャリアを主観的なキャリア、内的キャリアを客観的なキャリアという2つの軸で捉えられると考えた。

解答　✕　外的キャリアを履歴書等に記載することができる客観的なキャリアとし、内的キャリアを主観的なキャリアとした。　「外的キャリアと内的キャリア」要確認！

問題　シャインは組織内でのキャリアの発達段階は生涯を通じて9つの発達段階に分けられると提唱した。

解答　〇　組織内キャリアにおける発達段階を表したキャリア・サイクルである。

問題　ハンセンは家庭と仕事を明確に切り分け、自己決定において職業キャリアを確立していくことを「統合的人生設計」とした。

解答　✕　家庭と仕事を切り分けず、人生を意味ある全体像のなかに織り込み、家庭と仕事の間を結ぶとしている。　「6つの人生課題」要確認！

問題　ハンセンは愛、労働、学習、余暇の4つの要素が統合されて初めて人生が意味のある全体になると提唱した。

解答　〇　4Lの要素である。

問題　コクランが唱えたナラティブ・アプローチは自身の成功体験をリスト化し、尊敬する人と自分の共通点や違いを確認するというアプローチである。

解答　〇　クライエントの人生物語を「強化」していくアプローチを試みた。

問題　サビカスはキャリア・アダプタビリティを現在および今後のキャリア発達課題、職業上のトランジション、そしてトラウマに対処するためのレディネスおよびリソースで、関心／統制／好奇心／自信の4つから構成されるとした。

解答　〇　キャリア構築理論の重要概念である。その他には職業的パーソナリティとライフテーマがある。

問題　サビカスが構築したキャリア構築インタビューという技法は、クライエントから情報を引き出すことを目標としており、まずロール・モデルで興味がある職業を特定することから始める。

解答　✕　ロール・モデルではありたい姿や自己概念を引き出すことである。
「キャリア構築インタビュー」要確認！

1-3
人生の転機の知識

● **シュロスバーグ**
転機といえばシュロスバーグ

● **ブリッジス**
終わりから始まるブリッジス

● **ニコルソン**
転機の4サイクルといえばニコルソン！

重要度 ★ ★ ★

転機といえばシュロスバーグ

シュロスバーグ

Schlossberg,N.K.　1929-

 **KEYWORD**　4S　トランジション　転機の分類　イベント　ノンイベント

POINT! シュロスバーグ先生は、結婚、離婚、転職、引っ越し、失業、本人や家族の病気などのような人生上の転機（トランジション）を出来事として捉え、その対処法を構築しました。

転機（トランジション）の分類

シュロスバーグ先生は転機（トランジション）を3つに分類しました。

①	予測していた転機	イベント	結婚、転勤や昇進、子供の誕生など
②	予測していなかった転機	イベント	事故、死、病気、失業など
③	期待していたものが起こらなかった転機	ノンイベント	希望した会社に就職できない・昇進できない・結婚できないなど

転機（トランジション）の意味

　シュロスバーグ先生は個人にとっての独自の出来事（結婚や転職、失業、病気など）としての意味でトランジションを捉えました。トランジションという言葉には、レビンソンの過渡期のような、発達論的な視点による発達課題や移行期としての意味もあります。

転機（トランジション）への対処法

　シュロスバーグ先生は、転機（トランジション）への対処法として、以下3つの構造を挙げています。

ステップ①	転機のタイプを識別、把握する
ステップ②	対処のための資源を点検、整理し活用 ・Situation（状況）　・Support（支援） ・Self（自己）　・Strategies（戦略）
ステップ③	転機に対処し行動する

4S

転機に直面したときに、自分の利用できる4つのリソース（資源）を点検することで転機を客観的に見ることができ、乗り切るための具体的な対処ができるとしました。このリソース（資源）は4Sと呼ばれています。

状況 Situation	転機をもたらした原因／転機が訪れた時期／一時的か永続的か／同じような体験が過去にあるか／転機によるストレス／現在の状況を前向きにとらえているか
自己 Self	仕事の重要性／仕事と家庭、趣味、地域の活動等とのバランス／変化に対してどのように対応するか／自分への自信／人生の意義や自分の使命についてどう考えるか
支援 Support	よい人間関係／はげまし／情報／情報の提供者／経済的援助
戦略 Strategies	状況を変える／現在の状況や問題のとらえ方をプラス思考に変える（認知・意味を変える）／リラクゼーションや運動でストレスを解消する

重要度 ★ ★ ★

終わりから始まるブリッジス

ブリッジス

Bridges,W　1933-2013

 **KEYWORD**　トランジション・プロセス　終焉　中立圏（ニュートラルゾーン）　開始

> **POINT!**　トランジションとは「転機」「転換点」「移行期」などを意味する言葉です。ブリッジス先生は「変化」に適切に対応していく理論として「トランジション・モデル」を提唱しました。転機（トランジション）の始まりを、何かが始まるときではなく、何かが終わるときと考えました。

トランジション・プロセス

　ブリッジス先生は、トランジションを年齢にかかわらず発生するものと考え、そのプロセスを3段階に分けました。何かが終わる段階を「終焉」、次に自身と向き合う休養期間である「中立圏・ニュートラルゾーン」での自分探しを経て、新たな始まりを迎えます。

終焉	過去の考え方や習慣、生き方、関係性などを手放すプロセス。喪失感や抵抗を感じることが多い。終わりを受け入れることは、トランジションの中で最も難しいプロセス。
中立圏・ニュートラルゾーン	古い現実と新しい現実の間。自分は何者か、どのようにふるまうべきかがわからなくなり、空虚感・不安感を感じる。この間に次のステップに進むきっかけを受け取り、意識の転換と再構成が起こる。
開始	トランジションから抜け、新たな始まりを迎える。新しいアイデンティティが確立することで、新たな意欲・目的意識が生まれる。

トランジションの乗り越え方

・トランジションの過程を認識する
・手放すべきものは何かを考える
・トランジションで過ごす時間の必要性を認める

転機の 4 サイクルといえばニコルソン！

ニコルソン

Nigel NIcholson　1944-

KEYWORD　転機の 4 サイクル　準備　遭遇　適応（順応）　安定化

👉 **POINT!**　ニコルソン先生は、トランジションを「準備・遭遇・適応（順応）・安定化」の 4 段階循環モデルとして捉えました。

転機の 4 サイクル

第 1 段階	準備	新しい世界に入る準備段階 例：人事異動で新たな部署に配属
第 2 段階	遭遇	その部署で様々な状況や課題に直面する（遭遇する）
第 3 段階	適応（順応）	少しずつ環境や人間関係、仕事にも慣れていく
第 4 段階	安定化	最終的に慣れて落ち着いていく

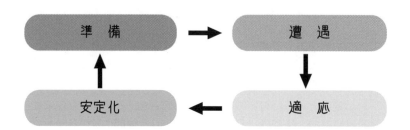

転機の 4 サイクルの 3 つの特徴

再帰性	このサイクルを一巡すると、次の新たな「準備段階」に戻り、同様にサイクルを繰り返す
相互依存性	4 つの各段階は相互に影響を与え合う。一方で起こることはもう一方へ重要な影響を及ぼす
不連続性	各段階には、明確な性質的な差異（挑戦・可能性・経験・課題）がある

問題　シュロスバーグは人生上の転機（トランジション）として、結婚、転勤や昇進、子供の誕生などの予期していた転機と、事故、死、病気、失業などの予期していなかった転機の2種類があるとしたがある。

解答　✕　2種類ではなく、3種類に分類した。問題に記載してあるのはどちらもイベントであり、その他にノンイベントとして希望した会社に就職できない・昇進できない・結婚できないなど期待していたものが起こらなかった転機があるとした。

「転機の分類」要確認！

問題　シュロスバーグは転機に直面し、何をどうするべきか迷った時に、転機をもたらした原因などの状況や自分自身は変化に対してどのように対応するか、周囲からの支えや状況を変える戦略などの4つの資源を見直すことを推奨した。

解答　○　転機への対処法ステップ②の4Sである（状況、自己、支援、戦略）。

問題　シュロスバーグの「4S」をカウンセリングに応用すれば、ラポールを形成しない段階でも問題把握へ進むことができる。

解答　✕　シュロスバーグに限らず、どの理論を応用する場合でもカウンセリングにおいてラポールの形成は重要である。

問題　ブリッジズは何かが始まるときが転機（トランジション）の始まりと考えた。

解答　✕　転機（トランジション）の始まりは何かが始まるときではなく、何かが終わるときとした。

問題　トランジションのプロセスは、終焉、ニュートラルゾーンを経て、新たな始まりを迎えるとした。

解答　○　ブリッジスの転機の理論は「終わりから始まる」と覚えておく。

問題　ブリッジズの理論はトランジションの乗り越え方の一つとして、何を手に入れればよいかではなく、何を手放すべきかを考えることとした。

解答　○　その他には、トランジションの過程を認識する、トランジションで過ごす時間の必要性を認めるという方法がある。

問題　ニコルソンが提唱したキャリア・トランジション・モデルは、準備→遭遇→順応→安定化のサイクルからなる。

解答　○　4段階循環モデルである。

問題　ニコルソンは転機の4サイクルには再帰性、相互依存性の2つの特徴があると考えた。

解答　✕　3つ目の特徴として不連続性があるとし、各段階には明確な性質的な差異（挑戦、可能性、経験、課題）があると考えた。

1-4
社会的学習理論アプローチ

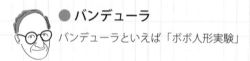

● バンデューラ
バンデューラといえば「ボボ人形実験」

● クランボルツ
その幸運は偶然ではないんです！

重要度 ★★★

バンデューラといえば「ボボ人形実験」

バンデューラ

Bandura,A. 1925-2021

 **KEYWORD**　社会的学習理論　モデリング（観察学習）　自己効力感

> **POINT!**　バンデューラ先生は、社会的学習理論を提唱し、当時主流となっていた行動主義学習理論（直接経験による学習）に加え、観察学習（モデリング）を重要な学習理論としました。また、自分がある行動について達成できるという予測および確信を意味する、自己効力感の概念を唱えました。

モデリング（観察学習）

　モデリングとは、他者（モデル）を観察してある行動を学習することを指します。バンデューラ先生は、自らが直接経験するだけでなく、他人の行動を観察し意図的に真似る、観察学習（モデリング）を重要な学習理論と位置付けました。他者（モデル）の行動を観察し、同様の行動を取った際にどのような報酬や罰があるのかを意識することが、自分自身の行動に影響を与えると考えました。

　また、バンデューラ先生といえば、ボボ人形実験が有名です。お手本役の大人がボボ人形を攻撃的に扱う姿を見せた幼児と、人形を普通に扱っていた姿を見せた幼児では、人形を攻撃的に扱う姿を見せた幼児のほうが明らかに攻撃的な行動をとることを観察した実験です。

モデリングの4つの過程

　モデリングには「注意過程」「保持過程」「運動再生過程」「動機づけ過程」の4過程があります。この順序に着目して内容を確認することが重要です。

①注意過程	モデルの行動に注意を向け、観察する
②保持過程	注意過程で選択したモデルを記憶の中に保持するために頭の中でリハーサルを行う
③運動再生過程	モデルを見て覚えたことを実践する（真似をする）
④動機づけ過程	③までに習得した行動を実際に遂行するかどうかを決定する→周りの反応によって行動が強化される

暗記法

ちゅう	ほ	うん	どう	バンデューラ
注意過程	保持過程	運動過程	動機づけ過程	

自己効力感 （頻出）

バンデューラ先生は自己効力感を「物事をコントロールできるという効力に関する信念」であるとし、自己効力感を高めるための4つの情報源を以下のようにまとめました。

情報源	内容	具体例
遂行行動の達成	自分の力でやり遂げたという経験（これが自己効力感の形成に強い影響を及ぼす）	自分自身の実際の成功体験
代理的経験	他者の体験を見聞きしたり、観察したりする経験	職業講話やインタビュー、失敗する姿を見たら、二の舞を演じないようにしようと学ぶこと
言語的説得	周囲の人から繰り返し励ましやサポートを受ける経験	行動や技術などを繰り返し認められたり褒められたりする経験に加えて、それをきっかけに行動を起こして、遂行行動の達成が伴うこと
情動（的）喚起	身体や精神的に起きた生理的・感情的な変化の経験	人前での冷や汗や、高ぶりといった変化

機会遭遇理論

バンデューラ先生は、「偶然は予測されずに起こるが、いったん起こると予定されていたことと同じように、通常の連鎖の中に組み込まれて、人間の選択行動に影響を与える。」として、機会遭遇理論をまとめています。この理論が、クランボルツ先生の「計画的偶発性理論」（次頁参照）へとつながっていきますので、この違いについて、注意して見比べてみてください。

重要度 ★ ★ ★

その幸運は偶然ではないんです！

クランボルツ

John D.Krumboltz 1928-2019

 KEYWORD　計画的偶発性理論

POINT!　クランボルツ先生は、バンデューラ先生の社会的学習理論を基礎にして、キャリアの意思決定・職業選択を理論付けました。人は学習し続ける存在であり職業選択は学習の結果であって、偶然の出来事を軽視せずに積極的に受け入れることの重要性を唱えました。

キャリアの意思決定・職業選択に影響を与える4つの要因

クランボルツ先生は、職業選択等の意思決定に与える要因として、以下表の4つを挙げています。

要因	内容
①遺伝的（先天的）な特性や特別な能力	性別、人種、運動能力、身体的外見や障害、知能、能力など自分では変えられないもの
②環境的状況・出来事	雇用、労働条件、地理、気候など自分では変えられないもの
③学習経験	道具的学習経験：直接経験による学習 連合的学習経験：観察学習
④課題アプローチスキル（意思決定スキル）	仕事や課題・問題への取り組み方

計画的偶発性理論（プランドハップンスタンス理論）

クランボルツ先生によって、1999年に発表された計画的偶発性理論(PlannedHappenstanceTheory)は、従来のカウンセリング理論の中では望ましくないと考えられていた「未決定」を望ましい状態と捉えています。キャリアの構築はあらかじめ用意周到に準備できるわけではなく、むしろ偶発的なチャンスを見逃さないようにすることや、変化し続ける環境や仕事に対して準備をすることが大切であるとしました。

例えば、目標を立てて仕事をしていたが、自分の希望ではない部署への異動が決まってしまったという場合、思い通りにいかなかったと行動を止めるのではく、それを「機会」と捉え、積極的に行動をすることでキャリアの可能性が広がるとしています。このように偶然の出来事を、自らのキャリアに積極的に活かすことを提唱しており、そのための５つのスキルとして、次の５つの姿勢の大切さを唱えました。

スキル	内容
①好奇心	新しいことへの学び
②持続性	努力をし続ける
③柔軟性	変化を受け入れる
④楽観性	達成できると明るい見通しをもつ
⑤冒険心	失敗・行動を恐れない

⏱暗記法

コー	ジは	柔軟に	楽しく	冒険する
好奇心	持続性	柔軟性	楽観性	冒険心

一問一答

問題 バンデューラはモデリング（観察学習）は、注意過程、保持過程、運動再生過程という３つの過程を確認することが重要であるとした。

解答 ✕　モデリングは注意過程、保持過程、運動再生過程、動機づけ過程という４つの過程を順序に着目して確認することが重要であるとした。

> 「モデリングの４つの過程」要確認！

問題 バンデューラは自己効力感を高めるための情報源は遂行行動の達成や代理的経験、言語的説得、情動喚起であると提唱した。

解答 〇　自己効力感の４つの情報源である。

問題 クランボルツはキャリア意思決定・職業選択に影響を与える要因として、①遺伝的な特性や特別な能力、②環境的状況・出来事、③学習経験の３つがあるとした。

解答 ✕　課題アプローチスキルを含めた４つの要因があるとした。

問題 クランボルツは偶然の出来事を、自らのキャリアに積極的に活かすことを提唱し、好奇心、持続性、柔軟性、楽観性、攻撃性の５つの姿勢の大切さを唱えた。

解答 ✕　好奇心、持続性、柔軟性、楽観性、冒険心である。

> 「計画的偶然性理論（プランドハップンスタンス理論）」要確認！

1-5
意思決定論アプローチ

 ● **ヒルトン**
取れないぶどうは酸っぱいに違いない

 ● **ジェラット**
クランボルツ先生の弟子で無二の親友
（だけど私のほうが年上です）

 ● **ディンクレッジ**
8つの意思決定スタイルを提唱した女性心理学者

重要度 ★★

取れないぶどうは酸っぱいに違いない

ヒルトン

Thomas L.Hillton　1924-2013

KEYWORD 認知的不協和理論

> **POINT!**
> ヒルトン先生は、心理学者フェスティンガー先生が唱えた認知的不協和理論を、職業選択の意思決定プロセスに応用しました。イソップ童話に、手が届かない木の枝にブドウを見つけたキツネが「どうせあのブドウは酸っぱくてまずい」と、ブドウをあきらめて立ち去ってしまう物語があります。ブドウをあきらめたという自分の過去の行動を正当化するために、「ブドウはまずい」と好みが変化すること、これが認知的不協和理論の具体例です。

認知的不協和理論　 頻出

　認知的不協和とは、自分の中に生じた矛盾を解消しようとするときに生じる不快感やストレスといった心理的作用のことをいいます。

　個人が持つ自己概念や職業観などの「前提」と、外部からの「情報」に矛盾が生じた場合に不協和が発生します。不協和が許容できる水準に低下するまで、前提や他の選択肢の検討が繰り返され、意思決定されます。

　これをキャリアに当てはめると、職業選択をした後に、希望が合わず自分の中に不協和が生じてしまった場合、新しい仕事を探して（再検討）、新しい可能性を模索していき、最終的に意思決定をすることになります。

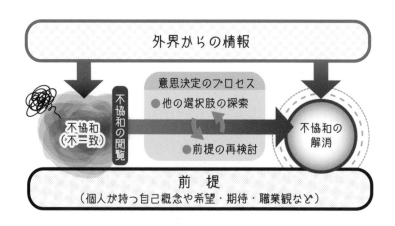

重要度 ★ ★ ★

クランボルツ先生の弟子で無二の親友
（だけど私のほうが年上です）

ジェラット

Harry B Gelatt　1926-2021

KEYWORD　予測（予期）システム　価値（評価）システム　基準（決定）システム
主観的可能性　連続的意思決定プロセス　積極的不確実性

POINT!　キャリア分野における意思決定論的アプローチの第一人者とされるジェラット先生は、前期においては主に左脳を使った客観的で合理的な意思決定（連続的意思決定プロセス）の重要性を説き、後期においては右脳も使った主観的で直感的な意思決定（積極的不確実性）を、激しい変化が起こる予測不可能な現代のキャリア発達における意思決定の方法として構築しました。

ジェラット先生の前期理論

合理的な意思決定は、3つのステージを通じて実施されます。

①予測（予期）システム	選択可能な行動とその結果の予想を行う。自分の客観的な評価と選択肢がマッチするかを予測。
②価値（評価）システム	予測される結果がどれぐらい自分にとって望ましいかを評価、「自分の価値観・興味・関心にあっているか」などを評価。
③基準（決定）システム	①②の結果、可能な選択肢を目的や目標にかなうものの中から決定。

　ジェラット先生は、上記の価値（評価）システムにおいて、自分の興味や思い込み（主観的可能性）が採用されやすく「誤り」に陥りやすいことに注目しました。客観的なデータを与えて、主観的可能性に縛られないフリー・チョイスを進行させることを目指しました。

ジェラット先生は下記の図のとおり、スムーズに探索的決定から最終的決定へと意思決定が進む過程として「連続的意思決定プロセス」を唱えました。

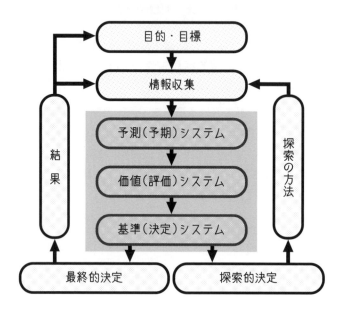

連続的意思決定プロセスの図
- 目的・目標
- 情報収集
- 予測（予期）システム
- 価値（評価）システム
- 基準（決定）システム
- 最終的決定
- 探索的決定
- 結果
- 探索の方法

ジェラット先生の後期理論（積極的不確実性） 頻出

　ジェラット先生は時代の変化に合わせて、前期理論を修正していきます。変化の激しい社会的背景の中で、収集した情報はずっと真実とは限らないため、変化や不確実性による非合理性をも受け入れる意思決定のモデル、積極的不確実性を提唱しました。これは合理的意思決定モデルを否定した訳ではなく、意思決定の際に、合理的な側面だけを考えるのではなく、変化の多い時代において非合理的な側面を積極的に捉えてキャリア形成してくことが重要だと考えました。

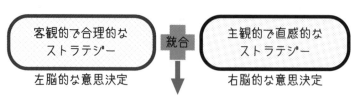

- 客観的で合理的なストラテジー　左脳的な意思決定
- 統合
- 主観的で直感的なストラテジー　右脳的な意思決定
- 予測不可能な社会に柔軟に対応

重要度　★

8つの意思決定スタイルを提唱した女性心理学者

ディンクレッジ

Lillian Brandon Dinklage　1937-

 **KEYWORD**　8つの意思決定スタイル

> ☞ **POINT!**　ディンクレッジ先生は意思決定を行う際に7つの段階と8つの意思決定スタイルがあると提唱しました。

段階的な意思決定の方法

　ディンクレッジ先生は、人は体系的・段階的に意思決定をすると考えました。その段階とは以下の通りです。

　①決定事項の明確化、②情報収集、③選択肢の明確化、④根拠の評価、⑤選択肢の中から最終選択、⑥行動、⑦決定と結果の検討

意思決定スタイル

　意思決定には8つのスタイルがあり、それぞれのスタイルによって上記の段階の組み合わせが変わると考えられました。8つの中では段階を踏んで意思決定を行う計画型が望ましいとされています。

衝動型（Impulsive）	情報収集や比較を十分に行わず即決し、⑥の行動に移す
運命論型（Fatalistic）	選択は自分でコントロールできず、運命など外部によって決められると信じ、積極的な活動をしないため①にも進むことができない
従順型（Compliant）	他人や社会規範に従い、自分以外の人が決断することに心地よさを感じる。⑤で他人が決めた選択肢に沿って行動してしまう
延期型（Delaying）	やるべきことや意思決定の必要は感じつつ、決断を延ばし続けるため、①にも進むことができない
苦悩型（Agonizing）	①～④までは進むことができるが、⑤の段階でいくつかの選択肢に気づき、その1つを選ぶことができない
直観型（Intuitive）	計画的な段階を踏まず、自分の経験・主観に基づく判断で即決し、⑥の行動に移す
無力型（Paralytic）	やるべきだとは思いながら結果への恐怖を感じ、不安感・無力感から①へも前に進めない
計画型（Planner）	①～⑦までを計画的に行動し、段階を踏んで意思決定ができる

問題	ヒルトンは意思決定とは外部からの情報と個人がもつ前提との不協和、それに対する許容および再検討によって行われるものであり、職業選択も同じ仕組みで行われると考えた。
解答	○　認知的不協和理論を応用した職業選択の意思決定プロセスである。

問題	ヒルトンは個人が持つ自己概念や職業観などの「前提」と、外部からの「情報」が一致する場合に認知的不協和が生じるとした。
解答	✕　認知的不協和は「前提」と「情報」に矛盾が生じた場合に発生し、その矛盾を解消しようとするときに生じる不快感やストレスといった心理的作用のことを意味する。

問題	ヒルトンの意思決定モデルは、不協和の状態から不協和の解消を目指すというプロセスが特徴である。
解答	○　不協和が許容できる水準に低下するまで、不協和を解消するための検討が繰り返され、意思決定されると説いている。

問題	ジェラットは選択可能な行動とその結果を予測し、その結果がどのくらい望ましいかを評価することが積極的不確実性であると提唱した。
解答	✕　前期理論の連続的意思決定プロセスである。　◁「前期理論」要確認！

問題	ジェラットは、個人のキャリア選択に関する意思決定は「基準→価値→予測」の3つのステップで行われていると考えた。
解答	✕　「予測→価値→基準」の順である。

問題	ジェラットは合理的な側面だけを考えるのではなく、変化の多い時代において非合理的な側面を積極的に捉えてキャリア形成していくことを積極的不確実性として提唱した。
解答	○　後期理論の積極的不確実性である。

問題	ディンクレッジは人が計画的に意思決定するには7つの段階と8つの意思決定スタイルがあると提唱した。
解答	○　人は体系的・段階的に意思決定をすると考えた。

問題	ディンクレッジが唱えた意思決定スタイルでは、計画的な段階を踏まず、自分の経験・主観に基づく判断で即決できることが望ましいとされる。
解答	✕　計画的に行動し、段階を踏んで意思決定ができることが望ましいとされている。

1-6
精神分析的理論

● フロイト
フロイト先生は精神分析の創始者

● アンナ・フロイト
フロイトの6番目の娘。防衛機制の概念を整理

● ボーディン
ボーティン先生といえば、6歳までに決定する
10の欲求パターン！

● アドラー
人は目的を追求することで心理が形成される

フロイト先生は精神分析の創始者

フロイト

Sigmund Freud　1856-1939

 **KEYWORD**　局所論　意識　前意識　無意識　エス（イド）　超自我　自我

 POINT!　フロイト先生は大学教授になる道を諦め、一般開業医としてオーストリアのウィーンでヒステリー治療を開始します。ウィーンがナチスの支配下にあった時代も開業医を続けましたが、自らがユダヤ人であったため、ナチスドイツの迫害を避けて、ロンドンに亡命しました。フロイト先生の研究は心理療法、カウンセリング、文学作品等にも影響を与え、精神分析の創始者と言われています。

局所論　頻出

　フロイト先生は人の心は意識と無意識だけではなく、意識・前意識・無意識の３つに分けられるという局所論を説きました。人間の行動は無意識に大きく影響されていると考え、精神分析をする際は無意識に注目しました。

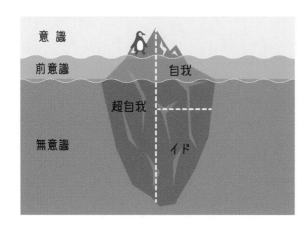

意識	普段から意識できている部分で、心的な動きを統制することができる
前意識	無意識から意識へ移る前にとどまっている層。きっかけがあれば意識化が可能となる。好ましくないと思っている心的な動きをとどめようとする働きもする
無意識	心の奥底にある一番大きな層。自分でも把握することができず、記憶にも残らない

心の構造

　フロイト先生は、精神分析をすすめていくうちに局所論では説明しきれないできない心の働きや症状があることに気付き、精緻で複雑な心の構造モデルを以下のように考えました。

自我	エスと超自我を調整して行動に導く、意識的な心の動き。個人の理性と分別に代表される	「現実原則」で動く
イド（エス）	無意識な本能欲求で常に快楽を求める。	「快楽原則」で動く
超自我	自我の中にあり、自我の働きに理想やルールを示し、監視・抑制しようとするもの	「道徳原理」で動く

重要度 ★★★

フロイトの6番目の娘。防衛機制の概念を整理

アンナ・フロイト

Anna Freud　1895-1982

 **KEYWORD**　防衛機制（隔離／否認／投影／退行／同一化／同一視／摂取／合理化／補償／置き換え／代償／昇華）

> 👉 **POINT!**　フロイト先生は娘を精神分析医にする予定はありませんでしたが、アンナ・フロイト先生は、父親と同じく精神分析医になり、防衛機制や児童精神分析で功績を残しました。

防衛機制

　アンナ・フロイト先生は自我に対する危険から無意識的に防衛しようとする反応のこと防衛機制と名付けました。主な防衛機制の種類は下記のとおりです。

種類	内容	例
隔離(分離)	思考・感情、感情・行動などを切り離して、表に出さないこと	とても悲しいことを淡々と話すことで自我を守る
否認	現実の認識を直視せずに、事実として認めないこと。また現実が存在していないようにふるまう。	重大な病気を告知されても、自分は健康だと病気を認めない
投影	自分の中にある受け入れがたい感情や欲求が他人のものとして転じてしまう。	自分が苦手な人を避けていることに気付かず、相手に避けられているのだと認識する
退行	幼児期などの、以前の発達段階に後戻りすること	妹が生まれて赤ちゃん返りをする
同一化・同一視	他者の望ましい性質を自分に取り入れ、その人と同一になろうとすること	尊敬する先輩のふるまいを真似する
摂取(取り入れ)	自分の中に、自分以外のものを断片的に取り入れ、自分を守ること	先生に怒られた子供が、先生の攻撃性を取り入れ攻撃的になって不安から自分の身を守る
合理化	満たせない欲求に別の理屈をつけ、納得しようとすること	スノーボードに寝坊して行けず、行っていたら怪我をしていたと考える

種類	内容	例
補償	失敗や劣等感に対して、別の得意な分野で成果を出すことによってバランスを取ること	プライベートで上手くいかず、仕事に打ち込み成果を出す
置き換え・代償	欲求が阻止されると、別の対象に向けることで満足すること	高価なバックが買えないので、似たデザインの安いバックを買う
昇華	社会的に認められない抑圧された欲求を、社会的・文化的に価値ある行動へ置き換えること（健康的なものとされる）	性的な欲求を歌で表現する
反動形成	簡単には受け入れがたい不快な考えや感情を見ないようにし、正反対の態度や行動をとること	嫌いな相手に丁寧に接する。好きな人にそっけなく接する

■その他精神分析やカウンセリング中に起こりえること

　以下はアンナ・フロイト先生が提唱したものではありませんが、覚えておくべき用語です。

●抵抗

　クライエントが意識化したくない無意識的な感情や葛藤が意識化されそうになったときに、意識化するのを避ける防衛反応です。クライエントは安定性を崩さないように、表面化・言語化しないように、抵抗という作用が発生します。抵抗によって治療が妨害される場合には、原因を分析し無意識的な感情などを解釈する抵抗分析が行なわれます。

●感情転移

　治療者やカウンセラーに対して、クライエントが感情を示すことがあります。感情には以下2種類があります。

陽性転移	信頼・尊敬・情愛・感謝など
陰性転移	攻撃性・猜疑心・不信感など

　クライエントが幼少期に両親など自分にとって重要な人に対して持っていた抑圧された感情がカウンセラーなどに向けられることが多いとされています。

●逆転移

　治療者やカウンセラーがクライエントに対して、無意識に自分の感情を向けてしまうことです。例えば自殺未遂者に対して、否定的な感情を向けてしまうと自殺念慮を助長させてしまう可能性があるので注意が必要です。

ボーティン先生といえば、6 歳までに決定する
10 の欲求パターン！

ボーディン

Edward S. Bordin　1913-1992

 **KEYWORD**　10 の欲求パターン

> 👉 **POINT!**　ボーディン先生は精神分析的に個人の欲求パターンと職業選択の関係を
> 10 の次元に分類し、6 歳までに決定するものと考えました。

　ボーディン先生は精神分析において、職業選択の行動とは、抑圧された意識や衝動が社会的に承認されている職業行動に反する一種の「昇華」であるとみています。また、「複雑な成人の職業活動は、単純な乳幼児の活動と全く同質の本能的な満足の源泉が保有されている」という仮説を元にして、欲求パターンと職業選択の関係を以下の 10 次元に分類しました。

①養育的	乳幼児・弱者の保護
②口唇攻撃的	言語による攻撃・論争、道具の使用
③操作的	物の操作や人の支配
④感覚的	視覚や聴覚などを使用する芸術活動
⑤肛門的	ものをためること、清潔に関連する活動
⑥性器的	建築・生産・農業
⑦探索的	好奇心に基づく科学的研究
⑧尿道的	排尿行為に起源をもつ。消防・鉛管工事
⑨露出的	露出行動に関連する。俳優・演劇・裁判・広告
⑩律動的	生理的リズムに起源をもつ。音楽・芸術

　上記の本質的な欲求パターンは、心理性的に最も発達する 6 歳までに決定されると考えられました。青年期以降は上記の欲求パターンが無意識的な規定要因となり、職業選択行動が行なわれると言われています。

重要度 ★

人は目的を追求することで心理が形成される

アドラー

Alfred Adler　1870-1937

 **KEYWORD** 目的論、全体論、劣等感、勇気づけ、共同体感覚

> **POINT!** アドラー先生の理論は「目的論」を基本としました。人は目的を持って生きていることから、目的を成し遂げるために心理が形成されるとしました。

アドラー心理学は、次のような信条を前提としています。

1）目的論：人は目的を掲げ、それに向かって考え、行動する
2）全体論：人の意識、潜在意識、思考、行動は調和している
3）社会統合論：人は社会に取り込まれた社会的生き物である
4）仮想論：人は自分、他人、世界について自分のビジョンを投影する
5）主体論：全てのことは自分で決めているのであり、トラウマや環境のせいにしていては何も解決しない

劣等感

アドラー先生は「人は劣等感を克服することで、前進し、成長していける存在である」とし、劣等感が自分を変えるための原動力になると考えました。

共同体感覚

アドラー先生は人生で直面する様々な課題をライフタスクと呼びました。ライフタスクには3つの絆「仕事」「交友」「愛」があり、他者と切り離して考えることはできないとしています。自分は他者との関わりの中の一人であるということを感覚として持っている状態を共同体感覚としました。

勇気づけ

アドラー心理学では「勇気づけ」は苦難に打ち克つための力を与えることを意味します。クライエントの人生のタスクを解決するためにフォローすることも勇気づけと言えます。

問題 フロイトが心の世界を 3 つの領域に区分した局所論では、きっかけがあれば意識化が可能となる領域を「前意識」と呼ぶ。

解答 ◯　前意識は無意識から意識へ移る前にとどまっている層であり、思いだそうと努力することで思い出せる領域のことである。

問題 フロイトは「イド（エス）」を、自我の中にあり、自我の働きに理想やルールを示し、監視・抑制しようとするもので「道徳原理」で動くとした。

解答 ✕　「超自我」の心のモデルである。「イド（エス）」は、無意識な本能欲求で常に快楽を求め、「快楽原則」で動く。‹「心の構造」要確認！›

問題 アンナ・フロイトは自分の中に、自分以外のものを断片的に取り入れ、自分を守ることを「投影」とした。

解答 ✕　自分の中に自分以外のものを取り入れて守ることを「摂取」という。
「防衛機制」要確認！

問題 アンナ・フロイトの防衛機制において、妹が生まれて赤ちゃん返りをすることを「置き換え」という。

解答 ✕　「退行」である。幼児期などの以前の発達段階に後戻りすることである。

問題 クライアントの示す転移に対して、カウンセラーが感情的な反応を示すことを「逆転移」という。

解答 ◯　アンナ・フロイトが提唱したものではないが、覚えておくべき用語である。

問題 ボーディンは個人の欲求パターンと職業選択の関係を 10 の次元に分類し、6 歳までに決定するものと考えた。

解答 ◯　青年期以降は、乳幼児期に獲得した欲求パターンが無意識的な規定要因となって職業選択行動が行なわれるとした。

問題 ボーディンは欲求が阻止されると、別の対象に向けることで満足するという「代償」の概念から職業選択行動を説明した。

解答 ✕　抑圧された意識や衝動が社会的に承認されている職業行動に反する一種の「昇華」の概念で職業選択行動を考えた。

問題 アドラー心理学は、人は常に目的に向かって考え、行動するという「社会統合論」を基本としている。

解答 ✕　アドラー心理学の理論は「目的論」を基本としている。

問題 アドラーは自分を変えるための原動力は、劣等感を克服することであると考えた。

解答 ◯　人は劣等感を克服することで、前進し、成長していける存在であるとした。

1-7
動機づけ（職務満足・職業適応）理論

● **マズロー**
人間心理学の生みの親

● **マクレガー**
マズロー先生のお弟子さん

● **マクレランド**
職場の欲求をまとめる。
ハーバード大学教授と経営者、2つの顔を持つ男

● **ハーズバーグ**
ハーズバーグ先生といえば動機付け・衛生理論

● **アルダファ**
マズロー大先生の5段階欲求理論を修正した男！

● **ハックマン**
ハックマン先生といえば職務特性モデル

人間心理学の生みの親

マズロー

Abraham Harold Maslow, 1908-1970

KEYWORD 5段階欲求　低次から高次へ

POINT! マズロー先生は、カール・ロジャーズ先生（来談者中心療法）やパールズ先生（ゲシュタルト療法）と共に一緒に人間性心理学を提唱し、精神分析や行動主義に対抗する第3の心理学として普及に努めました。「人間は自分がなれると思ったものにならねばならない」、「人間は自己実現に向かって絶えず成長する」といった考えのもと人間の欲求を階層化しました。

マズローの基本的欲求階層説

人間には5段階の欲求があり、低次の欲求が満たされることによって、次に高次の欲求を求めるものと唱えました。

低次元の欲求が満たされると、一つ上の次元の欲求が生まれる。

欲求の段階	内容	分類	
自己実現の欲求	自分の可能性を活かして、自分に適していることで能力などを発揮し、さらに成長したいという自己実現の欲求。中核的な概念	精神的欲求	成長欲求
自尊と承認の欲求	他者から実力があると認められたい、尊敬されたい、地位を得たいなどという低いレベルの欲求と、自分自身で評価する、自立するなどの高いレベルの欲求がある	精神的欲求	欠乏欲求
所属・愛の欲求	集団や組織に所属し社会に必要とされたい、他者に愛されたいという欲求		
安全の欲求	安全、健康、お金、雇用など生命にかかわるものを安定的に維持したいという欲求	物質的欲求	
生理的欲求	空気、睡眠、食欲、暖かさなど生命の維持に必要な欲求		

重要度　★

マズロー先生のお弟子さん

マクレガー

Douglas Murray McGregor、1906-1964

 KEYWORD　X 理論　Y 理論

> POINT!　マクレガー先生は、マズロー先生の 5 段階欲求をベースとしながら、著書『企業の人間的側面』にて、人間観・動機づけにかかわる 2 つの対立的な理論である X 理論と Y 理論を発表しました。「人間は生来怠け者で、強制されたり命令されなければ仕事をしない」とする X 理論と、「生まれながらに嫌いということはなく、条件次第で責任を受け入れ、自ら進んで責任を取ろうとする」Y 理論を提唱しました。

X 理論・Y 理論

	人間観	マネジメント手法
X 理論	性悪説（人間は**生来**怠け者） マズロー先生の 5 段階欲求おける低次欲求（生理的欲求や安全の欲求）を比較的多く持つ人間の行動モデル	命令や強制で管理し、目標が達成出来なければ処罰といった「アメとムチ」によるマネジメント手法となる。
Y 理論	性善説（自ら進んで責任もとる） マズロー先生の 5 段階欲求おける高次欲求（社会的欲求や自我・自己実現欲求）を比較的多く持つ人間の行動モデル	魅力ある目標と責任を与え続けることによって、従業員を動かしていく、「機会を与える」マネジメント手法となる。

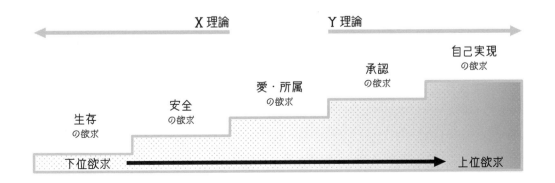

第1章

人物と流れで覚えるキャリア理論

職場の欲求をまとめる。
ハーバード大学教授と経営者、2つの顔を持つ男

マクレランド

David Clarence McClelland　1917-1998

 **KEYWORD**　達成欲求　権力欲求　親和欲求　回避欲求

> **POINT!**　マクレランド先生は達成動機理論を唱えた理論家です。職場においての主な動機や欲求として、達成欲求・権力欲求・親和欲求・回避要求の4つがあるとしました。

達成動機理論

欲求名	内容	傾向
達成欲求	ある一定の目標を達成して成功するために努力したいと思う欲求	・何事も自分で進めることを望む ・結果への迅速なフィードバックが欲しい
権力欲求	他の人に影響力を駆使してコントロールをし、働きかけがなければ起こらない行動をさせたいという欲求	・責任を与えられることを楽しみにする ・地位や身分が重視される状況を好む
親和欲求	他人に好かれたい、受け入れてもらいたい、友好的で密接な対人関係を結びたいという欲求	・他者からよく見られたい ・心理的な緊張状態に一人で耐えられない
回避欲求	失敗や困難な状況を回避しようとする欲求	・失敗を恐れて適度な目標をあえて避けようとする ・批判を恐れて周囲に合わせてしまう

　マクレランド先生によると、人は上記の欲求をすべてを持っているけれども、パーソナリティや経験によってその1つが優位に現れるとしています。それぞれの動機は独立しているものであり、階層的になっていたり移行することはないと主張しています。また達成動機が強すぎる場合には、かえって自己実現を妨げてしまうと説いています。

　マクレランド先生は達成動機は訓練をすることで強化できるものと考え、管理者訓練プログラムの開発も行いました。

　経営学に初めてコンピテンスという概念を導入したのもマクレランド先生と言われています。経営学におけるコンピテンスとは、成果や業績を直接的に意識する能力概念です。

重要度 ★★

ハーズバーグ先生といえば動機付け・衛生理論

ハーズバーグ

Frederick Herzberg 1923-2000

 **KEYWORD**　動機づけ理論　衛生理論　二要因理論

POINT!　ハーズバーグ先生はユタ大学で1950年代から組織についての研究をしており、200人以上の被験者に実際に調査を行った結果、仕事の満足要因と不満足要因は別もので、動機付け要因と衛生要因があると唱えました。

二要因論

　二要因論は、職務満足または職務不満足を引き起こす要因に関するものです。衛生要因を改善することにより不満は減少します。しかしながらそれだけで動機付け要因である満足感を得られることはありません。仕事の満足や積極的な動機付けは、動機付け要因が満たされることではじめてもたらされます。動機付け要因が満たされたことで、仕事の不満足が生じるわけではないことに注意が必要です。

動機づけ要因	仕事の達成感・仕事自体・責任・成長・承認・昇進
衛生要因	会社の方針・給与・管理・給与・上司等との人間関係

衛生要因
不満足　「不満足」を招く要因　不満足がない

【仕事上の主な衛生要因】
●会社の方針と管理
●監督・監督者との関係
●労働条件・給与
●対人関係
●個人生活・・・など

充足すると不満足感が減少するが、積極的な満足感を増加させることはない

動機づけ要因
満足がない　「満足」を招く要因　満足

【仕事上の主な動機付け要因】
●達成
●承認
●仕事そのもの
●責任
●昇進・成長・・・など

充足すると満足感を覚えるが、欠けていても不満足を引き起こすわけではない

マズロー大先生の5段階欲求理論を修正した男！

アルダファ

Clayton Alderfer　1940-2015

 **KEYWORD** ERG 理論

👉 **POINT!**　アルダファ先生はマズロー先生の欲求段階説を踏まえて、人間の欲求を「生存欲求（Existence）」「関係欲求（Relatedness）」「成長欲求（Growth）」、の3つに集約した ERG モデルを提唱しました。

ERG 理論

E: 生存欲求（Existence）	人間の基本的な物質的な存在要件、すなわち生存したいという欲求。マズローの欲求段階の「生理学的な欲求」と物理的な「安全の欲求」を含む
R: 関係欲求（Relatedness）	人々が重要な対人関係を維持することに対する欲求。マズローの欲求段階の「所属と愛の欲求」に加えて、対人的な「安全の欲求」と「承認欲求」を含む。EとRの欲求は関係性が高いとしている
G: 成長欲求（Growth）	人間が本質的に持っている成長したいという欲求。マズローの欲求段階の「自己実現の欲求」に加えて、自己確認的な「承認欲求」を含む。Gは、EやRと切り離して考えた

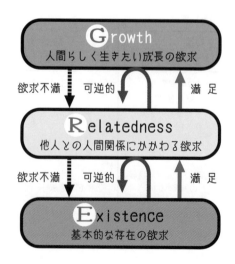

マズロー先生の欲求段階説との違い

　図の通り、マズロー先生の欲求段階説の5つの範囲を網羅しつつ、3項目に簡略化されています。両者の違いは、ERG 理論が持つ「可逆性」にあります。マズロー先生の欲求段階説は、下から上への一方通行です。低次の欲求が満たされるほど、高次の欲求を求めるようになると説いています。

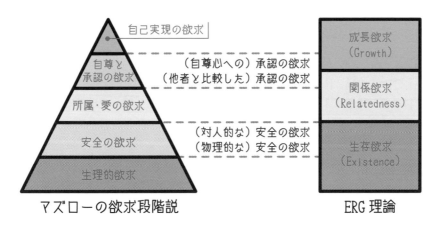

ERG 理論の7つの特命課題

生存欲求の満足が低いほど、それはより一層希求される

関係欲求の満足が低いほど、生存欲求はより一層希求される

生存欲求の満足が高いほど、関係欲求はより一層希求される

関係欲求の満足が低いほど、それはより一層希求される

成長欲求の満足が低いほど、関係欲求はより一層希求される

関係欲求の満足が高いほど、成長欲求はより一層希求される

成長欲求の満足が高いほど、それはより一層希求される

ハックマン先生といえば職務特性モデル

ハックマン

Hackman, J. Richard　1940-2013

KEYWORD　職務特性モデル

> 👉 **POINT!**　ハーバード大学教授であり心理学者のハックマン先生は、経営者のグレッグ・R・オルダムと共に、「職務特性モデル」を理論化しました。「職務特性モデル」は職務の特性によって、働く人のモチベーションを説明した理論です。

職務特性モデル

　ハックマン先生が提唱した職務特性モデルとは、5つの『中核的職務特性』が満たされると、モチベーションを左右する『重要な心理状態』が満たされ、『成果』に繋がるという理論です。

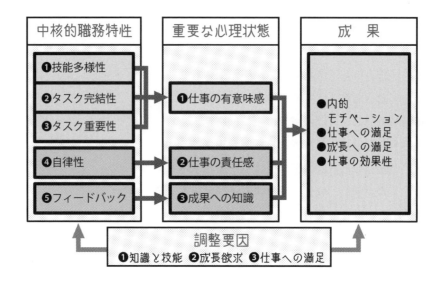

重要な心理状態

　ハックマン先生は労働者の内的モチベーションが高まるのは次の①〜③が満たされたときであると考えました。

①仕事への有意義感	意味・価値がある仕事をしているという実感
②仕事への責任感	仕事の成果や結果に対して感じる責任感
③結果への知識	自分の仕事の結果・成果がどの程度なのかを知ることができる

中核的職務特性

重要な心理状態に影響を与える中核的職務特性は以下の5つに分けられます。

①技能多様性	仕事を行う際にどのくらい自分が持つスキルや技能を活せる仕事であるか
②タスク完結性	全体を理解した上で、仕事が始まってから完結するまで関われる仕事かどうか
③タスク重要性	仕事が社会や他人の生活に大きな影響を及ぼすかどうか
④自律性	仕事のやり方や目標設定についてどの程度裁量が与えられているか
⑤フィードバック	仕事の進捗や成果を、その都度直接的かつ明確な反応として知ることができるか

成果

重要な心理状態が満たされることで、仕事、成長への満足度や労働者のモチベーションが上がるなどの成果が現れます。

一問一答

問題 マズローは人間には5段階の欲求があり、高次の欲求が満たされることによって、次に低次の欲求を求めるものと唱えた。

解答 ✕ 1つ1つ階段をのぼるようにして、低次の欲求がみたされることで高次の欲求を求めるようになると唱えた。◁「基本的欲求階層説」要確認!

問題 マズローは自己実現の欲求が自分の可能性を活かして能力などを発揮させ、さらに成長したいという欲求に繋がると唱えた。

解答 〇 基本的欲求階層説の成長欲求である。

問題 マクレガーはX理論を自ら進んで責任もとる性善説、Y理論を人間は生涯怠け者である性悪説と提唱した。

解答 ✕ X理論＝性悪説（人間は生涯怠け者）、Y理論＝性善説（自ら進んで責任もとる）と提唱した。◁「X理論・Y理論」要確認!

問題 マクレランドが提唱したある一定の目標を達成して成功するために努力したいと思う欲求の傾向として、責任を与えられることを楽しむことがあげられる。

解答 ✕ ある一定の目標を達成して成功するために努力したいと思う欲求は達成欲求であり、何事も自分で進めることを望む傾向があるとした。

「達成動機理論」要確認!

問題 マクレランドは達成欲求、権力欲求、親和欲求、回避欲求の4つの欲求はすべての人が持っているものであり、経験などによってその1つが優位に現れるとした。

解答 〇 人は欲求をすべてを持っているけれども、パーソナリティや経験によってその1つが優位に現れるとしている。それぞれの動機は独立しているものであり、階層的になっていたり移行することはないと主張している。

問題 ハーズバーグが提唱した二要因説のうち、衛生要因は生理的欲求や安全の欲求を改善することで不満が減少するとした。

解答 ✕ 生理的欲求や安全の欲求はマズローの基本的欲求階層説である。会社の方針・給与・管理・給与・上司等との人間関係など、改善すると不満足が減少するが満足感を得られることはないものを衛生要因とした。

問題 ハーズバーグは職務満足や不満足を規定する要因には動機づけ要因と衛生要因があり、職務満足を高めるのは動機づけ要因であるとした。

解答 〇 二要因論である。

問題 アルダファが唱えたERG理論では、存在欲求、関係欲求、成長欲求の3次元からなり、各欲求は連続的であるとした。

解答 〇 ERG理論による各欲求は連続的で、低次欲求を満たしていなくても高次な欲求が活性化することがあると考えた。

「マズロー先生の欲求段階説との違い」要確認!

1-8
カウンセリング理論／来談者中心アプローチ

 ● ロジャーズ
ロジャーズ先生といえば受容・共感・自己一致！

重要度 ★★★

ロジャーズ先生といえば受容・共感・自己一致！

ロジャーズ

Carl Ransom Rogers　1902-1987

 **KEYWORD**　来談者中心療法　受容・共感・自己一致
ベーシック・エンカウンター・グループ

> ☞ **POINT!**　ロジャーズ先生は、現在でもカウンセリングの基礎として取り入れられ
> ている来談者中心療法を唱えました。来談者中心療法は、診断に基づき
> 助言・指導をする権威的なカウンセラーの指示的カウンセリングから、非指示的カウンセリ
> ングへと、カウンセリングの考え方を大きく転換したと言われています。

来談者中心療法の人間観

　ロジャーズ先生は、人間は自己実現の傾向があり、自分自身を成長させていく力をもっている
と捉えていました。また、人間の行動は客観的な刺激によって規定されるのではなく、自分とい
うフィルターを通して個人が感じている意味のある世界（現象学的場）であるとしました。

パーソナリティ構造

　ロジャーズ先生は、経験と自己概念とがパーソナリティを形成していると考えました。この2
つを通じて意識化されるものが一致していないことが人格障害であるとしました。下記パーソナ
リティ構造の図で、BよりAとCの部分が多い状態を「自己不一致」、Bの領域が多い状態を「自
己一致」と呼びます。来談者中心療法では、経験と自己概念が一致する領域を増やすことがカウ
ンセリングの役割であるとしています。

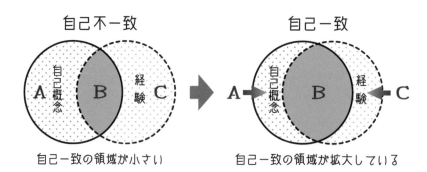

自己不一致　　　　　　　　　　　自己一致

自己概念 A　B　経験 C　▶　A → 自己概念 B 経験 ◀ C

自己一致の領域が小さい　　　　　自己一致の領域が拡大している

パーソナリティ変容理論

　ロジャーズ先生は、人間は基本的にポジティブな自己実現の方向に進んでいくが、自己一致したありのままの自分になることができると、自己実現傾向が十分に発揮されると考えました。

①自己洞察：クライアントがありのままの自分に気付く

②自己受容：クライアントがありのままの自分を受け入れる

③自己決定：経験と自己概念が統合された自分の中で問題解決を決意する

　上記プロセスをカウンセラーは援助していく存在ですが、そのためにカウンセラーは、カウンセラーがありのままの自分を受け入れることができ、クライアントを共感的に受け入れることができる存在である必要があります。

　クライアントが建設的にパーソナリティを変えていくためには、以下6条があり、継続していくことが重要だと説いています。

①カウンセラーとクライアントが、心理的に接触をもっていること

②クライアントが自己不一致の状態にあること（傷つきやすさ、不安の状態）

③カウンセラーは、自己一致している存在であること

④カウンセラーはクライアントに対し、無条件の肯定的な配慮を経験していること

⑤カウンセラーは、クライアントの枠組みでクライアントの世界を感じ取り、共感的理解をしていること

⑥カウンセラーが受容的態度や共感的理解の状態でいることがクライアントに伝わっていること

　上記の中でも特に受容的態度、共感的理解、自己一致は「ロジャーズの3原則」として広く普及しています。

カウンセリングの技法

　ロジャーズ先生が提唱した以下技法は、カウンセリングの基礎として今も引き継がれています。

①受容	「はい」「いいえ」など
②内容の再陳述	クライアントが話した内容を繰り返す
③感情の反射	クライアントの感情をとらえて、繰り返す
④感情の明確化	クライアントが言葉では伝えきれなかった感情を受け止めて繰り返す

ベーシック・エンカウンター・グループ

　ロジャーズ先生は、グループ・カウンセリングの手法としてベーシック・エンカウンター・グループを始めました。

　ベーシック・エンカウンター・グループでは、あらかじめ話題や課題は決めずに、参加者の思いつくままフリートークをしていきます。通常参加者10〜15人、ファシリテーター1〜2名のグループで行ない、1日数時間のセッションを数日間合宿形式で行ないます。ファシリテーターは必要最低限に介入しながら、進行役として進めていきます。

　後述する構成的グループ・エンカウンターと比較し、非構成的グループ・エンカウンターとも呼ばれます。

一問一答

問題　ロジャーズの来談者中心カウンセリングにおけるカウンセラーの態度としては、クライエントとの関係において心理的に安定しており、ありのままの自分を受け入れていることである。

解答　○　来談者中心療法の基本的態度である。

問題　カウンセラーの枠組みでクライアントが感じている世界を理解することが、ロジャーズの共感的理解である。

解答　✕　クライアントの枠組みに沿って行われることが共感的理解である。

問題　クライアントの経験と自己概念が一致する領域を増やすことが、来談者中心カウンセリングでの役割である。

解答　○　経験と自己概念がパーソナリティを形成していると考えた。

問題　ロジャーズが提唱したベーシック・エンカウンター・グループとは、ファシリテーターが中心となって決められた課題についてグループごとに話し合う技法である。

解答　✕　ファシリテーター1〜2名は必要最低限に介入しながら進行役として進めていくが、あらかじめ話題や課題は決めずに、参加者の思いつくままフリートークをしていく技法である。 ◁「ベーシック・エンカウンター・グループ」要確認！

1-9
カウンセリング理論／論理療法・認知療法・心理療法

● **エリス**

エリス先生は論理療法の創始者

● **ベック**

ベック先生は認知療法の創始者

● **森田正馬**

森田先生といえば「あるがままに受け入れる！」

● **吉本伊信**

吉本先生は日本発祥の心理療法「内観療法」の創始者

重要度 ★★

エリス先生は論理療法の創始者

エリス

Albert Ellis　1913-2007

 **KEYWORD**　ラショナル・ビリーフ　イラショナル・ビリーフ　ABCDE 理論

POINT!　エリス先生は、両親が離婚し、母親は双極性障害だったため大恐慌時代の
アメリカで兄弟の面倒をみなければならないというつらい幼少期を過ご
しました。しかしそれを逆境に立ち向かうためのきっかけとし、論理療法を提唱していきます。

論理療法

　論理療法はエリス先生によって提唱された心理療法です。「人間の不適応な感情・気分・行動」
は、出来事から直接引き起こされるのではなく、起こった出来事をどのように受け止めるかによっ
て生み出されるものであるというのが基本的な考え方です。

ABC（DE）理論

A（Activating event）	事実・出来事・生活環境・人間関係
B（Belief system）	客観的な事実や出来事などをどのように受け止め、解釈するかという信念・認知・考え方・捉え方
C（Consequence）	B を経た結果（気分・感情・感覚・行動）
D（Discriminant and dispute）	イラショナル・ビリーフ（非合理的な信念）に対する反論・論理的否定
E（Effective New Belief,Effective New Philosophy）	つらい感情を出さないための効果的な新しい信念や人生哲学

※ D と E は後から加えられたため、ABC 理論と言われることもあります。

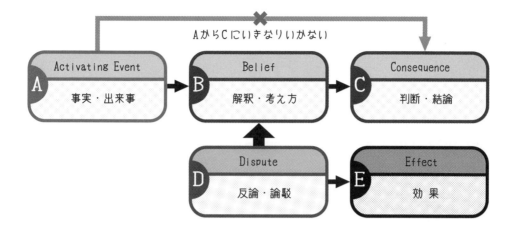

2つの捉え方・考え方

エリス先生は、B（Belief system）の捉え方・考え方には2種類あるとしました。

ラショナル・ビリーフ （合理的な信念）	現実的な考え方／柔軟な考え方
イラショナル・ビリーフ （非合理な信念）	非現実的な考え方／ねばらならない思考／過剰な悲観／目標達成を妨げる考え方／事実に基づかない考え方／論理的ではない考え方／柔軟性のない断定的な考え方

　論理療法は抑うつ・絶望、無力感の原因となるイラショナルビリーフをラショナルビリーフに変えていくように自分で取り組んでいく技法とされています。

ベック先生は認知療法の創始者

ベック

Aaron Temkin Beck　1921-2021

> ✈ KEYWORD　自動思考　スキーマ　認知のゆがみ

> 👉 **POINT!**　ベック先生は精神分析医として人の偏った考え方や物事の捉え方（認知）が行動や感情に影響を与え、抑うつ状態とも関連していると考えました。認知の歪みに焦点を当てて修正していくことで症状を軽減するのが認知療法です。

スキーマと自動思考

認知療法では「自動思考」「体系的な推論の誤り」「スキーマ」に対して働きかけ、それらを変えていくことで治療を行います。

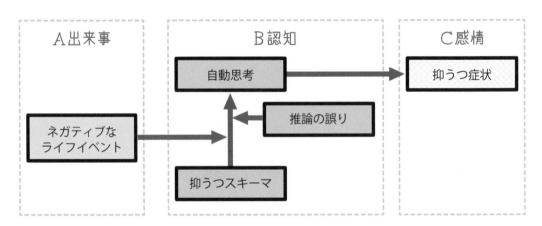

スキーマ	深層にある否定的な信念や態度といった認知構造のこと。幼少期や青年期に形成される
自動思考	自分の意思とは関係なく、自責の念などの不快な感情が自動的に頭に浮かんでくること。スキーマが体系的な推論の誤りによって操作されることで生じる

認知の歪み

　悲観的な自動思考のパターンは認知の歪みと呼ばれます。認知のゆがみは主に以下のような例が挙げられます。

全か無か思想	ものごとを極論化して考え、少しでも欠点があると、全てだめだと考えてしまう
過度の一般化	一つの悪いことをすべてに当てはめたり、悪いことがこの先も繰り返すと思い込む
心のフィルター	物事の悪い面のみにとらわれて、良い面に全く目が向けられなくなる
マイナス化思考	全てのできごとにマイナスの解釈を加えてしまい、いいことは偶然・悪いことは必然だと考える
結論の飛躍（恣意的な推論）	根拠なく「私はこの先ずっと不幸だ」など自分に不利で悲観的な結論を出してしまう
拡大解釈と過小評価	自分の成功・長所・良いことは過小評価し、失敗・短所・悪いことは過大評価する
感情的決めつけ	理性ではなく、自分のネガティブな感情を根拠に物事を判断してしまう
すべき思考	状況に関わらず、「必ず〇〇すべき」「〇〇でなければならない」などと強く思い込む
レッテル貼り	「自分はだめな人間だ」などと、極端にレッテルを貼る
自己関連付け・個人化	合理的な原因や関連がなくても、悪いこと・否定的なできごとは全て自分のせいだと考える

森田先生といえば「あるがままに受け入れる！」

森田正馬

もりたまさたけ　1874-1938

 **KEYWORD** 森田療法　絶対臥褥期

> 👉 **POINT!** 森田先生は日本独自の森田療法を創始しました。若い頃、死への恐怖から
> パニック障害に苦しんだ森田先生は、パニック障害の治療をしていく中で、
> 森田療法を生み出しました。

森田療法

　森田療法は恐怖症性不安障害、パニック障害、全般性不安障害、強迫性障害などを対象とした心理療法です。

　人は不安や症状があると、それにとらわれてしまい、不安や症状を回避や排除をしようとします。しかし森田療法は不安や症状を取り除けるかを問題にはしません。症状をあるがままに受け入れることを重視し、不安や症状とどのように付き合っていくかをクライエントと模索していきます。そして最終的には自分らしい生き方を実現することを目標とします。

治療の段階

　治療は以下 4 期に分かれています。

第I期	絶対臥褥期 （ぜったいがじょくき）	食事・洗面・トイレ以外は原則病室に横になって 7 日間過ごします。様々な考えや感情が浮かんできても、不安や恐怖をなくそうとやりくりすることなく、あるがままにする時期です
第II期	軽作業期	5 日間は周囲をよく観察したり、自然に触れ合うなどをし、部屋の片付けや簡単な陶芸など、一人で軽作業を行います
第III期	作業期	清掃、動物の世話、日常生活の共同作業などを積極的に行い、やりとげていく「目的本位」の時期です
第IV期	社会復帰期	1 週間〜1 ヶ月程度、外出・外泊・通学・通勤を行うことで社会復帰の準備を行います

重要度 ★

吉本先生は日本発祥の心理療法「内観療法」の創始者

吉本伊信

よしもといしん　1916-1988

 KEYWORD　内観療法　身調べ

> **POINT!**　吉本先生は、20歳の時に浄土真宗の一派である諦観庵に伝わっていた「身調べ」を体験しました。そして身調べから宗教色を取り除き「内観療法」を確立しました。

身調べ

　身調べとは、部屋の隅に屏風を直角に立て、区切られた畳半畳ほどの空間に1人で静座をして、生まれてから現在までの自分を調べるという修行です。

内観療法

　身調べから確立された心理療法です。1週間宿泊をして研修をする集中内観と日常生活に戻ってから行なう日常内観があります。

　集中内観はまず楽な姿勢で座ります。そしてこれまで自分に関わりの深かった方（両親・配偶者・兄弟・恩師など）に対して自分が
　　①してもらったこと
　　②して返したこと
　　③迷惑をかけたこと
の3点について、具体的な事実を年代順に調べます。1〜2時間ごとに面接者が訪れ、調べた内容を面接により検証します。
　1週間の集中内観を終えた後は日常生活に戻り、自主的に内観を行います。

一問一答

問題 エリスは論理療法において、人間の感情は出来事に対する受け止め方に基づく信念によって生じるのではなく、出来事自体によって引き起こされると考えた。

解答 ✕ 論理療法では、人間の感情は直接的には出来事自体によって引き起こされるのではなく、出来事に対する受け止め方に基づく信念によって生じると考えられた。

「論理療法」要確認！

問題 エリスが提唱した論理療法は抑うつ・絶望、無力感の原因となるイラショナルビリーフをラショナルビリーフに変えていくように自分で取り組んでいく技法である。

解答 ○ 非現実的な考え方、ねばらならない思考などのイラショナル・ビリーフを現実的な考え方、柔軟な考え方であるラショナル・ビリーフに変えていくように取り組む技法とした。

問題 ベックの認知療法に基づくカウンセリングでは、自動思考とスキーマの間に生じる認知のゆがみを低減させていくことを目標とした。

解答 ○ 自動思考、体系的な推論の誤り、スキーマに対して働きかけ、それらを変えていくことで治療を行う。

問題 唱えた認知の歪みのうち、一つの悪いことをすべてに当てはめたり、悪いことがこの先も繰り返すと思い込むことを全か無か思想という。

解答 ✕ 過度の一般化の説明である。全か無か思想とは、ものごとを極論化して考え、少しでも欠点があると、全てだめだと考えてしまうことである。

問題 森田正馬が創始した森田療法は、症状をあるがままという心理的な構えで物事に向き合い、不安や症状とどのように付き合っていくかをクライエントと模索していく心理療法である。

解答 ○ 「あるがまま」に受け入れることを重視している。

問題 森田療法における絶対臥褥期は、食事・洗面・トイレ以外は原則病室に横になっているが、自然に触れ合ったり、部屋の片付けや簡単な陶芸など一人で行う。

解答 ✕ 絶対臥褥期は、様々な考えや感情が浮かんできても、不安や恐怖をなくそうとやりくりすることなく、あるがままにする時期である。 「治療の段階」要確認！

問題 吉本伊信が創始した内観療法とは、1週間宿泊をして研修をする集中内観を行うことである。

解答 ✕ 集中内観と日常生活に戻ってから行なう日常内観がある。

「内観療法」要確認！

問題 集中内観では、して貰ったこと、して返したこと、迷惑をかけたことの3点について考える。

解答 ○ 自分に関わりの深かった方（両親・配偶者・兄弟・恩師など）に対して、具体的な事実を年代順に調べる。

1-10
カウンセリング理論／行動療法

 ● **シュルツ**
シュルツ先生は自律訓練法の創始者

 ● **スキナー**
スキナー先生は行動分析学の創始者

 ● **ウォルピ**
ウォルピ先生は系統的脱感作法を生み出した行動療法の父

 ● **グラッサー**
グラッサー先生は選択理論の提唱者

重要度 ★

シュルツ先生は自律訓練法の創始者

シュルツ

Johannes Heinrich Schultz　1884-1970

 **KEYWORD**　自律訓練法

☞ **POINT!**　ドイツの神経科医であったシュルツ先生は、科学的に睡眠をかけられた人が、腕や足に温かさを感じるという事実から、心身医学的な自己催眠療法の一種である自律訓練法を考案しました。

自律訓練法とは〈レスポンデント条件付け〉

　自律訓練法とは筋弛緩法と同時に自己暗示を行なうことによって、脳幹機能・自律神経系をコントロールし、心身をリラックスさせ、緊張・不安・ストレスを軽減させるという訓練法です。

　自律訓練法によって身体と心の活動が安定し、次のような効果が現れると言われます。

　緊張・不安の軽減／疲労回復／ストレス軽減／身体の痛みの緩和／集中力を高める

具体的な訓練法

　背景公式・6つの公式を繰り返し心の中で唱えます。

〈背景公式〉「気持ちがとても落ち着いている」（基本的安静練習）

〈6つの公式〉
- 第1公式：「両腕・両脚が重たい」（重感練習）
- 第2公式：「両腕・両脚が温かい」（温感練習）
- 第3公式：「心臓が静かに規則正しく（自然に）打っている」（心臓調整練習）
- 第4公式：「とても楽に（自然に）呼吸している」（呼吸調整練習）
- 第5公式：「お腹が温かい」（腹部温感練習）
- 第6公式：「額が（心地良く）涼しい」（額部涼感練習）

〈消去動作〉自己催眠状態から覚めるために、身体をほぐします。

重要度　★

スキナー先生は行動分析学の創始者

スキナー

Burrhus Frederic Skinner　1904-1990

 **KEYWORD**　スキナーボックス　シェイピング法

👉 **POINT!**　スキナー先生は、パブロフの条件反射や条件付けを「レスポンデント条件付け」、ソーンダイク先生が行なった試行錯誤学習を「オペラント条件付け」と再定義し、行動分析学を体系化しました。また行動療法という用語を初めて使用したのがスキナー先生と言われています。

行動療法

　行動療法とは、クライエントの内面に焦点を当てるのではなく、行動上の問題に焦点を当てます。クライエントが抱えている症状や問題行動は、何かの原因によって「不適切な行動を習慣化してしまったこと」、もしくは「適切な感情や行動を習得できていないこと」によって後天的に引き起こされるものと考えられています。行動療法は古典的条件付けやオペラント条件付けの学習を基にした療法です。

レスポンデント条件付け（古典的条件付け）

　レスポンデント条件付け（古典的条件付け）とはいわば「条件反射」で、1つの刺激と別の刺激を一緒に与えることによって生じる学習です。学習心理学の研究として有名なパブロフ先生が研究の中で「ベルを鳴らしてからエサを与える」という流れを繰り返し行ったところ、犬はベルを鳴らしただけで唾液を出すようになったということから発見されました。

　レスポンデント条件付けによる行動療法は次項目のウォルピ先生の中で解説します。

オペラント条件付け

　オペラント条件付けとは、エサなどの報酬や電流などの罰に適応して、自発的に特定の行動をするように学習することです。「行動は結果次第で変わる」と考えたソーンダイク先生による実験が初めてとされています。ハトの習慣からオペラント条件付けをソーンダイク先生とスキナー先生はそれぞれ以下のように考えています。

ソーンダイク先生	ハトは試行錯誤により首を伸ばして餌を得る習慣を身につけた
スキナー先生	ハトとは行動のある種の物理的特性（首を伸ばす）に結果を随伴させたところ、頻度の増加が観察された

スキナーボックス

　スキナー先生がオペラント条件付けの研究で、箱にネズミを入れて研究を行ったことから、この実験で使った箱は、スキナーボックスと呼ばれています。スキナーボックスは中にレバーを設置し、レバーを押すとエサが出てくる仕組みになっています。ネズミは最初は走り回るだけでしたが、レバーに偶然触れてエサが出ることに気づいた後は1分間に5回のペースでレバーを引くようになります。スキナー先生はこの学習をオペラント条件付けと呼びました。

シェイピング法（行動形成法／漸次的接近法）〈オペラント条件付け〉

　シェイピング法は、最終的に目標とする行動を獲得するために、正しい行動を小さな段階（スモールステップ）に分けて設定し、達成感を得ながら段階的にステップアップしていく方法のことを言います。

重要度 ★

ウォルピ先生は系統的脱感作法を生み出した行動療法の父

ウォルピ

Joseph Wolpe　1915-1997

 KEYWORD　逆制止理論　系統的脱感作法　筋弛緩法　主張訓練法

> POINT!　ウォルピ先生はイギリス軍の軍医として第二次世界大戦に従軍した際、行動療法を試していき、神経症に関する行動療法の父と呼ばれるようになりました。

逆制止理論

　逆制止理論の逆制止法とは、不安や恐怖などの当該反応とは逆の方向性・価値を持つ反応を学習することにより、当該反応を抑制・除去する方法です。

系統的脱感作法〈レスポンデント条件付け〉

　系統的脱感作法とは、逆制止の原理に注目した治療法です。不安の強度で階層化した「不安階層表」を作成し、難易度が最も低いところから段階的に慣れていく作業を行います。まず不安階層表の弱い不安場面を想像し、生じた不安をリラクゼーション法で制止していきます。その不安強度を段階的に上げていき、各段階に応じたリラクゼーション法を行っていくことで治療を行います。

1	東京タワーの展望台から外を見る	100点	6	マンションの10階から外を見る	50点
2	観覧車に乗る	90点	7	レインボーブリッジを歩いている映像を見る	40点
3	高層ビルの30階から外を見る	80点	8	高い場所を想像する	30点
4	高層ビルの20階から外を見る	70点	9	歩道橋を上り、下を見る	20点
5	デパートの外が見えるエレベーターに乗る	60点	10	マンションの3階から外を見る	10点

主張訓練法（自己主張訓練法、アサーティブトレーニング）〈レスポンデント条件付け〉

　相手の主張を尊重したうえで、攻撃的・非主義的にならずに、自分の考えを相手に適切に伝えていく方法です。逆制止理論を活用し、不安な状況でも、自己実現していくための対人関係改善訓練法です。

●トークンエコノミー法〈オペラント条件付け〉

　アイロン（Teodoro Ayllon）先生とアズリン（Nathan Azrin）先生によって開発された方法で、目標となる社会的に望ましい行動をした後に、あらかじめ定められた条件によってトークン（代理価値）と呼ばれるご褒美をあげると、行動が強化されるというものです。トークンが一定の量たまった際には具体的な報酬を与えます。トークンと交換できる報酬は「バックアップ強化子」と呼びます。

　例えばトークンエコノミー法で子供に食後の歯磨きを習得させるときは、まず歯磨きをしたらシールが1枚もらえると伝えます。さらにシールを10枚集めるとお菓子がもらえるというようにして、歯磨きを習得させます。

●漸進的筋弛緩法〈レスポンデント条件付け〉

　漸進的筋弛緩法とは、心身を自己コントロールし、リラックスをするための技法で、ジェイコブソン（Edmund Jacobson）先生が開発しました。筋肉の緊張と弛緩を交互に繰り返すことで、心身をリラックスさせストレスを軽減させます。

　基本動作としては、身体の各部位の筋肉に5秒ほど力をいれ、その後15～20秒弛緩させます。力を入れる場合は60～70%の力を入れるくらいで行います。

　体の各部分の訓練法は下記に記載します。

両手・前腕・上腕	・肘関節を曲げてこぶしを作り、腕全体を5秒ほど緊張させる ・腕の力を一気に抜いて、肩から指先まで弛緩した状態を20秒ほどづづける
頭部	・眉を上に上げ、目を大きく開いて、額にしわを作り、顔全体を5秒ほど緊張させる ・一度に力を抜き、頭から顔にかけて弛緩した状態を20秒ほど続ける
頸部	・顎を引いて歯を食いしばり、首を5秒ほど緊張状態にする ・一度に力を抜き、首全体が弛緩した状態を20秒ほど続ける
肩	・耳に近づけるように両肩をすくめて5秒ほど緊張状態にする ・一度に力を抜き、両肩全体が弛緩した状態を20秒ほど続ける
胸部・上背部	・胸を張って両肩を左右に広げ、肩甲骨を近づけるようにして5秒ほど緊張状態にする ・一度に力を抜き、背中全体が弛緩した状態を20秒ほど続ける

●嫌悪療法〈レスポンデント条件付け〉

　嫌悪療法とはアルコールやタバコなどの好ましくない行動に対して、不快な刺激や嫌悪感を結びつけることで、依存物質をやめたり、好ましくない行動を抑えるという療法です。レスポンデント条件付けを利用しています。

　例えばアルコール依存症や飲酒で体調を崩している場合には抗酒剤が用いられます。抗酒剤を服用すると、少量飲酒しただけで、頭痛がしたり、気持ちが悪くなるという症状が起こります。たばこ依存には、一度に大量の喫煙をして気分を悪くするという急速禁煙法がありますが、副作用の問題があり現在は用いられていません。

●暴露療法（エクスポージャー法）〈レスポンデント条件付け〉

　アイゼンク（Hans Jurgen Eysenck）先生により開発されました。何かの刺激によって不安が発生した場合、刺激を回避してしまうと慢性化や悪化に繋がります。また刺激に対する不安は持続しないとして、刺激を回避せず、刺激に自然に触れることが有効であるとしました。

　不安や恐怖を生じることを不安階層表に分けて、弱い不安刺激から段階的に直面させて克服（消去）していく技法です。

※系統的脱感作との違いは、リラックスで逆制止しない点です。

●レスポンデント条件付けとオペラント条件付け療法一覧

　今まで見てきた行動療法は以下のように分類されます。

種　類	行動療法
レスポンデント条件付け	自律訓練法
	系統的脱感作法
	主張訓練法（アサーション・トレーニング）
	漸進的筋弛緩法
	嫌悪療法
	暴露療法（エクスポージャー法）
オペラント条件付け	トークンエコノミー法
	シェイピング法

グラッサー先生は選択理論の提唱者

グラッサー

William Glasser　1925-2013

 **KEYWORD**　現実療法　選択理論

> ☞ **POINT!**　グラッサー先生は、非行の少年・少女の更生に尽力しましたが、その際の体験を元に現実療法を開発しました。

現実療法（リアリティ・セラピー）とは

　過去ではなく、現在の満たされない重要な人間関係に焦点を当て、問題解決やより良い行動の選択を支援するカウンセリング法です。

選択理論

　1970 年代はカウンセリングに現実療法を使っていましたが、現実療法の基礎理念を「コントロール理論」とするようになりました。その後 1996 年にコントロール理論を「選択理論」に改名しています。

　選択理論は全ての行動は自分の選択であると考える理論です。自分の行動は他人が直接選択をすることはできません。そのため、全ての行動は外部からの刺激への反応ではなく、自らの選択であるとしています。

　何か問題が起きた際にはまず相手を受け入れ、自分との違いを交渉することで問題が解決し、良好な人間関係を築くことができると考えます。

　基本概念としては、①５つの基本的欲求、②上質世界、③全行動、④創造性があります。

① 5 つの基本的欲求

　グラッサー先生は人は生まれながら 5 つの基本的欲求を持っていると考えました。また欲求の強弱と満たし方は人によって異なるとしています。

欲求名	詳細	主な要素
生存の欲求	空気、水、飲食、睡眠、生殖などの生きていくために必要な身体的な欲求	安全・安定／健康
愛・所属の欲求	家族、友人、会社などに所属し、愛したり、愛される人間関係を求める欲求	愛／所属
力の欲求	自分が欲しいものを自分が望む方法で手に入れたい。勝ちたい、認められたいという欲求	貢献／承認／達成／競争
自由の欲求	感情のまま、自分の好きなように選択・決断をしたい。束縛されずに自由でいたいという欲求	解放／変化／自分らしさ
楽しみの欲求	義務感にとらわれず、自ら新しい知識を得たい、新しいことをしたいという欲求	ユーモア／好奇心／学習・成長／独創性

②上質世界

　基本的欲求を満たすためには、物、人、信条などの対象が必要です。対象が入っている脳の中の特定の場所は「上質世界」と呼ばれます。上質世界に入るものは自分にとって肯定的で関心のあるものです。

③全行動

　人間の行動は全行動という概念とされ、「行為」「思考」「感情」「生理反応」の4つの要素に分けて考えられています。

④創造性

　行動に創造性を付与するシステムです。プラス面は高い欲求を満たしたり、いくつかの欲求を同時に満たすために発揮されます。マイナス面は失敗したり、落ち込んだときに暴飲暴食をしてストレスを回避する行動を起こします。

問題 シュルツが唱えた自律訓練法によって、緊張や不安の軽減、疲労回復、ストレスの軽減が期待される。

解答 ◯ 科学的に睡眠をかけられた人が腕や足に温かさを感じるという事実から、心身医学的な自己催眠療法の一種である。

問題 行動療法では、クライエントが抱えている症状や問題行動は、不適切な行動の習慣化してしまったこと、適切な感情や行動を習得できていないことによって引き起こされるものと考えられている。

解答 ◯ クライエントの内面に焦点を当てるのではなく、行動上の問題に焦点を当てている。

問題 パブロフが犬にベルを鳴らしてからエサを与えるという流れを繰り返し行ったところ、ベルを鳴らしただけで唾液を出すようになったという条件反射をオペラント条件付けいう。

解答 ✕ レスポンデント条件付けである。オペラント条件付けとはエサなどの報酬や電流などの罰に適応して、自発的に特定の行動をするように学習することである。

問題 ウォルピが提唱した系統的脱感作法とは、不安階層表に従って、点数の高い場面から順にイメージトレーニングを行うことである。

解答 ✕ 不安階層表の点数の低い場面から順に不安強度を段階的に上げていき、各段階に応じたリラクゼーション法を行っていく治療法である。

「系統的脱感作法」要確認!

問題 主張訓練法（アサーショントレーニング）とは、逆制止理論を活用し、相手の主張を尊重したうえで、攻撃的にならずに自分の考えを相手に適切に伝えていく方法である。

解答 ◯ 逆制止理論を活用し、不安な状況でも、自己実現していくための対人関係改善訓練法である。

問題 トークンエコノミー法は、賞賛によって行動を強化する。

解答 ✕ トークンと交換できる報酬は「バックアップ強化子」と呼び、トークンが一定の量　たまった際には具体的な報酬を与える。　「トークンエコノミー法」要確認!

問題 筋肉の緊張と弛緩を交互に繰り返すことで心身をリラックスさせ、ストレスを軽減させる技法を漸進的弛緩法という。

解答 ◯ 心身を自己コントロールし、リラックスするための技法である。

問題 グラッサーが提唱したリアリティ・セラピーとは、過去の満たされていない重要な人間関係にいち早く焦点を当てることによって、問題解決を試みるカウンセリング手法である。

解答 ✕ 過去ではなく、現在に焦点を当てたカウンセリング手法である。

1-11
カウンセリング理論／ゲシュタルト療法・交流分析

● **パールズ**
パールズ先生はフロイト先生に冷たくされ、
ゲシュタルト療法を創設！

● **バーン**
バーン先生といえば交流分析

重要度 ★★★

パールズ先生はフロイト先生に冷たくされ、
ゲシュタルト療法を創設！

パールズ

Frederick Salomon Perls　1893-1970

 「いま、ここ」 エンプティ・チェア

> **POINT!**　パールズ先生はフロイト派精神分析家の資格を取得しましたが、フロイト先生に自分の研究を評価してもらえませんでした。そこでゲシュタルト療法を創設します。ゲシュタルト療法は過去ではなく、「いま、ここ」に焦点を当てて気付きを重要視します。

ゲシュタルト療法

　ゲシュタルトとは、ドイツ語で「形」「全体」「統合」を意味しています。だまし絵を見たことがある方も多いかと思いますが、人はある一部分に注目すると、他の部分は背景となり、他の絵があったとしても見えなくなってしまいます。ゲシュタルト療法では、意識的に注意をどこに向けるかによって、意識していない所を意識している所に反転させるという過程を重要視します。

　過去にどのようなことをしたか、なぜそれを行ったのかなどを聞いていくのではなく、「いま、ここ」で話していること、気持ち、身体感覚などに焦点を当て、それぞれの体験への気付きを通して無意識に抑圧された部分を意識化させる支援を行います。

　自分が何を抑圧したかを知ることで、現在抱えている課題や悩みに対処することができるようになると説きました。

エンプティ・チェア (空の椅子)

　クライエントの前に空の椅子を用意し、自分が思いを伝えたい人が空の椅子に座っていると仮定し、自分の思いや感情を伝えるという技法です。

　また思いを伝えた後、クライエントが反対側の椅子に座り、自分が想定した相手になった気持ちでその人の言い分を語るという方法もあります。架空の対話を繰り返すことで、クライエントが意識していなかった問題点への気づきへとつながります。

重要度 ★ ★

バーン先生といえば交流分析

バーン

Eric Berne　1910-1970

 KEYWORD　交流分析

POINT!　バーン先生は自分と他人との交流パターン（人間関係）に着目し、交流分析を開発しました

交流分析

交流分析はバーン先生が開発した対人援助の理論と技法の体系です。「今、ここ」の感覚や、人間と人間の実存的な出会いを基礎としているため、人間性心理学の理論と言われています。

主に幼児期における親とのふれあいによって培われた人生に対する態度を「基本的構え」とし、人間関係に大きな影響を及ぼすとしています。

I am OK, you are OK.	自己肯定・他者肯定
I am not OK , You are OK.	自己否定・他者肯定
I am OK , You are not OK.	自己肯定・他者否定
I am not OK , You are not OK.	自己否定・他者否定

主要概念は「ストローク」です。ストロークとは撫でる・抱きしめる・ほめるなど人との触れ合いによって得られる様々な刺激であり、その人の存在や価値を認める行為です。肯定的なストロークと否定的なストロークがあります。

4つの分析

交流分析は以下4種類の分析を行います。

構造分析	最初に行なう分析で、自我の状態を、親／大人／子どもの3つに分けて、どの自我状態が優勢かを明らかにする
交流パターン分析	対人関係で自分がどの自我状態から相手のどの自我状態にメッセージを発しているかを明らかにする
ゲーム分析	不快感情と非生産的な結末をもたらす定型化した一連の裏面的交流である「ゲーム」を分析するもの
脚本分析	無意識のうちに繰り返してしまう人生のパターンを分析し、改善していくためのもの

問題 パールズが提唱したゲシュタルト療法では過去にどのようなことをしたか、なぜそれを行ったのかなどを聞いていくことを重視した。

解答 ✗ 「いま、ここ」で話していること、気持ち、身体感覚などに焦点を当て、それぞれの体験への気付きを通して無意識に抑圧された部分を意識化させる支援を行う。

問題 パールズのゲシュタルト療法では、言語的なコミュニケーションのみに焦点をあてている。

解答 ✗ ゲシュタルト療法では、意識的に注意をどこに向けるかによって、意識していない所を意識している所に反転させるという過程を重要視する。クライアントが示した行動以外の非言語コミュニケーション、呼吸パターン、そして緊張表現などにも留意する。

問題 ゲシュタルト療法のアプローチとして、自分が思いを伝えたい人物が前に居ると仮定して、その人物に語りかけ、自分の思いや感情を伝えるという技法がある。

解答 ◯ 「エンプティ・チェア」という技法である。

問題 バーンが提唱した交流分析では、幼児期における親とのふれあいによって培われた人生に対する態度を「基本的構え」とし、人間関係に大きな影響を及ぼすとしている。

解答 ◯ 「今、ここ」の感覚や人間と人間の実存的な出会いを基礎としている。

問題 バーンが提唱した交流分析では、人との触れ合いによって得られる様々な刺激を「ストローク」と呼ぶ。

解答 ◯ その人の存在や価値を認める行為であるとした。

問題 バーンが提唱した交流分析は構造分析、交流パターン分析、ゲーム分析、脚本分析の４つの詳細な分析を通じて、個人の人格的成長や手段の不適応などの変化を促すアプローチである。

解答 ◯ 構造分析が最初に行う分析である。 ⟵「４つの分析」要確認！

問題 交流パターン分析では、自我の状態を親、大人、子どもの３つに分けて、どの自我状態が優勢かを明らかにする。

解答 ✗ 最初に行う構造分析の説明である。交流パターン分析では、対人関係で自分がどの自我状態から相手のどの自我状態にメッセージを発しているかを明らかにする。

「４つの分析」要確認！

1-12
カウンセリング理論／包括的・折衷的アプローチ

● 國分康孝
國分康孝先生といえばコーヒーカップ・モデル

● アイビィ
アイビィはマイクロカウンセリングの創始者

● カーカフ
カーカフ先生はヘルピング技法の創始者

1-13
その他の理論家

● モレノ
モレノ先生はユングの弟子でサイコドラマを開発

重要度 ★

國分康孝先生といえばコーヒーカップモデル

國分康孝

こくぶやすたか 1930-2018

 **KEYWORD** コーヒーカップ・モデル 構成的グループ・エンカウンター

POINT!
・カウンセリングプロセスとして、コーヒーカップ・モデルを提唱
・構成的グループ・エンカウンターの創始者

コーヒーカップ・モデル

　コーヒーカップ・モデルは國分康孝先生により提唱されたカウンセリングモデルです。コーヒーカップ・モデルでは、カウンセリングを「言語的、非言語的コミュニケーションを通して、行動変容を試みる人間関係」と定義しています。カウンセリングのプロセスがコーヒーカップの断面図に似ていることから、コーヒーカップ・モデルと名付けられました。

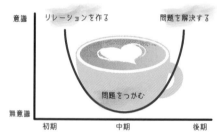

　コーヒーカップ・モデルでは次のようなプロセスによりカウンセリングが行われます。カウンセラーは、クライエントが相談過程のどの地点にいるのかを常に確認しながらカウンセリングを進めることが大切です。

①	リレーションを作る	面接初期	言語的スキルによってクライエントとのリレーション（信頼関係）を作る
②	問題をつかむ	面談中期	非言語的スキルをつかってクライエントの問題の核心部分をつかむ
③	問題を解決する	面談後期	具体的な処置を施して問題の解決を試みる

構成的グループ・エンカウンター

　構成的グループ・エンカウンターとは、國分康孝先生が創始したカウンセリングの一形態です。エンカウンターとは、お互い本音で表現し合い、それを認め合う体験です。条件（場面）設定し、課題や心理教育的な体験学習などのエクササイズを通して自己開示を促進します。そこで得られ

た気づきや感情を明確化し、他の人とシェアリング（振り返り）を行うことが特徴となります。他者と触れ合うことで、自分では気付いていない悪い癖や短所などに気付き、修正をすることができます。

構成的グループ・エンカウンターの原理

構成的グループ・エンカウンターには以下3つの原理があります。
①本音やあるがままの自分に気づく
②エクササイズなどの枠を通して自己開示が促進される
③シェアリングによって物事の見方や受け取り方、考え方など認知の拡大や修正がなされる

構成的グループ・エンカウンターのルール

構成的グループ・エンカウンターでは、エクササイズや時間の設定とともに、次のルールを設定します。①守秘義務を守る、②非難したり、批判的な発言や評価的な発言をしない、③沈黙の自由を守るために発言の強要をしない、④パスする自由を守るためにエクササイズを強要しない。
ルールを定める理由としては、①メンバーが緊張から解放されて自由になりやすくするため、②メンバーの抵抗を予防して心的外傷から守るため、③相互のふれあいを効率的かつ効果的に促進するためです。

構成的グループエンカウンターの進め方

リーダーは尊厳を傷付けるような発言があったり、ルールが守られない場合、必要に応じて介入します。また、一人のメンバーが他のメンバーに発言を強要した場合などは、軌道修正を行います。ただし、ファシリテート（進行）を行う中では、各個人の発言に対して、分析や批判をしないように注意をする必要があります。

1．インストラクション	目的・やり方・留意点・コツについて説明をする。目的は特にリーダー自身の体験を通して語ると効果的
2．エクササイズ	心理面の発達を促すための課題。①自己理解　②他者理解　③自己受容　④感受性の促進　⑤自己主張　⑥信頼体験の6つのねらいを達成するために行う
3．シェアリング	エクササイズに取り組んだ後、メンバーの感じ方・考え方・行動の仕方を振り返ってお互いに共有する体験

アイビィはマイクロカウンセリング技法の創始者

アイビィ

Allen E. Ivey　1933-

KEYWORD　マイクロカウンセリング技法

POINT!　アイビィ先生はマサチューセッツ大学、カウンセリング心理学部の教授として、折衷主義理論やクライエントと相対する臨床実践に多くの実績を積み上げていきます。そしてカウンセラーとクライエントの間の言語・非言語のコミュニケーションには、共通のパターンがあると気付き、マイクロカウンセリング技法を創設しました。

マイクロカウンセリング技法

　アイビィは会話を「関わり的なもの」「積極的な行動を促すもの」「それを駆使しての面接の統合」で構成されていると示し、マイクロカウンセリング技法（マイクロ技法）と命名しました。マイクロ技法は様々な手法を統合しているため、ウンセリングの『メタモデル』として定着しています。

　マイクロ技法の階層表は以下の通りです。大きくは①かかわり行動　②かかわり技法　③積極技法　④技法の統合　の４つに分けられます。

①かかわり行動

　かかわり行動はクライエントの話を「聴く」ことによりラポール（信頼関係）構築するために重要です。視線の合わせ方、言語的追跡、身体言語、体位のとり方、声の質、非言語的な励ましなどがあります。

②かかわり技法

　かかわり技法はクライエントの枠組みに沿った言語レベルの傾聴法です。開かれた質問・閉ざされた質問、話すことを促すための励まし、発言の要約、感情の反映、言い換えなどがあります。

③積極技法

　積極技法は傾聴を基礎としながら、カウンセラーが能動的な関わりを行うことで、クライエントの問題解決への行動を促す技法になります。主な内容は次のとおりです。

技法	内容内容
指示	問題解決のためにどのような行動を取ってほしいか、新しい選択肢を明確に示すこと。効果的に指示を出すために、適切な視線の位置、声の調子や姿勢、言語表現は具体的にわかりやすく行う。
論理的帰結	岐路に立たされてクライエント自らが決断できない場合に、予測される良い結果と悪い結果を具体的に考えるように促すこと。
解釈	カウンセラーから見るクライエントの状況に関する新しい視点を述べること。新しい解釈によって、クライエントは状況を深く理解し、よりよい対処ができるようになる。
自己開示	カウンセラー自らが自分の個人的経験、考え、観察、感情などをクライエントに伝えること。行動を変えるためのよいモデルとなることもある。
情報提供・説明・教示	知的な情報提供は有力な技法となる。その際にはクライエントが情報を受け入れられる状態にあるかを確認し、適切なタイミングで伝える必要がある。
フィードバック	非審判的・具体的な事実にもとづき、カウンセラーもしくは第三者が、クライエントをどう見ているかを伝え、クライエントの自己探求、自己吟味を促すこと。
発言の要約	面接中にカウンセラーが述べた考えや意見・助言などを要約して、クライエントに伝えること。

④技法の統合

　かかわり行動、かかわり技法、積極技法を駆使して会話を構成することです。階層表にある技法を折衷的に活用できるようになると、技法の統合の域に達したといえます。

■マイクロ技法の階層表

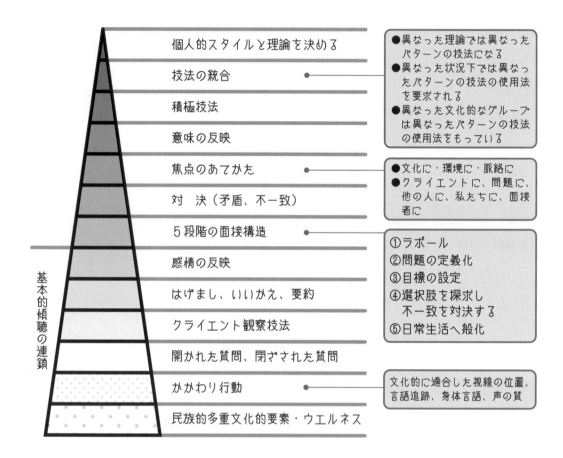

ラベル（ピラミッド上から）	補足
個人的スタイルと理論を決める	●異なった理論では異なったパターンの技法になる ●異なった状況下では異なったパターンの技法の使用法を要求される ●異なった文化的なグループは異なったパターンの技法の使用法をもっている
技法の統合	
積極技法	
意味の反映	
焦点のあてかた	●文化に・環境に・脈絡に ●クライエントに、問題に、他の人に、私たちに、面接者に
対　決（矛盾、不一致）	
５段階の面接構造	①ラポール ②問題の定義化 ③目標の設定 ④選択肢を探求し不一致を対決する ⑤日常生活へ般化
感情の反映	
はげまし、いいかえ、要約	
クライエント観察技法	
開かれた質問、閉ざされた質問	
かかわり行動	文化的に適合した視線の位置、言語追跡、身体言語、声の質
民族的多重文化的要素・ウエルネス	

基本的傾聴の連鎖

重要度 ★ ★

カーカフ先生はヘルピング技法の創始者

カーカフ

Robert R. Carkhuff　1934-

KEYWORD　ヘルピング

> **POINT!**　カーカフ先生はロジャーズ先生の弟子でしたが、ロジャーズ先生から離れ、ヘルピングの技法を開発しました。

ヘルピング

　ヘルピングはカーカフ先生によって提唱されたカウンセリングモデルです。このモデルでは、カウンセラーをヘルパー、クライエントをヘルピーと呼び、あえてカウンセリングのことを「ヘルピング」と名づけました。ヘルピングでは、カウンセラーが一方通行で援助をするものではなく、ヘルパーとヘルピーの相互の関わり過程を段階的に示しているところに特徴があります。

カーカフのヘルピングのプロセス

　ヘルピングは一般的に以下の4段階で進められます。

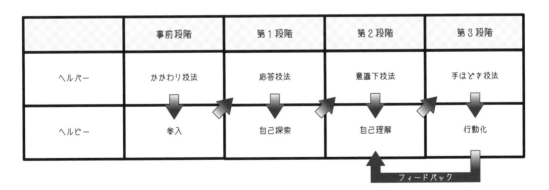

	事前段階	第1段階	第2段階	第3段階
ヘルパー	かかわり技法	応答技法	意識下技法	手ほどき技法
ヘルピー	参入	自己探索	自己理解	行動化

フィードバック

プロセス	内容	具体的な技法
①事前段階（かかわり技法）	ヘルパーとヘルピーのラポール形成に用いる。ヘルピーが個人的経験をヘルパーと分かち合うこころの準備段階	かかわりへの準備／親身なかかわり／観察／傾聴
②第1段階（応答技法）	言葉による応答を繰り返し、ヘルピーの現在地（どのような状態にあるか）を明らかにするための自己探索を目指す	事柄への応答／感謝への応答／意味への応答
③第2段階（意識化技法）	ヘルピーの目的地（どのような状態になりたいのか）を明らかにするための自己理解を目指す	意味・問題・目標・感情の意識化
④第3段階（手ほどき技法）	目標を達成するため具体的に計画を立て、それを実行する段階	目標の明確化／行動計画の作成／スケジュールと強化法／行動化の準備／各段階の検討の手ほどき
⑤援助過程の繰り返し	ヘルピーの反応・行動結果を見ながら、援助を繰り返す。繰り返しによってヘルピーは、より深い自己理解・自己探索・より効果的な行動が期待できる	

重要度 ★ ★ ★ ★

モレノ先生はユングの弟子でサイコドラマを開発

モレノ

Jacob Levy Moreno　1889-1974

 **KEYWORD**　サイコドラマ

POINT!　モレノ先生は即興劇を演じることで自己理解・自己洞察をもたらすことを目指す集団療法としてサイコドラマを提唱しました。

サイコドラマ

　集団心理療法であるサイコドラマは心理劇とも呼ばれ、クライエントが抱える問題を見つめ直すため、演技を通して理解を深め、解決を目指すものです。

　サイコドラマを構成している役は次の5つで、監督（治療者）、演者（治療の対象）、観客、舞台、助監督からなり、助監督は補助自我とも呼ばれ、演者を代弁したり、支えたりします。これは二重演技法と呼ばれるサイコドラマの代表的な技法で、これによって問題を抱えたクライエント（演者）は自身の本音に気づくことができます。

サイコドラマの効果

　サイコドラマは、人々がもつ創造性や自発性を引き出し、また、人々の抱える心理的葛藤の整理や解決に寄与してきています。

自己肯定感	ありのままの自分を受け入れられる
自己の再認識	最近新しい自分を発見するなどの気づきが増えた
普遍性	他の人の経験の中に自分と同じような悩みを抱えていると感じることがある
支えられ感	自分のことをわかってくれる仲間がいる

対象者：神経症のほか、感情障害、アルコール依存症、人格障害、精神障害、統合失調症の人々。さらに、自己啓発や、社会福祉、保健医療心理、教育のなどの自己研鑽の場としても活用されています。技術を深めれば、トラウマなどの解決にも繋がります。

問題 國分康孝が提唱したコーヒーカップ・モデルでは、面談の初期段階でリレーション
をつくり、中期では問題をつかんで、解決を試みるという3段階でカウンセリング
を進める。

解答 ○ カウンセリングプロセスとして、コーヒーカップ・モデルを提唱した。

問題 國分康孝が提唱した構成的グループエンカウンターは、ウォルピの行動療法の考え
方に基づいて対人関係改善訓練法を重視している。

解答 × 参加者同士の交流による内面的な成長によって自己開示を促進する。

「構成的グループ・エンカウンター」要確認！

問題 アイビィが提唱したマイクロカウンセリングの技法は、かかわり行動、積極技法、
技法の統合の3つに大別される。

解答 × かかわり行動、かかわり技法、積極技法、技法の統合の4つに分けられる。

「マイクロカウンセリングの技法」要確認！

問題 アイビィのかかわり行動には、視線の合わせ方、身体言語、声の調子、言語的追跡
の4つの要素が含まれており、クライエントとのラポールを築く上で極めて重要な
要素である。

解答 ○ クライエントとの信頼関係を築く上で重要である。

問題 アイビィのマイクロカウンセリングにおける、積極的技法の組み合わせとしては、
指示、自己開示、フィードバックである。

解答 ○ 積極技法は傾聴を基礎としながら、カウンセラーが能動的な関わりを行う。

問題 カーカフが提唱したヘルピング技法には、かかわり技法、応答技法、積極技法、手
ほどき技法、援助過程の繰り返しの段階がある。

解答 × ヘルピング技法のプロセスは、かかわり技法、応答技法、意識化技法、手ほど
き技法、援助過程の繰り返しである。

「カーカフのヘルピングのプロセス」要確認！

問題 カーカフが提唱したヘルピングの意識化技法には、ヘルピーの目的地を明らかにす
るための自己理解を目指す、意味、問題、目標、感情の意識化がある。

解答 ○ ヘルピングでは、カウンセラーが一方通行で援助をするものではなく、ヘルパー
とヘルピーの相互の関わり過程を段階的に示しているところに特徴がある。

問題 モレノが提唱したサイコドラマは、グループサイコセラピーの1つの技法で、即興
劇を演じることで自己理解や自己洞察をもたらす心理技法である。

解答 ○ 集団心理療法であるサイコドラマは心理劇とも呼ばれている。

第 2 章

キャリアコンサルティングの実践

（社会的意義・役割・倫理・行動等・技能・ツール・ハローワーク情報・職業分類）

キャリアコンサルティングの役割・倫理

■キャリアコンサルタントの意義と役割

　厚生労働省では、「キャリア」「キャリアコンサルティング」「キャリアコンサルタント」について、それぞれ次のように定めています。

●「キャリア」とは

　過去から将来の長期にわたる職務経験やこれに伴う計画的な能力開発の連鎖を指すもの。「職業生涯」や「職務経歴」などと訳される。

●「キャリアコンサルティング」とは

　労働者の職業の選択、職業生活設計又は職業能力の開発及び向上に関する相談に応じ、助言及び指導を行うことをいう。

●「キャリアコンサルタント」とは

　キャリアコンサルティングを行う専門家で、企業、需給調整機関（ハローワーク等）、教育機関、若者自立支援機関など幅広い分野で活躍している。それぞれの役割は以下の通りである。

企業	キャリアコンサルティング／キャリア開発／人材育成／キャリアに関する相談業務／メンタルヘルスケア／キャリア研修の企画／中高年のキャリア再構築
教育機関	進路指導／学生の就職支援／就活支援・キャリア教育の推進／学校の状況や教育方針の理解を前提とした企画立案
需給調整機関 （ハローワーク、ジョブカフェ等公的施設、民間の人材派遣会社、再就職支援機関など）	職業に関する相談業務／職業紹介／職業指導／職業訓練の斡旋／企業と人材のマッチング／フリーター、ニート対策

　「キャリアコンサルタント試験の試験科目及びその範囲並びにその細目 」では、キャリアコンサルティングの役割と意義に関し、次に掲げる事項について詳細な知識を有することとされています。

①キャリアコンサルティングは、職業を中心にしながらも個人の生き甲斐、働き甲斐まで含めたキャリア形成を支援するものであること。

②個人が自らキャリアマネジメントをすることにより自立・自律できるように支援するものであること。

③キャリアコンサルティングは、個人と組織との共生の関係をつくる上で重要なものであること。

④キャリアコンサルティングは、個人に対する相談支援だけでなく、キャリア形成やキャリアコンサルティングに関する教育・普及活動、組織（企業）・環境への働きかけ等も含むものであること。

出典：日本キャリア開発協会（JCDA）・特定非営利法人キャリアコンサルティング協議会『キャリアコンサルタント試験の出題範囲』

■キャリアコンサルタントの能力要件の見直し

　2018年に厚生労働省は、今後のキャリアコンサルタント登録制度や関連施策の立案・運用改善などを行い、キャリアコンサルタントの養成や質の向上を図ることで、労働者などのキャリア形成支援を推進していくため「キャリアコンサルタントの能力要件の見直し等に関する報告書」を公表しました。

〈見直しの背景、考え方〉

　キャリアコンサルタントが期待される役割を、従来の就職支援の観点にとどまらず、一人ひとりのキャリア自立の観点から、職業生活設計の支援を行うものとして整理しているものです。具体的には、キャリア支援をより確実に幅広く行うために求められる知識・技能に関する能力要件の提言や、キャリアコンサルタントのさらなる活躍に向けた課題の提示、問題解決のための提言などが盛り込まれています。

〈見直しの主な内容〉　

全体像	●養成講習の全体時間数：140時間→150時間程度（うち演習時間：60時間→70時間程度）
拡充強化	●セルフ・キャリアドック等の企業におけるキャリア支援の実施に関する知識・技能 ●リカレント教育等による個人の生涯にわたる主体的な学び直しの促進に関する知識・技能 ●職業生涯の長期化、仕事と治療、子育て・介護と仕事の両立等の課題に対する支援に関する知識・技能 ●クライアントや相談場面の多様化への対応に関する知識・技能
合理化	●登録制度創設に伴う必要性の変化、科目間の重複による統合

今後の能力要件の見直しの考え方を、所要の法令改正の上、養成講習の科目などに反映。

→「働き方改革」や「人生100年時代構想」等における新たな政策的課題に対応した役割を的確に担うことができるキャリアコンサルタントの養成及び質の向上を推進する。

■キャリア自律に向けた支援

　キャリア自律とは、自分自身のキャリアビジョンをしっかり持ち、中長期的な視点から計画的・主体的な行動の積み重ねを行い、自分のキャリアを構築することです。職業生活設計に基づいて能力開発等に積極的に取り組み、社会・組織の環境変化や個々のライフキャリア上の節目に対応して、キャリア充実に当事者意識と意欲を持ち、能力を発揮できるよう支援していきます。

　具体的には自己のキャリアビジョン・目標、それに基づくアクションプランを作成し、その実践を図り、また、能動的に自己の役割やチャンス・成長を3年から5年の中長期的な視点で作っていきます。

キャリア形成に関する教育と普及活動・環境への働きかけ

■セルフキャリアドック

　企業がその人材育成ビジョン・方針に基づき、キャリアコンサルティング面談と多様なキャリア研修などを組み合わせて、体系的・定期的に従業員の支援を実施し、従業員の主体的なキャリア形成を促進・支援する総合的な取組み、また、そのための企業内の「仕組み」のことです。

　セルフキャリアドックを実践することで、従業員一人一人に寄り添い、従業員の活力を引き出しながらも、同時に企業の成長へとつなげるために、どのようにキャリアコンサルタントが支援の役割を果たすのか理解しましょう。

■「セルフ・キャリアドック」導入の方針と展開

　具体的なキャリアプランの設計とその実現支援に焦点を当てた、組織で働く一人ひとりの個人の職業生活・キャリアデザインの方針と展開を具体的に解説するために、厚生労働省がまとめた資料です。

　次の内容で構成され、セルフ・キャリアドックの実践やキャリアコンサルタントの役割が記されています。

> 　セルフ・キャリアドックとは／人材育成ビジョン・方針の明確化／セルフ・キャリアドックの実践計画の策定／企業内インフラの整備／セルフ・キャリアドックの実施／フォローアップ／セリフ・キャリアドック導入支援事業モデル企業における具体的事例

■環境への働きかけ

　相談者とは1対1の面談だけでは終わらないことがあります。なぜなら個人の主体的なキャリア形成には、相談者を取り巻く環境要因（地域、学校、職場、家族等）との相互作用が大きな意味を持つことが多いからです。キャリアコンサルタントは、個人に対する支援だけでは解決できない環境の問題点の発見や指摘、改善提案といった環境への働きかけを行うことも必要です。

■環境への働き方の主な具体例

①企業や職場への働きかけの例

・求める人物像の明確化

・社内コミュニケーションの活性化

・面談制度の導入・運用

・キャリアパスの明示

・適正・公正な評価

・職場環境の整備

・研修制度の導入・活用　ほか

②地域・社会への働きかけの例

・社会や地域についての啓発や具体的な経験を得る場の確保・創出

・職場体験の場の確保、常設のワークショップなどの展開

・キャリア教育推進の基盤やシステムの整備　ほか

③学校への働きかけの例

・学生・生徒へのキャリア形成カリキュラムの企画・実施

・教職員向け研修会の企画・実施

・進路情報・就職状況などの情報収集・提供　ほか

■キャリアコンサルタントの使命と社会正義

　新時代のキャリアコンサルタントの使命として「社会正義」が重要なキーワードとなっています。社会正義の考え方はキャリアコンサルティングの各領域（企業、学校、公的機関等）で重視する必要があり、個人・組織・社会のど のレベルでも有効となるキーワードです。

　クライアントの人権を尊重しつつ、クライアント自身が自らの権利を主張できるように支援、また時にはそれを代弁し、さらには組織や社会に対して、キャリアコンサルタントとして提言していくことをアドボカシーといいます。これは世界的な潮流で以下のような取り組みが重要視されています。

①セルフ・アドボカシー	クライアント自身が、権利・主張を自ら発することができるようにする支援
②クライエント・アドボカシー	クライアントの権利・主張を代弁する支援
③システムズ・アドボカシー	社会・組織の制度・施策への介入・提言

キャリアコンサルタントにとってネットワークがなぜ必要なのか、どのような種類のつながりが必要なのかを述べていきます。

■ネットワークの重要性

クライエントからの様々な相談に対して、キャリアコンサルタントが自身の知識や経験のみでカバーできない場合もあります。その際必要となるのが「ネットワーク」です。地域における関係機関や様々な人々と日頃から情報交換を行い、協力関係を築いていくことが重要です。

■コンサルテーションとリファーの違い

キャリアコンサルタントの任務の範囲を超える場合、また自らの専門性を超えた場合には、コンサルテーションやリファーが必要になります。それぞれの言葉の定義を覚えましょう。

コンサルテーション	異なる分野の専門家への照会 効果的に相談を実施するために、追加情報を入手したり、異なる分野の専門家に意見を求めたりすること
リファー	専門機関へ紹介あっせん クライエントのニーズに応えるなかで、キャリアコンサルタントの任務の範囲を超えるものについては、必要かつ適切なサービスを提供する専門機関を選択し、紹介あっせんすること

■ネットワークの種類

企業内のキャリアコンサルタントの場合には、個人への支援の実施に当たり、社内の人事部門や産業保健スタッフ、法務部門、労働組合、管理監督者等とのつながりが必要となります。また、外部の専門家とのネットワーク（医療機関・医師、教育訓練機関、行政機関、弁護士や社会保険労務士など）も必要となります。

ネットワークには様々な種類があります。主なものを見ていきましょう。

●障害者の就業支援

地域障害者職業センターに配置された職場適応援助者（ジョブコーチ）や精神・発達障害者しごとサポーター、障害者トライアル雇用事業などを活用します。

●若者や NEET の就業支援

職業訓練を行う教育機関やトライアル雇用事業や、地域若者サポートステーション（サポステ）などを活用します。

●労働災害や職場復帰支援

企業が直面する安全衛生課題の解決のため、特別民間法人の中央労働災害防止協会を活用しま

す。中央労働災害防止協会は労働災害防止団体法に基づき、安全衛生の向上を図り、労働災害を絶滅することを目的として設立された公益目的の法人です。

●メンタルヘルスへの対応

　メンタルヘルスに関しては診断や治療的なカウンセリングはできません。専門家へのリファーが必須になります。そのためにリファーの際の連携先となる専門機関等の知識を持つとともに、外部資源を活用し、連携を取ることが重要です。さらに企業の人事部、産業医、職場の上司や同僚、経営者、主治医、家族との連携も必要な場合もあります。主なリファー先としては以下のような機関が挙げられます。

①メンタルヘルス不調に対応する公的機関

施設名称	設置場所	詳細
産業保健総合支援センター（さんぽセンター）	全国の都道府県	・独立行政法人労働者健康安全機構が設置 ・産業保健関係者（産業医、産業看護職、衛生管理者等の支援と事業主等に職場の健康管理への啓発を行う） ・主な業務：窓口相談・実施相談／研修／情報の提供／広報・啓発／調査研究／地域窓口の運営
精神保健福祉センター	全国の都道府県と主要都市等	・精神保健福祉法に基づいて精神保健福祉に関する技術的中核機関 ・主な業務：精神保健福祉相談／技術援助／組織づくりの支援／広報普及／調査研究／デイケア／教育研修

②発達障害等に対応する公的機関

施設名称	設置場所	詳細
発達障害者支援センター	全国の都道府県等	・発達障害者支援法に基づく発達障害児（者）への支援を総合的に行う ・都道府県・指定都市、都道府県知事等が指定した社会福祉法人、特定非営利活動法人等が運営 ・主な業務：相談／地域支援・普及啓発

③障害者の就業支援に対応する公的機関

施設名称	設置場所	詳細
障害者就業・生活支援センター	全国300以上	・都道府県知事が指定した社団法人、財団法人、社会福祉法人、特定非営利活動法人、医療法人が運営 ・障害者の就業・日常生活に関する相談・支援を行う主な業務：就業に関する相談支援（職業準備訓練・職場実習のあっせん・就職活動の支援・職場定着支援）／事業所に対する助言／関係機関との連絡調整／日常生活・地域生活に関する助言
地域障害者就業センター	全国の都道府県	・公共職業安定所との密接な連携のもと、障害者に対する専門的な職業リハビリテーションを提供する ・独立行政法人高齢・障害・求職者雇用支援機構が運営 ・主な業務：職業評価／職業準備支援／職場適応援助者（ジョブコーチ）支援／精神障害者総合雇用支援／事業主に対する相談・援助／地域における職業リハビリテーションのネットワークの醸成／地域の関係機関に対する職業リハビリテーションに関する助言・援助等の実施

自己研鑽及びキャリアコンサルティングに関する指導を受ける必要性の認識

■自己研鑽

　自己研鑽とはキャリアコンサルタント自身が、自己理解を深めること、能力の限界を認識することです。資格取得後も常に学ぶ姿勢を維持し、継続学習により新たな情報を吸収し、自分の力量を向上させることが重要です。特にキャリアコンサルティングの対象は人間なので、人間理解の重要性について十分に認識する必要があります。

■スーパービジョン

　スーパービジョンとは指導を受ける者（スーパーバイジー）が、自らのクライエントへの支援内容等について、指導者（スーパーバイザー）から教育を受ける過程のことをといいます。第三者の視点（指導者）から、誤った支援方法を指摘されたり、さらなる支援のための気づきを得たりできる、成長のための機会となります。

　スーパービジョンは継続的に行われることが望ましく、指導者であっても、それを受けることが必要です。ちなみに、スーパーバイジーは、一度選んだ後でもスーパーバイザーを変更することは可能で、複数名への相談や指導を受けることもできます。

キャリアコンサルタントとしての倫理・姿勢

　『キャリアコンサルタント倫理綱領』（特定非営利活動法人キャリアコンサルティング協議会）は、全てのキャリアコンサルタントは、本倫理綱領を遵守するとともに、誠実な態度と責任感をもって、その使命の遂行のために職務に励むものと定めています。序文で、キャリアコンサルタントは「『個人の人生設計に関わること』の責任と重要性を従前にも増して自覚し、一層高い倫理観を持って活動することが求められます」と目的を述べ、第１章ではキャリアコンサルタントが自らを律する「基本的姿勢・態度」、第２章では相談者等との関係で遵守すべき「職務遂行上の行動規範」を示しています。

　倫理要綱からは、毎回といっていいほど出題されますので、全文目を通しておいた方が良いでしょう。ここではポイントを押さえていきます。

■『キャリアコンサルタント倫理綱領』　第１章　基本的姿勢・態度

　第１章では、基本的理念、品位の保持、信頼の保持・醸成、自己研鑽、守秘義務、誇示、誹謗・中傷の禁止が謳われています。

　キャリアコンサルタントとして遵守しなければならないこととしては以下のようなものがあります。
・人間尊重を基本理念とし、個の尊厳を侵してはならない。

・常に公正な態度で職務を行い、差別をせず、相談者の利益を第一義とする。

・知識や技能を深める・上位者から指導を受けるなどの自己研鑽や、専門性の向上、ネットワークの構築に努める。

・職務上知り得た事実、資料、情報について、キャリアコンサルタントではなくなった後も守秘義務を負う。ただし身体・生命の危険が察知される場合、法律に定めのある場合等は例外。

・キャリアコンサルティングの事例や研究の公表に際してはプライバシー保護を最大限留意する。

・自己の身分や業績を過大に誇示する、他のキャリアコンサルタントや団体を誹謗・中傷しない。

■『キャリアコンサルタント倫理綱領』　第2章　職務遂行上の行動規範

　第2章では、説明責任、任務の範囲、相談者の自己決定権の尊重、組織との関係が謳われています。

・キャリアコンサルティングの目的、範囲、守秘義務、その他重要な事項について十分な説明を行う。

・相談者の理解を得た上で職務を遂行する。

・自分の専門性の範囲を認識し、専門性の範囲や自己の能力を超える業務の依頼は受けない。

・他の分野や領域の専門家の協力を求めるなど、相談者の利益のために最大限の努力をする。

・相談者の自己決定権を尊重する。

・ハラスメントが生じないように、また相談者との間に想定される問題や危険性に十分配慮する

・相談者との多重関係を避ける

　例：恋愛関係になる／利害関係のある相手の相談に乗る／個人的なイベントに招待
　　　するなど

・相談者だけでは解決できない環境の問題、相談者の利益を損なう問題を発見した場合には、環境へ働きかけるよう努める。

・キャリアコンサルティングの契約関係にある組織等と相談者の間に利益が相反するおそれがある場合には、事実関係を明らかにし、相談者の了解のもと職務を遂行する。

第2章　キャリアコンサルティングの実践

| 問 題 | キャリアコンサルティングは、個人に対する相談支援のみを行うことである。 |

| 解 答 | ✕　個人に対する相談だけでなく、キャリア形成やキャリアコンサルティングに関する教育・普及活動、組織（企業）・環境への働きかけ等も含むものである |

| 問 題 | 厚生労働省が2018年に公表した「キャリアコンサルタントの能力要件の見直し等に関する報告書」では、リカレント教育等による個人の生涯にわたる主体的な学び直しの促進に関する知識・技能の拡充・強化が示された |

| 解 答 | ◯　記載の通り正しい。その他には以下が示された。
・セルフ・キャリアドック等の企業におけるキャリア支援の実施に関する知識・技能
・職業生涯の長期化、仕事と治療、子育て・介護と仕事の両立等の課題に対する支援に関する知識・技能
・クライエントや相談場面の多様化への対応に関する知識・技能 |

| 問 題 | セルフ・キャリアドックは、企業とは関係なく、労働者個人が自主的にキャリア開発を図りセミナーや研修に参加することである。 |

| 解 答 | ✕　企業が人材育成ビジョンに基づき、キャリアコンサルティング面談やキャリア研修などを組み合わせて、体系的・定期的に従業員の支援を実施し、従業員の主体的なキャリア形成を促進・支援する総合的な取組みや仕組のことである。 |

| 問 題 | キャリアコンサルティングは、相談者に対する相談支援だけでなく企業、学校などの働きかけも行う。ただし、家庭や地域社会などに深く立ち入ることは求められない。 |

| 解 答 | ✕　個人の主体的なキャリア形成には、相談者を取り巻く環境要因（地域、学校、職場、家族等）の相互作用が大きな意味を持つことが多いので、キャリアコンサルタントは個人に対する支援だけでは解決できない環境の問題点の発見や指摘、改善提案といった環境への働きかけを行うことも必要である。 |

| 問 題 | キャリアコンサルタントは、社会正義の視点から、社会的な問題を抱えていたり、不利な立場のクライエントの人権を尊重した上で、クライエントを代弁したり、組織や社会へ向けて提言したりする活動も行う。 |

| 解 答 | ◯　こうした活動をアドボカシーという。これは世界的な潮流でセルフ・アドボカシー、クライエント・アドボカシー、システムズ・アドボカシーといった取り組みが重要視されている。 |

| 問 題 | 面談を進めている途中でクライエントがメンタルヘルス上の問題を抱えているとわかったときは、直ちに面談を中止してリファーをしなければならない。 |

| 解 答 | ✕　面談を中止する前に、クライエントの話をよく聞いて、問題の内容を理解した上で、リファーが必要と判断したときは、そのことを十分に説明し、クライアントの同意を得ることが重要。また、キャリアコンサルタントは治療的なカウンセリングを実施することはできない。 |

| 問 題 | 経験を積んだキャリアコンサルタントはスーパービジョンを受ける必要がない。 |

| 解 答 | ✕　スーパービジョンは継続的に行われることが望ましく、指導者であっても、それを受けることが必要です。 |

2-2　相談過程において必要な技能

システマティック・アプローチ

　カウンセリングの際は、カウンセラーとクライエントとの間に信頼関係（ラポール・リレーション）を作ることが重要であり、この関係が基本的スキルとなります。関係を築いたのち、共に問題を把握してカウンセリングの目標を定め、計画を達成するための方策を定めて実行し、最後に結果を評価し、クライエントのフォローアップを行うというプロセスなどを体系的に進めるアプローチを行ないます。

　このアプローチは一般に、システマティック・アプローチといい、感情的、認知的、行動的、発達的、構造的アプローチを折衷的・包括的に取り入れてシステマティックに展開します。具体的には次のプロセスにより行われます。

プロセス	説明
①関係構築	「受容的態度」「理解的態度」「誠実な態度」をクライエントに示し、クライエントが安心して話のできる信頼関係を生み出す
②問題の把握	クライエントの自己理解を深め、来談目的、抱えている問題、周りの環境などを対話を通して明確にする
③目標の設定	解決すべき問題を吟味し、どの方向に進むのか、何をしていくのかという最終目標を決定する
④方策の実行	方策をクライエントが自分自身の責任で実行する
⑤結果の評価	方策の実行全体、カウンセリング全体について、結果をチェックして評価する
⑥カウンセリングとケースの終了	カウンセリングの過程を振り返り、自己理解・成果・変化を相互に確認する。クライエントの了解が得られれば、再びカウンセリングがカウンセリングを終了する。カウンセラーは、ケース記録を記載して完結する

実際の相談場面では以下の4点に気を付ける必要があります。

①物理的環境の整備	相談を行うにふさわしい物理的な環境、相談者が安心して積極的に相談ができるような環境を設定する
②心理的な親和関係（ラポール）の形成	相談を行うに当たり、受容的な態度（挨拶、笑顔、アイコンタクト等）で接することにより、心理的な親和関係を相談者との間で確立する。初回に行う面接のことはインテーク面談（面接受理）という
③キャリア形成及びキャリア・コンサルティングに係る理解の促進	主体的なキャリア形成の必要性や、キャリア・コンサルティングでの支援の範囲、最終的な意思決定は相談者自身が行うことであること等、キャリア・コンサルティングの目的や前提を明確にすることの重要性について、相談者の理解を促す（インフォームドコンセント）
④相談の目標、範囲等の明確化	相談者の相談内容、抱える問題、置かれた状況を傾聴や積極的関わり技法等により把握・整理し、当該相談の到達目標、相談を行う範囲、相談の緊要度等について、相談者との間に具体的な合意を得る

自己理解の支援

自己理解の支援は、毎回学科試験に出題されています。また実技試験の論述や面接を突破する上でも重要な項目ですので、ここでしっかり押さえておきましょう。

木村周先生が著書『キャリア・コンサルティング　理論と実際』（雇用問題研究会）の中で、自己理解の意義について以下のように述べられていますので、一部引用させていただきます。

> 　進路や職業、あるいは将来のキャリアを合理的に選択し、それを実践していくためには、その個人が、進路や職業、企業内のキャリア・ルートの内容を知り、選び、それを遂行していく主体である「自分自身」について、理解することがまず第一歩である。また、キャリアコンサルタントは、これらの個人が適切な自己理解ができるように助言・援助しなければならない。

　この自己理解の意義をしっかりと押さえていただいた上で、この項目では、自己理解の支援をするためのアプローチ方法や、具体的な評価ツール、用語の確認をしていきます。

■自己理解のアプローチ方法

　自己理解のアプローチには、観察法、検査法、面接法があります。それぞれの特徴は次の通りです。

方法	特徴・種類		
観察法	クライエントの表情や態度、行動などを観察し、その特徴や法則性などを客観的な記録を分析する方法	①自然的観察法	日常の自然事象をそのまま観察して記録する
		②用具的観察法	検査や調査などで観察し記録する
		③実験的観察法	シーンや状況など特定の条件を設定して行動観察を記録する
検査法	アセスメントツールなどを用いて検査し、その結果からクライエントのパーソナリティなどの情報を収集する方法	①知能検査、適性検査、学力検査等	
		②性格検査、興味検査、進路適性検査等	
		③職業レディネス・テスト、キャリア・アンカー・テスト等	
面接法	クライエントと直接会話することにより、言語的やりとりと非言語的なやりとりからクライエントを理解する方法	直接対面し、言語的・非言語的コミュニケーションにより行われる	

■アセスメントツール

　対象となる人や物を客観的な基準に基づいて評価・分析するため、自己理解の役に立ちます。アセスメントツールの種類ごとに整理しておきましょう。

種類	対象	ツール	特徴
①厚生労働省編一般職業適性検査（GATB）	原則として13〜45歳未満	11種類の紙筆検査、4種類の器具検査（ペグと丸びょうを使用）	厚生労働省が主催している職業適性検査。①知的能力、②言語能力、③数理能力、④書記的知覚、⑤空間判断力、⑥形態知覚、⑦運動能力、⑧指先の器用さ、手腕の器用さの9つの適性能を測定する。
②職業レディネス・テスト（VRT）	主に中学生・高校生（場合によっては大学生も使用可）	A検査：職業興味 B検査：基礎的志向性 C検査：職務遂行の自信度で構成	ホランド理論に基づく6つの興味領域（現実的、研究的、芸術的、社会的、企業的、慣習的）に対して、職業志向性、職務遂行の自信度を測定。基礎的志向性（対情報関係志向／対人関係志向／対物関係志向）も測定
③VPI職業興味検査	短大生、大学生以上	160個の職業名の興味の有無を回答	ホランドが開発したキャリア・ガイダンスのための支援ツール。6つの興味領域（現実的、研究的、芸術的、社会的、企業的、慣習的）と、5つの傾向尺度（自己統制、男性−女性、地位志向、稀有反応、黙従反応）を測定
④VRTカード	児童・生徒から成人	職務内容を記載した54枚のカード 表：職業の職務内容 裏：①職業名②職業興味の6領域（RIASEC）③基礎的志向性の3分類（DPT）	職業レディネス・テスト（VRT）をカード化した簡便な職業興味検査ツール。職務内容を「やりたい」、「やりたくない」、「どちらともいえない」に分類し、それぞれを職業興味の6領域に分けることで職業興味と職務遂行の自信度を検査
⑤キャリア・インサイト	若者から中高年	PCで利用できる総合的なキャリアガイダンスシステム	キャリア・ガイダンスに必要な基本的なステップを利用者が一人で経験できる。①適性評価機能、②職業情報の検索機能、③適性と職業との照合機能、④キャリア・プランニング機能の4つの機能がある。PCにインストールするためスマートフォンでは利用できない
⑥OHBYカード	児童・生徒から若者、中高年	48枚のカード 表：職業の絵と写真を1枚ずつ 裏：文字情報	430職種の職業情報を写真・イラスト・チャート・動画などで紹介する「職業ハンドブックOHBY」の内容を48枚のカードにまとめたもの。職業理解と自己理解を深めるツール
⑦キャリアシミュレーションプログラム（CSP）	就業経験のない大学生等や若年者向け	すごろくのような形式	職業生活のイメージを伝えるグループワーク型のセミナー用教材。「シミュレーション」と「ふりかえり」の二部構成
⑧内田クレペリン検査	中学生〜成人	連続加算（右隣り合わせの二数の加算を連続的に行う）	作業量（作業速度）や作業曲線、あるいは作業の質などの結果から各人の仕事ぶりを推測。作業性格や作業態度、行動特徴等、個人の性格面にかかわる特性を総合的に捉える
⑨Y-G性格検査	小学2年〜成人	3択選択式で性格に関する120問の質問に答える	ものの考え方、とらえ方、人との関わり方などの傾向を知ることができる心理検査。12の尺度（抑うつ性／気分変化／劣等感／神経質／客観性／協調性／攻撃性／活動性／のんきさ／思考性／支配性／社会性）から性格特性を掴む。さらにA（平均型）／B（不安定不適応積極型）／C（安定適応消極型）・D（安定積極型）／E（不安定不適応消極型）の5種類の類型に分類する。
⑩CADS&CADI	企業の従業員	・CADS：ワークシート（1〜6）、ワークシートまとめ表、スキル・マップに記載 ・CADI：81項目の質問に、「はい・いいえ」で回答	・CADS：自己理解が深まるように構成されたワークシート ・CADI：キャリア形成力と個人的傾向を把握するための心理学的検査
⑪新版TEG3東大式エゴグラムVer.3	15歳以上	53項目の選択式。実施方法はオンライン版（CAT版）、検査用紙、マーク式用紙の3種類がある	バーンの交流分析理論に基づいて作られた。5つの自我状態（CP：批判的な親／NP：養育的な親／A：大人／FC：自由な子ども／AC：順応した子ども）のバランスから、性格特性と行動パターンを把握する性格検査

アセスメントツール導入の際には以下の点に留意しましょう。

・正しく実施する

・個々の検査の特徴と限界を知る

・クライエントにフィードバックする

仕事理解の支援

　仕事（職業）理解とは職業、産業、事業所、雇用・経済・社会状況を理解することです。どのような職業があって、どのような能力が必要で、それぞれの職業にはどのような特徴があるのかなどを理解することに繋がります。

　具体的には、産業の理解、会社・事業所の理解、またその他の関連情報として人が人生をいかに生きるかというような幅広い情報が必要となります。

■職業分類・産業分類

　職業の分類方法は総務省と厚生労働省で以下の通り異なります。また産業分類としては、総務省が作成する日本標準産業分類があります。

分類	省庁	分類	内容
職業分類	総務省	日本標準職業分類	法令に基づく統計基準として作成した分類。大分類(12)、中分類(74)、小分類(329)の3階層に分類している。仕事を分類すると同時に人に対してその仕事を通じて適用し、職業別の統計を表示するために用いられるものである
	厚生労働省	厚生労働省編職業分類	職業安定法に基づいて作成しており、ハローワークの職業紹介等において使用される分類。大分類(15)、中分類(99)、小分類(440)、の3階層に分類されている。総務省の日本標準職業分類に準拠している。ハローワークインターネットサービスで確認できる
産業分類	総務省	日本標準産業分類	産業を大分類(20)、中分類(99)、小分類(530)、細分類(1,460)の4階層に分類している。産業とは、財又はサービスの生産と供給において類似した経済活動を統合したものであり、実際上は同種の経済活動を営む事業所の総合体と定義されている

■職業情報のための分析手法について

　職業理解のためには職業情報が基本ですが、職業情報を作成するためには職業についての各種データを収集し、調査分析しなければなりません。分析手法である職務分析、職務調査、職業調査のポイントについてまとめます。

手法	内容
職務分析	企業で働く社員の職務に関する情報を収集・整理し、職務内容を明確にする手法。仕事像を調査し、職務評価を行い、職務記述書を作成し職務等級制度を策定する
職務調査	社員個々人の職務について、仕事の内容や求められる能力・経験、責任度、困難度などを調査し明らかにする。その企業におけるあるべき人材像（仕事像、能力像）、職務遂行能力を調査し、職能資格制度（等級基準表、部門別課業一覧、職能要件書）を作成する
職業調査	仕事の内容ばかりではなく、労働条件、入離職の状況、求人・求職状況など職業全体の調査をする。職業ハンドブック作成のために開発された調査方法
企業分析	一般的に企業分析といえば財務諸表等の数字を分析していくことであるが、キャリアコンサルティングにおける企業分析は、特に人に関する人事・労務管理面の分析が重要。具体的には、企業の雇用管理、労働条件、人間関係、労使関係などの側面を確認する

自己啓発の支援

①啓発的経験の意義と目的

　啓発的経験とは、実際の体験を伴った「自己理解」「仕事理解」に役立つ経験のことをいいます。クライエントにとって、インターネットで検索したり、情報を集めたりして自己理解、仕事理解を深めることには限界があり、実際に職業体験を通して深めることはとても重要です。

②啓発的経験の具体例

　キャリアコンサルタントは、クライエント自らが、インターンシップ（注1）、職場見学、トライアル雇用（注2）等により職業を体験してみることの意義や目的について理解できるように支援し、その実行について助言することが求められます。またキャリアコンサルタントには、クライエントが啓発的経験を自身の働く意味・意義の理解や職業選択の材料とすることができるように助言していくことが求められます。

（注1）『学生が、在学中に自らの専攻、将来のキャリアに関連した就業体験を行うこと』とされており、学生が在学中に組織での実務を経験することで、自分の才能を理解し、本来の仕事の特性を知ることができるもの。期間は、数日から数ヶ月に及ぶことがあり、報酬が支払われる場合と支払われない場合がある。
（注2）特定の対象者（職業経験の不足などから就職が困難な求職者等）を、ハローワーク等の紹介により、一時的に（最長3か月）仮採用し、企業側と労働者側の双方が同意すれば本採用される制度である。労働者と企業がお互いを理解した上で無期雇用へ移行することができるため、ミスマッチを防ぐことができる。なお、2019年から、ニートやフリーターなど、45歳未満の人も対象者となった。

意思決定の支援

　自己理解及び仕事理解について認識を深めた上で、クライエント自身で目標を設定し、それを実現するための最大限のサポートを行います。

■目標設定
　カウンセリングの初期段階において、明確な目標を設定し、キャリアコンサルタントとクライエントとの間で共有、確認していくことはとても大切です。
　目標設定の意義を次に挙げます。

①目標を設定することで、クライエント自身で考えを整理し、目標に向かって行動するのをサポートする
②目標設定は固定的ではなく、修正が可能である
③目標は、明確に言語化され、達成可能なものであるとき、最も動機づける
④人は、目標達成に近づくにつれて、目標達成のための努力をするようになる
⑤目標設定により、カウンセリングの進展を合理的、客観的に検討することができる
⑥目標を設定することで、カウンセリングを効率よく合理的な進行が可能となる

■意思決定方策
　意思決定とはある目標を達成するために複数の選択肢から評価して、よりベストなものを導き出そうとすることです。意思決定については次のような前提があります。
①カウンセリングの中で、クライエントは受動的ではなく、主体的で積極的な役割を果たす
②選択肢の中から一つに決めるということは、他を捨てることになる。何を捨てるかは、何を選ぶかと同様に重要である
③意思決定には必ず不確実性を伴う。決定されたことは変わることがあるし、完璧性よりは可能性を重視すべきである
④意思決定のタイミングは、その内容と同様に重要である

■学習方策

　学習とは単に情報を収集することではありません。クライエントが技能（スキル）、行動パターン（習慣）、意欲の３つのカテゴリーについて学習するための支援が必要です。

技能（スキル）	スキルとは、単に特定の仕事に関連した能力ではなく、自律的に職業・職種を調べ、選び、判断し、形成するために必要な知恵や能力のことである。関係調整、意思決定、情報探索、職業選択など
行動パターン（習慣）	習慣や癖など、クライエントが気付かない行動パターンのことである。責任回避、不平・不満をよく言う、対決回避、引き延ばしなど、性格や行動に関連するクライエントのパターンに関すること
意欲	目標に向かおうとする意欲のすべて。キャリアコンサルタントは、クライエント自ら意欲を持って行動を起こすことが目標達成に繋がることを伝える必要がある

　学習方策は一般的に以下のプロセスで進めます。
①モデリングにより進路選択、就職、キャリア形成に関連した技能（スキル）を学習する
②適切な習慣を学習することにより、適応を妨げるような習慣や癖などの行動パターンを矯正する
③努力をほめるなどの心理的指示によりクライエントの意欲を高める

■自己管理方策

　キャリアコンサルタントの最終目的は、クライエントがカウンセラーに依存することなく、自分自身で問題を発見し、方策を選び、実行できるようになるための自己管理能力を身に付けることです。

　自己管理方策は一般的に以下のプロセスで行います。
①意思決定・学習・行動変容などの方法をクライエントに伝える
②行動変容・環境コントロール・報酬などにおいてクライエントに自分自身の変化をチェックしてもらう
③クライエントに必要とされた際、キャリアコンサルタントは支援、勇気づけ、示唆を行う

方策実行の支援

■方策実行前の確認ポイント

　方策とは、カウンセリングの目標を達成するための行動計画のことです。キャリアコンサルタントは方策の実行の管理、助言を行います。

　方策の実行はシステマティック・アプローチの中でも重要な部分です。方策の実行に移る前に、キャリアコンサルタントは自分自身で以下のポイントを確認しておくことが大切です。

①クライエントが個々のニーズを表現することを助けられたか

②自分は方策実行にあたり必要な技量があるか

③自分の能力や知識、技術、専門性を超え、十分な対応ができない場合と判断した場合に他機関や専門家へリファーしたか

④採用した方策はいくつかの能可能性を考え、十分に検討したか。またクライエントにとって適切なものか

⑤方策の内容や進め方を十分に説明し、クライエントは理解したか

⑥行動計画のステップはクライエントがするべきことや責任が明確になっているか。また実行可能なものか

⑦自分はクライエントの考えを尊重したか。クライエントは積極的な役割を果たしたか

■方策の実行のステップ

　方策の実行をここでは6つのステップを踏んで考えていきます。

①クライエントは複数の選択肢のメリットとデメリットを検討しながら最適な方策を一つ選択する

②方策を実行するまでのプロセスとして、ふさわしいか、無理がないか、実現可能かなど、プラス点やマイナス点を省略せずにクライエントに説明する

③方策がクライエントの要求を満たさない場合、クライエントに合わせて方策を修正する

④方策を実行に移す際にクライエントとステップを踏んで、具体的に行動を行うことを約束するために契約を結ぶ。書面などで契約書を取り交わすこともある

⑤クライエントは、自己の責任において方策を行う。キャリアコンサルタントも任務を遂行する

⑥方策の実行全体を確認し、実行していない場合には実行するか、他の方策を検討するなどの支援を行う

相談過程全体の進行の管理

　相談者が抱える問題を認識し、相談者が今どのような段階にいるのかを把握することが大切です。そのうえで、それぞれのフェーズに合った支援策を選択し、上手にコンサルテーションを進めていく必要があります。

新たな仕事への適応の支援

　方策の実行の結果、就職をした後も支援の姿勢を持ってクライエントに接することが、新たな仕事への適応を図るためにも大切です。なぜなら、新しい職場に適応する過程では、新しい知識や技術、新たな人間関係の構築など、様々な障害に遭遇し、精神的に不安定になることがあるからです。そのため、新たな仕事に就いた後のフォローアップもクライエントの成長を支援するために重要であり、長期的な視点に立って見守っていくことを含めて、クライエントへの助言や指導等の支援を行います。また、就職先に適応するため、ビジネスの基本ルールをしっかり守るようアドバイスすることも時には必要になってきます。

相談過程の総括

　相談過程の総括として、キャリア・コンサルティングのフィードバックやクライエントの目標がどの程度達成されたかを加味し、相談を終了することが適正なタイミングであると判断できる時点でクライエントに伝え、同意を得てから終了するようにします。

■成果の評価

　クライエントとキャリアコンサルタントは、進捗状況を確認し、目標達成具合を評価します。そして、クライエントの了承を得て、キャリアコンサルティングを終了します。その際、相談内容やケース記録、関係書類は整理して大切に保存します。さらに必要に応じて、終了後のフォローアップを行います。

■キャリアコンサルティングの評価

　キャリアコンサルティングが終了したら、キャリアコンサルタント自身が相談支援の過程と結果について自己評価を行います。この評価は、①コンサルタント自身が得た知識や経験からの反省と学習、②クライエント自身の受け止め方や満足度、③スーパーバイザーや他のカウンセラーなど当事者以外の評価という３つの評価基準に基づいています。

一問一答

問題　感情的、認知的、行動的、発達的、構造的アプローチを折衷的・包括的に取り入れてシステマティックに展開するアプローチをシステマティック・アプローチという。

解答　〇　カウンセラーとクライエントとの間にラポールやリレーションを作ることが重要であり、基本的スキルとなる。

問題　方策の実行とは、カウンセラーの責任のもと方策を実行することである。

解答　✕　方策をクライエントが自分自身の責任で実行する。

> 「システマティック・アプローチのプロセス」要確認！

問題　相談場面において、相談者にすぐに助言しようとするのではなく、まずは受容的な態度で心理的な親和関係（ラポール）を相談者との間で確立することが大切である。

解答　〇　「受容的態度」「理解的態度」「誠実な態度」をクライエントに示し、クライエントが安心して話のできる信頼関係を生み出してから、問題把握へと進む。

問題　相談場面における心理的環境として、抱える問題、置かれた状況を把握・整理し、相談を行う範囲については、クライエントの同意を得る必要はない。

解答　✕　相談の到達目標、相談を行う範囲、相談の緊要度等については、クライエントの同意を得ながら進行していく配慮が必要である。

> 「相談場面における心理的環境」要確認！

問題　厚生労働省編一般職業適性検査（GATB）では、原則として 13〜45 歳未満を対象としており、12 種類の紙筆検査と 6 種類の器具検査を使用して 9 つの適性能を測定する。

解答　✕　ツールは 11 種類の紙筆検査と 4 種類の器具検査を使用する。

> 「アセスメントツール」要確認！

問題　職業レディネス・テストをカード化した簡便な職業興味検査ツールを OHBY カードという。

解答　✕　VRT カードの説明である。OHBY カードは 430 職種の職業情報を、写真・イラスト・チャート・動画などで紹介する「職業ハンドブック OHBY」の内容を 48 枚のカードにまとめたもの。

問題　職業情報のための分析手法として、職業調査は、企業のなかでの期待される人間像や職務遂行能力を把握する調査である。

解答　✕　「職務調査」の内容である。職業調査は、仕事の内容ばかりではなく、労働条件や入離職の状況など職業全体の調査をする。

> 「職業情報のための分析手法」要確認！

問題　仕事（職業）理解とは職業、産業、事業所、雇用・経済・社会状況を理解することである。

解答　〇　どのような職業があって、どのような能力が必要で、それぞれの職業にはどのような特徴があるのかなどを理解することに繋がる。

2-3 グループ・アプローチの技能

■グループアプローチとは

　キャリアコンサルタントは、個人だけではなくグループで行なう場合があります。グループで行う技法をグループ・アプローチと呼びます。グループアプローチは、共通の目標と類似の問題を持つクライエントが複数人集まり、相互の意見交換や交流を通して、個人の成長・教育・治療及び対人関係の改善や発展を図る援助活動です。

■グループアプローチの原則

　グループアプローチを効果的に行うために、以下が原則として挙げられます。

①双方向のコミュニケーションが存在し、メンバーが相互に作用しあうことができる

②グループメンバーに共通の目標（common goal）が共有されている

③グループメンバーの行動を規定する決まりごとや基準（norms）がある

④グループメンバーには一連の役割（roles）や特定の機能が設定され、その役割・機能に従う

⑤グループメンバーは各々個人的特徴を発揮し合う

⑥グループは各メンバーのニーズを満たすように行動する

■代表的なグループアプローチ

　グループアプローチには以下のような方法があります。詳細はそれぞれの理論家等のページでご確認ください。

ベーシック・エンカウンター・グループ	ロジャーズ	P76
Tグループ	レヴィン	P17
構成的グループ・エンカウンター	國分康孝	P101
サイコドラマ	モレノ	P107

■ワークショップ

　ワークショップとは、与えられたプログラムや課題を体験しながら、参加者が自発的に発言・交流をしながら学ぶことができる『参加・体験型学習』のことです。能力開発も目的となります。ワークショップはいくつかの種類がありますが、主なものを以下で紹介します。

討議法（ディスカッション）	1つのテーマについて、複数人のメンバーで討議・話し合いをし、良い結論を導こうとする方法
ディベート	1つの主題について、肯定・否定と異なる立場に分かれ、主張・反論・質問を繰り返して討論をする方法。討論会とも呼ばれる
ロール・プレイング法	現実的な場面を設定し、参加者に上司と部下、店員と客などの役を演じさせることで、基本的な動作、望ましい行動を体験的に習得したり、相手の気持ちを洞察する方法
ブレイン・ストーミング法	複数人が1つのテーマをめぐってアイデアを出し合う技法。判断や否定をしない／斬新なアイデアを出す／アイデアを沢山出す／アイデアを組み合わせるという4原則に基づいて行なう
ブレイン・ライティング	参加者は原則6人ずつで、マスを区切った用紙を用意し、上部にテーマを書く。制限時間内に1行目にアイデアを書き、時間が来たら次の人へ回す。次は2行目に前の人が書いたアイデアを参考にし、自分のアイデアを書いていく。旧西ドイツで開発された方法で、全員無言で集団思考を行うのが特徴。635法とも呼ばれる
コンセンサスゲーム	ある課題や問題について、グループ全員の合意形成をとりながら意思決定をするゲーム
ワールドカフェ	少人数のグループで自由な対話を行い、制限時間がきたら1人を除いてグループを移動する。残ったメンバーから説明を受けて、再度対話を行い、これを繰り返す方法。カフェのようにリラックスした雰囲気で行う。あたかも参加した全員と話し合ったように、意見や知識を集めることができる

問題 代表的なグループアプローチにエンプティ・チェアがある。

解答 ✕　エンプティ・チェアは、クライエントの前に空の椅子を用意し、自分が思いを伝えたい人が空の椅子に座っていると仮定し、自分の思いや感情を伝えるという「技法」である。⟵「代表的なグループアプローチ」要確認！

問題 ワークショップのブレイン・ストーミング法とは、複数人が1つのテーマをめぐってアイデアを出し合う技法である。

解答 ○　参加・体験型学習の1つである。

2-4 リーダーシップ理論

■ PM 理論

日本の心理学者である、三隅二不二（みすみじゅうじ）が提唱しました。リーダーシップとしての要素を次の2次元で考えました。

①職務遂行機能（Performance function）：組織を率いて目標を達成させるために発揮される
　　　　　　　　　　　　　　　　　　　　リーダーシップ

②集団維持機能（Maintenance function）：組織の人間関係を良好にし、集団をまとめるために
　　　　　　　　　　　　　　　　　　　　発揮されるリーダーシップ

さらにPとMをそれぞれの強さによって4つに分類に分類しました。Pm型の場合は、P機能が強く、M機能が弱いということになりますが、どちらかの機能が弱い場合には、弱い機能を補強することで、リーダーシップを育てることができると考えられます。ビジネスにおいては、目標達成と組織の強化どちらの特性も持つPM型が理想的とされています。

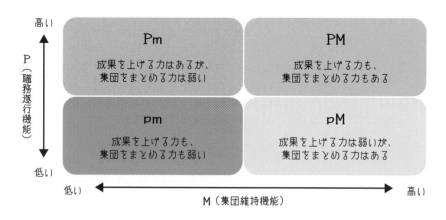

■ SL 理論

SL（状況対応型リーダーシップ）理論は部下の習熟度などの状況によってアプローチやリーダーシップのスタイルを変えるほうがより効果があるという理論です。まず部下の状況を4つに分類し、その上で部下の成熟度に合わせたリーダーシップの型を選びます。

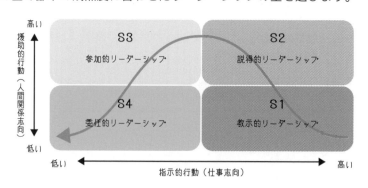

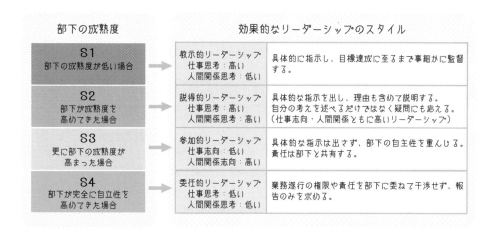

■シェアドリーダーシップ

　メンバー全員が状況に応じて主体的にリーダーシップを発揮し、リーダー以外のメンバーはフォローシップを発揮するという、共有型のリーダーシップのことを指します。以下のようなメリットが挙げられます。

・年代に関係なく、誰もがリーダーシップを発揮できる

・一人一人の特性に合わせて生産性が向上する

・様々な視点、経験、特性を持ったメンバーが、議論を活発にかわすことで革新的なアイデアが
　生まれる

■パス・ゴール理論

　ハウス（R.House）が提唱した理論です。部下が目標（ゴール）を達成するために、リーダーはどのような道筋（パス）を通ればよいかを示し、目標達成を助ける必要があるという考えに基づいた理論です。リーダーシップの型は　①指示型リーダーシップ、②支援型リーダーシップ、③参加型リーダーシップ、④達成志向型リーダーシップの4つに分類されます。状況の要因としては、部下の能力・経験業務に加え、内容の明確さ・組織の権限体系などの環境的要因も考慮されています。状況によってどのリーダーシップの型が有効的かを示しています。

一問一答

問題 PM理論は、リーダーシップ要素である職務遂行機能と集団維持機能の2次元で考えられている。

解答 ◯ Performance（パフォーマンス）とMaintenance（メンテナンス）の頭文字をとってPM理論と呼んでいる。

問題 PM理論は職務遂行機能（Performance function）と集団維持機能（Maintenance function）をそれぞれの強さによって4つに分類するが、ビジネスのおいては、目標達成と組織の強化どちらの特性も持つpm型が理想的とされる。

解答 ✕ 成果を上げる力も、集団をまとめる力もあるPM型が理想的とされる。pm型は成果を上げる力も、集団をまとめる力も弱い型である。

問題 SL理論(状況対応型リーダーシップ理論)とは、部下の成熟度などの状況によってリーダーシップのスタイルを変える方がより効果があるとするものであり、リーダーシップを「教示的リーダーシップ」、「委任的リーダーシップ」、「説得的リーダーシップ」の3つの型に分けた。

解答 ✕ 参加的リーダーシップも含めた4つの型に分けた。まず部下の状況を4つに分類したうえで、部下の成熟度に合わせたリーダーシップの型を選ぶ。

問題 SL理論において、部下の成熟度が低い場合には、具体的に指示し、目標達成に至るまで事細かに監督する教示的リーダーシップが望ましい。

解答 ◯ 部下が成熟度を高めてきた場合は説得的リーダーシップ、更に部下の成熟度が高まった場合は参加的リーダーシップ、部下が完全に自立性を高めてきた場合は委任的リーダーシップと成熟度に合わせた型を選ぶ。

問題 シェアドリーダーシップとは、リーダーシップの役割を2名のリーダーで分担するという考え方である。

解答 ✕ メンバー全員が状況に応じて主体的にリーダーシップを発揮し、リーダー以外のメンバーはフォローシップを発揮するという共有型のリーダーシップのこと。

問題 パス・ゴール理論では部下が目標（ゴール）を達成するために、リーダーはどのような道筋（パス）を通ればよいかを示し、目標達成を助ける必要があるとした。

解答 ◯ リーダーは部下の状況を正しく認識し、状況に応じて適切な対応が求められる。

問題 ハウスが提唱したリーダーシップ条件適応理論は、指示型、支援型、応答型、達成志向型の4つのリーダーシップに分類される。

解答 ✕ 応答型ではなく、参加型である。

2-5　その他のカウンセリング理論

ここではこれまで取り上げなかったその他のカウンセリング理論についてまとめます。

■家族療法

　家族療法には、多くの学派や理論があります。そのため、ここでは基本的な考え方を記載します。

　家族療法は、家族をひとつの有機体である「家族システム」、問題を抱える人をIP（Identified Patient：患者とみなされる人）と捉えます。IPの問題は個人の問題ではなく、家族システムが十分に働かなかったり、相互に影響し合ったためであるという考え方です。そのため、IPだけではなく、家族の相談にも乗りながら、家族全体で適切な対処法を工夫することで問題の緩和を図ります。

■解決志向アプローチ

　解決志向アプローチでは、問題が起こった原因の追求や分析をするのではなく、相談者が持っているリソース（能力・柔軟性・可能性・強さなど）に焦点を当て、問題を解決していくことを重視するアプローチ。

　具体的には「できていること」、「上手くいっている部分」などを質問することで、相談者が望んでいる自分や良い状態を明らかにし、スモールステップでできる課題から取り組みます。

　解決志向アプローチは、終了までの回数が少ないため、相談者の負担軽減にも繋がります。

　解決志向アプローチの3つの原則は以下の通りです。

①うまくいっているなら、そのまま続ける。

②うまくいっていないことは止めて、なにか違う行動を起こす。

③うまくいくまで、いろんな行動を試してみる。

■ソーシャル・スキル・トレーニング（SST）

　ソーシャル・スキルとは「生活技能」や「社会技能」などと訳されますが、対人関係や社会生活を営むために必要な技能（スキル）を身に付ける訓練のことです。認知行動療法の一種とされています。

　人は他人と関わる中で無意識に「これをした方がよい」「これはしてはいけない」などの暗黙のルールを身に付けますが、発達障害がある場合などはスムーズにルールを身に付けられないことがあります。

　ソーシャル・スキル・トレーニングでは、対人関係における行動は学習により可能になると考えます。身辺自立・挨拶などの基本的スキルや問題解決スキル、友人関係のスキルなどのソーシャル・スキルを学ぶことで障害や躓きを改善しようとする療法です。

　標準的なトレーニング方法は下記の通りです。

①教示	ソーシャルスキルが必要な理由やソーシャルスキルを身につける効果を教える
②モデリング	見本となる他人の振る舞いを見て学ばせる。また不適切な振る舞いを見て、どこに問題があるか考えさせる
③リハーサル	参加者8名、スタッフ2名程度で課題を設定し、ロールプレイを行なう
④フィードバック	リハーサルの内容を皆で指摘し合う。良い点があれば褒め、不適切な点があればアドバイスを行う
⑤般化	トレーニングを通して身につけたソーシャルスキルを、どのような場面でも発揮できるようにする

問題 家族療法とは、問題の原因となっている人を探し出して追求し、人格を変えるように促すことで解決する療法である。

解答 ✕ 家族療法は家族を一人の有機体である家族システムと捉え、問題を抱える人（IP）だけではなく、家族の相談にも乗りながら家族全体で適切な対処法を工夫するものである。

問題 解決志向アプローチとは、問題が起こった原因の追究や分析をするのではなく、「できていること」、「上手くいっている部分」などに焦点をあて、問題を解決していくことを重視するアプローチである。

解答 〇 相談者が持っている能力・柔軟性・可能性・強さなどのリソースに焦点を当てる。

問題 ソーシャル・スキルトレーニングとは、対人関係や社会生活を営むために必要な技能を身に付ける訓練である。

解答 〇 認知行動療法の一種とされている。

問題 ソーシャル・スキル・トレーニングのトレーニング方法の教示とは、見本となる他人の振る舞いを見て学ばせることである。

解答 ✕ モデリングの内容である。教示とは、ソーシャルスキルが必要な理由や身につける効果を教えることである。

第3章

キャリアコンサルタントに必要な「関連知識」
（法律・施策）

第11次職業能力開発基本計画

職業能力開発基本計画とは、職業能力開発促進法第5条第1項の規定に基づき、職業訓練や職業能力評価など、職業能力の開発に関する基本となるべき計画を厚生労働省が策定したものです。5年間にわたる職業能力開発施策の基本方針が示されています。

ここでは第11次（令和3年度〜令和7年度）の内容を記載しますが、必ず最新の資料を確認してください。必ず目を通しておいた方がよいのは基本計画概要です。

■第11次職業能力開発基本計画のねらい

新型コロナウイルス感染症の影響によるデジタル技術の社会実装の進展や労働市場の不確実性の高まり、人生100年時代の到来による労働者の職業人生の長期化など、労働者を取り巻く環境が大きく変化していくことが予想される中で、企業における人材育成を支援するとともに、労働者の主体的なキャリア形成を支援する人材育成戦略として、職業能力開発施策の基本的方向を定める。

■職業能力開発の今後の方向性

①産業構造・社会環境の変化を踏まえた職業能力開発の推進

Society5.0の実現に向けた経済・社会の構造改革の進展を踏まえ、IT人材など時代のニーズに即した人材育成を強化するとともに、職業能力開発分野での新たな技術の活用や、企業の人材育成の強化を図る。

②労働者の自律的・主体的なキャリア形成の推進

労働市場の不確実性の高まりや職業人生の長期化などを踏まえ、労働者が時代のニーズに即したスキルアップができるよう、キャリアプランの明確化を支援するとともに、幅広い観点から学びの環境整備を推進する。

③労働市場インフラの強化

中長期的な日本型雇用慣行の変化の可能性や労働者の主体的なキャリア選択の拡大を視野に、雇用のセーフティネットとしての公的職業訓練や職業能力の評価ツールなどの整備を進める。

④全員参加型社会の実現に向けた職業能力開発の推進

希望や能力等に応じた働き方が選択でき、誰もが活躍できる全員参加型社会の実現のため、す

べての者が少しずつでもスキルアップできるよう、個々の特性やニーズに応じた支援策を講じる。

■①～④の基本的施策

①産業構造・社会環境の変化を踏まえた職業能力開発の推進

・教育訓練給付における IT 分野の講座充実に向けた関係府省の連携、公的職業訓練における IT 活用スキル・IT リテラシー等の訓練を組み込んだ訓練コースの設定の推進

・オンラインによる公的職業訓練の普及、ものづくり分野の職業訓練における AR・VR 技術等の新たな技術の導入に向けた検討

・企業・業界における人材育成の支援、中小企業等の生産性向上に向けたオーダーメイド型の支援の実施

・教育訓練の効果的実施等に向けた企業におけるキャリアコンサルティングの推進

②労働者の自律的・主体的なキャリア形成の推進

・企業へのセルフ・キャリアドックの導入支援、夜間・休日、オンラインを含めた労働者個人がキャリアコンサルティングを利用しやすい環境の整備、キャリアコンサルタントの専門性の向上や専門家とのネットワークづくりの促進、企業の人材育成の取組への提案等に向けた専門性の向上

・IT 利活用等の企業横断的に求められる基礎的内容を中心とする動画の作成・公開、教育訓練給付制度の対象講座に関する情報へのアクセスの改善

・教育訓練休暇や教育訓練短時間勤務制度の普及促進、社内公募制などの労働者の自発性等を重視した配置制度の普及促進

③労働市場インフラの強化

・地域訓練協議会等を通じた産業界や地域の訓練ニーズを反映した職業訓練の推進、産学官が連携した地域コンソーシアムの構築・活用促進

・技能検定制度・認定社内検定の推進、ホワイトカラー職種における職業能力診断ツールの開発、日本版 O-NET との連携

・ジョブ・カードの活用促進

・デジタル技術も活用した在職者・離職者、企業等への情報発信の強化

④全員参加型社会の実現に向けた職業能力開発の推進

・企業での非正規雇用労働者のキャリアコンサルティングや訓練の実施、求職者支援訓練の機会の確保

・育児等と両立しやすい短時間訓練コースの設定、訓練受講の際の託児支援サービスの提供の促進

・就業経験の少ない若者に対する日本版デュアルシステムや雇用型訓練の推進、地域若者サポートステーションにおけるニートや高校中退者等への支援の強化

・高齢期を見据えたキャリアの棚卸しの機会の確保、中小企業等の中高年労働者を対象とした訓練コースの提供
・障害者の特性やニーズに応じた訓練の実施、キャリア形成の支援
・就職氷河期世代、外国人労働者など就職等に特別な支援を要する方への支援
厚生労働省では働き方改革について次のように定めています。

働き方改革実行計画

> 「働き方改革」は、働く方々が個々の事情に応じた多様で柔軟な働き方を自分で「選択」できるようにするための改革です。日本国内雇用の約7割を担う中小企業・小規模事業者において、着実に実施することが必要です。魅力ある職場とすることで、人手不足の解消にもつながります。

　働き方改革の実行を計画・検討するため、2017年3月28日に決定されたのが「働き方改革実行計画」です。

■基本的な考え方
・日本経済再生に向けて、最大のチャレンジは働き方改革。働く人の視点に立って、労働制度の抜本改革を行い、企業文化や風土も含めて変えようとするもの。働く方一人ひとりが、より良い将来の展望を持ち得るようにする。
・働き方改革こそが、労働生産性を改善するための最良の手段。生産性向上の成果を働く人に分配することで、賃金の上昇、需要の拡大を通じた成長を図る「成長と分配の好循環」が構築される。社会問題であるとともに経済問題。
・雇用情勢が好転している今こそ、政労使が3本の矢となって一体となって取り組んでいくことが必要。これにより、人々が人生を豊かに生きていく、中間層が厚みを増し、消費を押し上げ、より多くの方が心豊かな家庭を持てるようになる。

■働き方改革実行計画の具体内容
　具体的な計画の内容は次の通りです。

①同一労働同一賃金など非正規雇用の処遇改善
　同一労働同一賃金の実効性を確保する法制度とガイドラインの整備

②賃金引上げと労働生産性向上
・企業への賃上げの働きかけや取引条件の改善
・生産性向上支援など賃上げしやすい環境の整備

③罰則付き時間外労働の上限規制の導入など長時間労働の是正

・時間外労働の上限規制

・パワーハラスメント対策、メンタルヘルス対策

・勤務間インターバル制度

・企業本社への監督指導等の強化

・意欲と能力ある労働者の自己実現の支援

④柔軟な働き方がしやすい環境整備

・雇用型テレワークのガイドライン刷新と導入支援

・非雇用型テレワークのガイドライン刷新と働き手への支援

・副業・兼業の推進に向けたガイドラインや改定版モデル就業規則の策定

⑤女性・若者の人材育成など活躍しやすい環境整備

・女性のリカレント教育など個人の学び直しへの支援などの充実

・多様な女性活躍の推進

・就職氷河期世代や若者の活躍に向けた支援・環境整備

⑥病気の治療と仕事の両立

・会社の意識改革と受入れ体制の整備

・トライアングル型支援などの推進

・労働者の健康確保のための産業医・産業保健機能の強化

⑦子育て・介護等と仕事の両立、障害者の就労

・子育て・介護と仕事の両立支援策の充実・活用促進

・障害者等の希望や能力を活かした就労支援の推進

⑧雇用吸収力、付加価値の高い産業への転職・再就職支援

・転職者の受入れ企業支援や転職者採用の拡大のための指針策定

・転職・再就職の拡大に向けた職業能力・職場情報の見える化

⑨誰にでもチャンスのある教育環境の整備

・返還不要、給付型の奨学金制度の創設

・幼児教育無償化範囲の拡大

⑩高齢者の就業促進

・継続雇用年齢等引上げのための環境整備

・ハローワークと経済団体の連携による全国マッチングネットワーク創設

⑪外国人材の受入れ

・高度外国人材等のマッチング支援

・外国人材の就労環境・生活環境の整備

■働き方改革特設サイト

　厚生労働省では、働き方改革特設サイトを解説しています。ポイントや法整備についてわかりやすくまとめているため、ぜひ参考にしてください。

https://hatarakikatakaikaku.mhlw.go.jp/

働き方改革関連法について

「働き方改革」を進めるための、法改正が順次始まっています。

出典：働き方改革特設サイト

問題　第11次職業能力開発基本計画では、労働者が時代のニーズに即したスキルアップができるようにキャリアプランの明確化を支援する必要があるとした。

解答　○　職業能力開発の今後の方向性を確認しておこう。

問題　第11次職業能力開発基本計画で示された職業能力開発の今後の方向性に「国際競争力を有するものづくり分野の人材育成の強化」は含まれている。

解答　✕　①産業構造・社会環境の変化を踏まえた職業能力開発の推進、②労働者の自律的・主体的なキャリア形成の推進、③労働市場インフラの強化、④全員参加型社会の実現に向けた職業能力開発の推進の4点である。

問題　第11次職業能力開発基本計画の基本的施策「全員参加型社会の実現に向けた職業能力開発の推進」の1つとして企業での正規雇用労働者のキャリアコンサルティングや訓練の実施、求職者支援訓練の機会の確保が示されている。

解答　✕　正規雇用労働者ではなく、非正規雇用労働者である。

問題　第11次職業能力開発基本計画の基本的施策「労働者の自律的・主体的なキャリア形成の推進」において、ホワイトカラー職種における職業能力診断ツールの開発が示された。

解答　○　記載通り正しい。その他に技能検定制度・認定社内検定の推進、日本語版O-NETとの連携、ジョブ・カードの活用推進なども示された。

問題　働き方改革実行計画の「罰則付き時間外労働の上限規制の導入など長時間労働の是正」に勤務間インターバル制度は示されていない。

解答　✕　勤務間インターバル制度が示されている。事業者は、前日の終業時刻と翌日の始業時刻の間に一定時間の休息の確保に努めなければならない旨の努力義務が課された。

問題　働き方改革実行計画では、「女性・若者の人材育成など活躍しやすい環境整備」として、「女性のリカレント教育など個人の学び直しへの支援などの充実」が示された。

解答　○　記載の通り正しい。その他には「多様な女性活躍の推進」、「就職氷河期世代や若者の活躍に向けた支援・環境整備」が掲げられた。

問題　「働き方改革実行計画」で述べられているキャリア形成支援において、長時間労働を是正することは健康を維持する観点から極めて重要であるが、女性のキャリア形成の阻害や男性の家庭参加の問題を解決することには直接結びつかないとある。

解答　✕　長時間労働は、個人の健康に対する影響だけでなく、業務と家庭生活の調和を妨げ、様々な課題を引き起こす要因となっている。

職業能力開発（リカレント教育を含む）の知識

リカレント教育

　リカレント教育とは、社会人になってからも個々人のタイミングで学び直し、生涯にわたって仕事で求められる能力を磨き続けることです。リカレント教育は 1970 年代から欧米を中心に広く知られるようになりましたが、日本では終身雇用が一般的だったのであまり定着しませんでした。

　企業や労働者を取り巻く環境が急速に変化するとともに、労働者の職業人生が長期化している中、リカレント教育の必要性が高まっています。

■職場における学び・学び直し促進ガイドライン
　厚生労働省は、労働者の「自律的・主体的かつ継続的な学び・学び直し」及び、学び・学び直しにおける「労使の協働」が必要だという背景から「職場における学び・学び直し促進ガイドライン」を策定しました。

〈基本的な考え方〉
・変化の時代における労働者の「自律的・主体的かつ継続的な学び・学び直し」の重要性
・学び・学び直しにおける「労使の協働」の必要性

〈労使が取り組むべき事項〉
●以下①～④の学びのプロセスにそった取組
①能力・スキル等の明確化、学びの目標の共有
②効果的な教育訓練プログラムや教育訓練機会の確保
③学びを後押しする伴走的な支援策の展開
④持続的なキャリア形成につながる学びの実践・評価

〈「労使の協働」を実効あるものにするために重要なこと〉
①学びの基本認識共有のための「経営者」の役割
②学びの方向性・目標の擦り合わせやサポートを行う「現場のリーダー」の役割
③自律的・主体的な学び・学び直しの後押し・伴走を行う「キャリアコンサルタント」の役割
④「労働者相互」の学び合いの重要性

企業主体の教育訓練（OJT ／ Off-JT）

　企業で実施されている業務と習熟に必要な業務教育の研修手法としては、OJT（On-the-Job Training の略）と Off-JT（Off the Job Training の略）が挙げられます。OJT は職場内で行われる職業指導手法で、職場の上司・先輩が部下・後輩に対して日常の具体的な業務を通じて、仕事に必要な知識・技術・技能・態度などを指導教育することです。一方業務命令に基づいて、職場を離れて実施される訓練は Off-JT と呼ばれます。それぞれの特徴は以下の通りです。

	OJT	Off-JT
実施場所	職場内	職場外
指導の担当者	職場の上司・先輩	・人材育成の担当者 ・外部の講師
実施方法	指導担当者が実際にお手本を見せてから本人に実践させる	セミナー・研修の形式で行う
重視されるポイント	業務完了後に指導担当者が評価をすることで改善につなげる	基礎をしっかり教える
メリット	・具体的な業務を個別対応で教えるので教育効果が高い ・講師料・会場費等の経費が発生しない	・対象者を一同に会して実施できるので効率的 ・OJT では教えられない専門的な内容を学ぶことが可能
デメリット	・効率が悪い ・指導者のレベルによって効果が変わる	・全員の理解度を同じように高めるが難しい ・講師料・会場費等の経費が発生する ・研修内容と業務内容が直接的に結びつかない場合もある

公的職業訓練

　公的職業訓練（ハロートレーニング）とは、キャリアアップや希望する就職を実現するために、必要な職業スキルや知識を習得することができる職業訓練制度です。基本的に受講料は無料ですが、一部のテキスト代は自己負担で、在職者や学卒者の方を対象としたハロートレーニングは有料です。愛称・キャッチフレーズは「ハロートレーニング ～急がば学べ～」です。

　訓練期間修了後はハローワークの就職支援を受けることもできます。また、在職中にキャリアアップをめざす人のための有料の訓練もあります。

　右のロゴマークはキャラクター化され「ハロトレくん」として全国の職業能力開発施設等で活躍することが期待されています。

■公的職業訓練の種類

　公的職業訓練は以下の通り大きく「公共職業訓練」と「求職者支援訓練」の2種類に分かれており、それぞれ対象者が異なります。

訓練の種類		対象者	内容	訓練期間	訓練コース例
公共職業訓練	離職者訓練 — 施設内訓練	雇用保険受給資格者	ものづくり分野を中心とした訓練や地域の実情に応じた訓練	概ね3ヶ月～1年	テクニカルオペレーション科／電気設備技術科／自動車整備科等
	離職者訓練 — 委託訓練		事務系・サービス系訓練		介護サービス科／情報処理科等
	在職者訓練	在職者（主に中小企業に勤める方々）	業務に必要な専門知識及び技能・技術の向上を図るための訓練	2日～5日	電気工事科／溶接科／機械加工科／情報ビジネス科等
	学卒者訓練	高等学校卒業者等	就職に必要な職業スキルや知識を習得するための訓練	1年～2年	OA事務／機械加工科／電子情報技術科／建築施工システム技術科
	障害者訓練	ハローワークの求職障害者	求職障害者の就職を実現するための職業訓練	概ね3か月～1年	パソコン実務科／環境整備科等
求職者支援訓練	基礎コース	雇用保険受給資格がない人	社会人としての基礎力（ビジネスマナーやコミュニケーション能力）を学ぶ訓練	2ヶ月～6ヶ月	初歩からできるビジネスパソコン基礎科等
	実践コース		基礎的なスキルに加え専門的な技能等を身に付ける訓練		ゲーム・アプリ・Webクリエーター養成科／経理・総務実務科／不動産実務スキル要請科／介護福祉士実務者研修・総合福祉科等

　委託訓練や求職者支援訓練は、民間の教育訓練施設（専修学校・各種学校、大学・大学院、ＮＰＯ、事業主、事業主団体など）に訓練の実施を委託しています。

　ハロートレーニングの訓練コースは「ハローワーク インターネットサービス」から検索できます。

　ハローワークインターネットサービスは、2022年3月にリニューアルされ、求職者マイページの機能がより使いやすくなりました。

　ハロートレーニングを受講するためには、訓練の必要性等をハローワークが認めて、「受講あっせん」を受けることが必要です。具体的には次のステップを踏んで受講します。

　①求職申込・職業相談／②受講申込／③面接・筆記試験等受験／④選考結果通知／⑤受講あっせん／⑥ハロートレーニング受講

■公共職業能力開発施設の種類

　公共職業能力開発施設は、職業能力開発校、職業能力開発短期大学校、職業能力開発大学校、職業能力開発促進センター、障害者職業能力開発校に分けられます。

主な機関	主な職業訓練の種類	設置主体
職業能力開発校	中卒・高卒者等、離職者及び在職者に対する職業訓練を実施	都道府県／市町村
職業能力開発短期大学校	高卒者等に対する高度な職業訓練を実施	独立行政法人高齢・障害・求職者雇用支援機構（注1）／都道府県
職業能力開発大学校	・専門課程：高卒者等に対する高度な職業訓練を実施 ・応用課程：専門課程修了者等に対する高度で専門的かつ応用的な職業訓練を実施	設置：国 運営：独立行政法人 高齢・障害・求職者雇用支援機構
職業能力開発促進センター	離職者及び在職者に対する短期間の職業訓練を実施	独立行政法人 高齢・障害・求職者雇用支援機構
障害者職業能力開発校	障害者に対する能力、適性等に応じた職業訓練を実施	設置：国 運営：独立行政法人 高齢・障害・求職者雇用支援機

※注：独立行政法人高齢・障害・求職者雇用支援機構（JEED）

教育訓練給付金制度

■教育訓練給付金制度とは

　教育訓練給付金制度は、働く方々の主体的な能力開発やキャリア形成を支援し、雇用の安定と就職の促進を図ることを目的として、厚生労働大臣が指定する教育訓練を修了した際に、受講費用の一部が支給されるものです。

　教育訓練給付金制度の概要は以下の図の通りです。

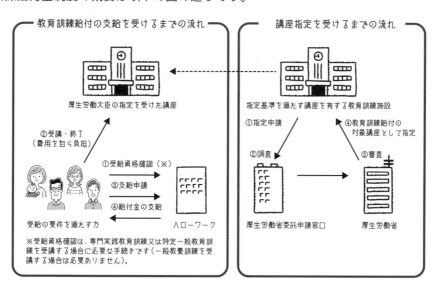

■訓練の種類と給付金支給要件

　給付金の対象となる教育訓練は、レベル等に応じて、専門実践教育訓練、特定一般教育訓練、一般教育訓練の３種類があります。それぞれの給付金の支給要件は次頁の通りです。

訓練名	給付金名	受講費用に対する支給額			年間上限	支給要件期間※注1	訓練前キャリアコンサルティングジョブ・カード等の提出※注2	対象講座の例
一般教育訓練	一般教育訓練給付金	受講費用に対する支給額	20%		10万円※4千円を超えない場合は支給されない	3年以上（1年以上）	任意	●資格の取得を目標とする講座　英語検定／簿記検定／ITパスポート など ●大学院などの課程修士・博士の学位などの取得を目標とする課程
		受講開始日前1年以内にキャリアコンサルタントを受けた費用	2万円					
専門実践教育訓練	専門実践教育訓練給付金	一般的な場合	50%	最大で受講費用の70%	40万円	3年以上（2年以上）	必須	●業務独占資格などの取得を目標とする講座　介護福祉士／社会福祉士／看護師／美容師／歯科衛生士／保育士／調理師 など ●デジタル関係の講座　・ITSSレベル3以上のIT関係資格取得講座　・第四次産業革命スキル習得講座（経済産業大臣認定） ●大学院・大学などの課程　・専門職大学院の課程（MBA、法科大学院、教職大学院 など）　・職業実践力育成プログラム（文部科学大臣認定）など ●専門学校の課程　・職業実践専門課程（文部科学大臣認定）　・キャリア形成促進プログラム（文部科学大臣認定）
		資格取得等をし、かつ訓練修了後1年以内に雇用保険の被保険者として雇用された場合	20%		16万円			
特定一般教育訓練	特定一般教育訓練給付金	40%			20万円	3年以上（1年以上）	必須	●業務独占資格などの取得を目標とする講座　介護職員初任者研修／大型自動車第一種・第二種免許／税理士 など ●デジタル関係の講座　・ITSSレベル2以上のIT関係資格取得講座　など

※注1：支給要件期間とは
　　・受講開始日までの間に同一の事業主に被保険者等（一般被保険者、高年齢被保険者または短期雇用特例被保険者）として雇用された期間を指す。この被保険者資格を取得する前の1年間に、他の事業所に雇用され、被保険者等だったことがある場合は、この被保険者等であった期間も通算する。
　　・（　）の期間は初めて支給を受けようとする方の場合

※注2：専門実践教育訓練給付金と特定一般教育訓練給付金を申請する場合には、訓練対応キャリアコンサルタントによる訓練前キャリアコンサルティングにおいて就業の目標、職業能力の開発・向上に関する事項を記載したジョブ・カードの交付を受けたあと、下記の書類をハローワークへ提出する。

人材育成に関する助成金

　人材育成に関する助成金として企業が申請できる主な助成金に、人材開発支援助成金、キャリアアップ助成金が挙げられます。どちらの助成金も、受給する事業主の要件として、雇用保険適用事業主である必要があります。

■人材開発支援助成金

　人材開発支援助成金は、労働者の職業生活設計の全期間を通じて段階的かつ体系的な職業能力開発を効果的に促進するため、事業主等が雇用する労働者に対して職務に関連した専門的な知識及び技能の習得をさせるための職業訓練等を計画に沿って実施した場合に、訓練経費や訓練期間中の賃金の一部等が助成される制度です。人材開発支援助成金には、以下9コースがあります。

訓練コース名	詳細
特定訓練コース	雇用する正社員に対して、厚生労働大臣の認定を受けた OJT 付き訓練、若年者への訓練、労働生産性向上に資する訓練等、訓練効果の高い 10 時間以上の訓練を実施した場合に、訓練経費や訓練期間中の賃金の一部等を助成
一般訓練コース	雇用する正社員に対して、職務に関連した専門的な知識及び技能を習得させるための 20 時間以上の訓練（特定訓練コースに該当しないもの）を実施した場合に、訓練経費や訓練期間中の賃金の一部等を助成
教育訓練休暇等付与コース	有給教育訓練休暇等制度を導入し、労働者が当該休暇を取得し、訓練を受けた場合に助成
特別育成訓練コース	有期契約労働者等の人材育成に取り組んだ場合に助成
人への投資促進コース	デジタル人材・高度人材を育成する訓練、労働者が自発的に行う訓練、定額制訓練（サブスクリプション型）等を実施した場合に、訓練経費や訓練期間中の賃金の一部等を助成
事業展開等リスキリング支援コース	新規事業の立ち上げなどの事業展開等に伴い、新たな分野で必要となる知識及び技能を習得させるための訓練を実施した場合に、訓練経費や訓練期間中の賃金の一部を助成
建設労働者認定訓練コース	認定職業訓練または指導員訓練のうち建設関連の訓練を実施した場合の訓練経費の一部や、建設労働者に有給で認定訓練を受講させた場合の訓練期間中の賃金の一部を助成
建設労働者技能実習コース	雇用する建設労働者に技能向上のための実習を有給で受講させた場合に、訓練経費や訓練期間中の賃金の一部を助成
障害者職業能力開発コース	障害者の職業に必要な能力を開発、向上させるため、一定の教育訓練を継続的に実施する施設の設置・運営を行う場合に、その費用を一部助成

■キャリアアップ助成金

有期雇用労働者、短時間労働者、派遣労働者といったいわゆる非正規雇用の労働者の企業内でのキャリアアップを促進するため、正社員化、処遇改善の取組を実施した事業主に対して助成されるものです。キャリアアップ助成金は以下の6コースがあります。

支援内容	コース名	詳細
社員化支援	正社員化コース	有期雇用労働者等を正規雇用労働者に転換又は直接雇用
	障害者正社員化コース	障害のある有期雇用労働者等を正規雇用労働者等に転換
処遇改善支援	賃金規定等改定コース	有期雇用労働者等の基本給の賃金規定等を改定し3％以上増額
	賃金規定等共通化コース	有期雇用労働者等と正規雇用労働者との共通の賃金規定等を新たに規定・適用
	賞与・退職金制度導入コース	有期雇用労働者等を対象に賞与・退職金制度を導入し支給又は積立てを実施
	短時間労働者労働時間延長コース	有期雇用労働者等の週所定労働時間を3時間以上延長し、社会保険を適用

社内検定認定制度について

■社内検定認定制度

社内検定認定制度とは、個々の企業や団体が、そこで働く労働者を対象に自主的に行っている検定制度（社内検定）のうち、一定の基準を満たしており、技能振興上推奨すべきであると認めたものを厚生労働大臣が認定する制度です。認定社内検定を導入することで、以下のような効果があります。

・技術の見える化・標準化
・従業員のモチベーションアップ
・知識や技能・技術の向上
・若手従業員の定着・新入社員の採用
・社内の技能評価への権威づけ

職業能力評価基準について

　職業能力評価基準とは、業種及び職種・職務別に仕事をこなすために必要な「知識」と「技術・技能」に加えて、「成果につながる職務行動例（職務遂行能力）」を厚生労働省が整理したものです。

　業種横断的な事務系職種だけではなく、電気機械器具製造業、ホテル業などものづくりからサービス業まで幅広い業種が整備されている公的な職業能力の評価基準です。「育成」、「評価」、「活用」、「採用」といった人事管理上のニーズに対して、入職後のキャリアパスを企業が明確に示し、社員が仕事を通じて成長を実感できる仕組みを整えるための材料として職業能力評価シートやキャリアマップなどが提供されています。基準は業界内での標準的な基準で、各企業で適宜カスタマイズすることが可能となっています。

ジョブカード制度について

■ジョブカード制度とは

　ジョブカード制度とは個人のキャリアアップや、多様な人材の円滑な就職等を促進することを目的として、ジョブ・カードを「生涯を通じたキャリア・プランニング」及び「職業能力証明」のツールとして、キャリアコンサルティング等の個人への相談支援のもと、求職活動、職業能力開発などの各場面において活用する制度です。ジョブカードを活用することにより、相談者のキャリアの振り返り、職業能力の棚卸、キャリア・プランニングの検討などを細やかに行うことができます。また求職活動や訓練受講時等には職業能力証明のツールにもなります。

■ジョブ・カードの3つの様式

　ジョブカードには大きく分けて3つの様式があります。厚生労働省が提供しているマイジョブ・カードのサイト（https://www.job-card.mhlw.go.jp/）ではオンライン上で作成することが可能です。またExcel・PDFのデータもダウンロードすることができます。

様式1 キャリア・プランシート	価値観、興味、関心事項、強み、弱み、キャリア・プランなどを記載する様式。以下2種類がある ①就業経験がある方用（様式1-1） ②就業経験のない方・学卒者等用（様式1-2）
様式2 職務経歴シート	正社員・アルバイト等雇用形態に関わらず、これまでの職業経験やそこから得たスキルなどを記載する様式
様式3 職業能力証明シート	求職活動や職業能力証明のために、資格、学習歴、訓練履歴等を記載する様式。以下2種類の様式がある ①免許・資格を記載する様式（様式3-1） ②学習歴・訓練歴を記載する様式（様式3-2）

■活用の効果

　今後の目標と自分が取るべき行動が明らかになり、将来どのようになりたいのか、明確な方針が動機づけられます。また目標と行動が明確になることにより、目標を達成するための的確な選択肢が増え、様々な場面で判断をする際の基準になります。

■対象者

　学生（大学生・短大生・専門学校生）／在職者／求職者

　教育訓練給付金の対象である特定一般教育訓練や専門実践教育訓練などは訓練の受講や成果の評価のため受講前にジョブ・カードを活用したキャリアコンサルタントを受ける必要があります。

■ジョブカード作成を支援する上でのポイント

・プランを作成する際に相談者の自己理解、仕事理解が不足なく記載されているかを確認しましょう
・相談者が今後得られる知識や技能を一緒に整理し、実現性の高い目標設定を支援します
・相談者が目標を達成するための方策を検討する場合、①資源（知識・技能等）、②周囲の支援環境、③情報の確認を心掛けて支援を行います。

キャリアシートの作成について

　一般的なキャリアシートとして、履歴書や職業経歴書が挙げられます。WEB面接が普及している現在は、書類審査は1次面接と同じくらいの重要性があるため、作成の際には以下のような注意が必要です。

・基本情報は漏れなく記載する。マンション名や企業名などは省略せずに正式名称で記載をする。
・客観的な視点で記載をし、伝わりづらいニュアンスや言葉には注意する
・読みやすく、わかりやすい文章になるよう、簡潔・明解に記載する。図表等も入れるとより伝わりやすい。
・前職や現職の実績は定量的であることが重要なので、具体的に書き出す。
・自分の魅力を企業にアピールするために職務と関連する地域活動や趣味等個性的な内容も記載し、適切に自己アピールを行う。

問題 リカレント教育とは、社会人になってからも個々人のタイミングで学び直し、生涯にわたって仕事で求められる能力を磨き続けることである。

解答 ○　企業や労働者を取り巻く環境が急速に変化するとともに、労働者の職業人生が長期化しているので、リカレント教育の必要性が高まっている。

問題 Off-JTとは、職場内で行われる職業指導手法で、職場の上司・先輩が部下・後輩に対して日常の具体的な業務を通じて、仕事に必要な知識・技術・技能・態度などを指導教育することである。

解答 ×　OJTの説明である。Off-JTは業務命令に基づいて職場を離れて実施される訓練で、人材育成の担当者や外部の講師がセミナーや研修形式で行うものである。

問題 OJTのメリットとして、具体的な業務を個別対応で教えるので教育効果が高いことが挙げられる。

解答 ○　業務完了後に指導担当者が評価をすることで改善につなげることができる。

問題 公的職業訓練のうち、離職者訓練は雇用保険需給資格がない人でも受けることができる。

解答 ×　離職者訓練が受けられるのは、雇用保険受給資格者のみ。雇用保険受給資格がない人が受けられるのは、求職者支援訓練である。

問題 人材開発支援助成金とは、有期雇用労働者、短時間労働者、派遣労働者といったいわゆる非正規雇用の労働者の企業内でのキャリアアップを促進するため、正社員化、処遇改善の取組を実施した事業主に対して助成されるものである。

解答 ×　キャリアアップ助成金の内容である。人材開発支援助成金は、事業主等が雇用する労働者に対して職務に関連した専門的な知識及び技能の習得をさせるための職業訓練等を計画に沿って実施した場合に、訓練経費や訓練期間中の賃金の一部等が助成される制度である。

問題 ジョブカード制度とは個人のキャリアアップや、多様な人材の円滑な就職等を促進することを目的とした、ジョブ・カードを「生涯を通じたキャリア・プランニング」及び「職業能力証明」のツールである。

解答 ○　キャリアコンサルティング等の個人への相談支援のもと、求職活動、職業能力開発などの各場面において活用する制度である。

問題 自分の魅力を企業にアピールするために地域活動や趣味等個性的な内容を記載するのは望ましくない。

解答 ×　職務と関連する地域活動や趣味等個性的な内容も記載し、適切に自己アピールを行うことが望ましい。

公正な採用選考

■基本的な考え方

　採用選考の基本的な考え方として、厚生労働省は次の2点を基本的な考え方として実施することが重要だとしています。

①「人を人として見る」人間尊重の精神、すなわち、応募者の基本的人権を尊重すること

　日本国憲法（第22条）は、基本的人権の一つとして全ての人に「職業選択の自由」を保障しています。雇用主にも、採用方針・採用基準・採否の決定など、「採用の自由」が認められていますが、応募者の基本的人権を侵してまで認められているわけではありません。採用選考を行う際は応募者の基本的人権を尊重することが重要です。

②応募者の適性・能力に基づいた基準により行うこと

　「職業選択の自由」は、誰でも自由に自分の適性・能力に応じて職業を選べることですが、雇用主が応募者に広く門戸を開き、適性・能力に基づいた基準による「公正な採用選考」を行うことが求められます。

　日本国憲法（第14条）では、基本的人権の一つとして全ての人に「法の下の平等」を保障していますが、採用選考においてもこの理念が重要です。人種・信条・性別・社会的身分・門地などの事項による差別があってはならず、適性・能力に基づいた基準により行われることが求められます。

■採用選考時に配慮すべき事項

　採用選考時は、以下①や②のような適性と能力に関係がない事項を応募用紙等に記載させたり面接で尋ねて把握することや、③を実施することは、就職差別につながるおそれがあります。

①本人に責任のない事項の把握

・本籍・出生地に関すること（※戸籍謄（抄）本や本籍が記載された住民票の提出はこれにあたる）
・家族に関すること（職業、続柄、健康、病歴、地位、学歴、収入、資産など）
・住宅状況に関すること（間取り、部屋数、住宅の種類、近郊の施設など）
・生活環境・家庭環境などに関すること

②本来自由であるべき事項（思想信条にかかわること）の把握

・宗教に関すること

・支持政党に関すること

・人生観、生活信条に関すること

・尊敬する人物に関すること

・思想に関すること

・労働組合に関する情報（加入状況や活動歴など）、学生運動など社会運動に関すること

・購読新聞・雑誌・愛読書などに関すること

③採用選考の方法

・身元調査などの実施

・合理的・客観的に必要性が認められない採用選考時の健康診断の実施

企業における雇用管理の仕組み

■配置移動の管理

　配置管理においてはいくつかの言葉があり、試験にも出題されています。間違いやすいので注意が必要です。

種類	内容
異動	社内で所属・役職・勤務地などが変わるなど、広い意味合いで使われる
転属	社内で所属部署や籍が変更になること。営業部から人事部へ移動するように、仕事の内容や人間関係が大きく変わる。所属が変わる異動の意味だけではなく、「現在とは異なる仕事の部署に変わる」という意味が加わる
転勤	異動によって勤務地・勤務場所が変更になること。会社は変わらず、引っ越しを伴うもの、伴わないものまで様々なパターンがある
転籍	勤めていた会社との労働契約を終了させて退職し、他の会社と新たに労働契約を結び勤務すること
出向	勤めている会社を退職せず労働契約を維持しながら、別の会社の指揮命令下で勤務すること

■請負と派遣の違い

　請負と派遣はどちらも業務をアウトソーシングするという点では共通していますが、『契約の目的』『契約の期間』『指揮命令権の所在』において大きく異なります。

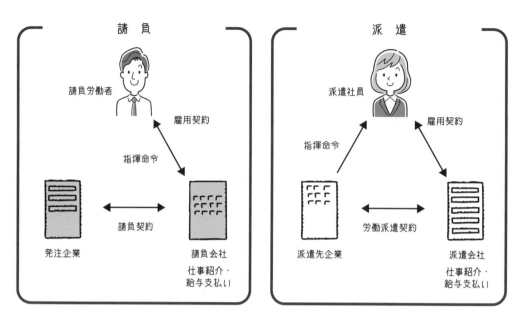

	請負	派遣
契約の目的	成果物を提供すること	労働力を提供すること
指揮命令権の所在	請負会社	派遣先企業
契約の期間	成果物の「納期」を設定する	数か月単位で明確に取り決める

■近年活用されている社内制度

近年は従業員の主体性を尊重した以下のような配置転換を行っている企業もあります。

制度名	内容
社内公募制度	人材を必要としている部署が、ポストや職務内容を明示し社内から希望者を集めて選考をする制度。応募者と部署どちらもの合意によって移動が成立する
自己申告制度	従業員が異動・転籍・職務の遂行状況・現在の業務への適性・将来のキャリアの希望などを企業側に自ら申告する制度。従業員の意向を直接把握できる制度として活用されている。申告された内容は組織づくりや人員配置に反映されるが、必ずしも反映されるわけではない
FA制度	定められた勤続年数等の条件を満たした従業員が、自ら移動したい部署への配属やプロジェクトの参加などについて希望を出せる制度
社内ベンチャー	新たな事業モデルを創出するために、会社が資本・人員を提供して設置される独立した組織のこと。新規事業部門の立ち上げだけではなく、子会社として独立させることもある。メンバーは一般的に社内公募等によって選ばれる

労働契約の終了に関するルール

　やむを得ず労働契約を終了しなければならない場合でも、守らなければならない法令等があります。労働契約を終了に関する事項をまとめます

■解雇

　使用者からの申し出による一方的な労働契約の終了のことです。しかし使用者がいつでも自由に行えるというものではなく、解雇には制限があります。

■解雇制限

　解雇が客観的に合理的な理由を欠き、社会通念上相当と認められない場合は、労働者をやめさせることはできないと労働契約法第16条で定められています。1回の失敗ですぐに解雇が認められるということはなく、労働者の落ち度の程度や行為の内容、損害の重大性、悪意・故意等の色々な事情が考慮されます。正当かどうかは最終的に裁判所で判断されます。

> **労働契約法第16条**
> 解雇は、客観的に合理的な理由を欠き、社会通念上相当であると認められない場合は、その権利を濫用したものとして、無効とする。

■解雇予告

　解雇する場合には労働基準法第20条において、解雇予告の実施か解雇予告手当の支払いが義務付けられています。

> **労働基準法第20条**
> 使用者は、労働者を解雇しようとする場合においては、少なくとも30日前にその予告をしなければならない。30日前に予告をしない使用者は、30日分以上の平均賃金を支払わなければならない。なお、解雇予告が30日に満たない場合には、解雇予告手当との併用も可能である。

　解雇予告は、解雇日の少なくとも30日前までにする必要があります。解雇予告は30日前を数える際は、解雇予告をした日は日数に含めません。
〈解雇予告日の数え方〉
・11月30日に解雇する場合：10月31日までに解雇予告をしなければならない
・12月31日に解雇する場合：12月1日までに解雇予告をしなければならない

■解雇予告手当

解雇予告手当を支払うことで、解雇予告の代替とすることが認められています。解雇予告手当金を支払った場合は即日解雇が可能となります。

■解雇の種類

解雇は以下3種類に分けられます。

普通解雇	労働者が労働契約で約束した労働義務を果たさなかったことによる解雇
整理解雇	会社の業績悪化・事業縮小など、会社側の経営上の理由で行う解雇
懲戒解雇	労働者が企業の秩序に違反する重大な行為を行った際、会社が制裁としてする解雇

整理解雇を行う際には以下4つの要件を全て満たす必要があります。

要件1 人員整理の必要性	どうしても人員を整理しなければならない経営上の理由があること。経営不振を打開するためは認められるが、生産性を向上させるためは認められない
要件2 解雇回避努力義務の履行	出向、配置転換、希望退職者の募集、役員報酬のカット施など、解雇を回避するためにあらゆる努力をしていること
要件3 被解雇者選定の合理性	解雇される人の選基準が、評価をする者の主観に左右されず、合理的かつ公平で妥当性があること
要件4 解雇手続きの妥当性	解雇の対象者および労働組合または労働者の過半数を代表する者と十分に協議し、整理解雇について納得を得るための努力をしていること

■早期退職優遇制度

早期退職制度は、定年前に退職を望む社員を会社が募る制度です。割増の退職金を支払う、有給休暇を買い上げる、転職先を紹介するなどの優遇措置を設けて自主的な退職を促します。

労働時間の管理

■労働時間について

労働基準法の第32条で、労働時間は原則として1日8時間・1週40時間以内と定められています。これを「法定労働時間」といいます。

> **労働基準法第 32 条**
> 使用者は、労働者に、休憩時間を除き 1 週間について 40 時間を超えて、労働させてはならない。
> 2　使用者は、一週間の各日については、労働者に、休憩時間を除き 1 日について 8 時間を超えて、労働させてはならない。

法定労働時間を超えて労働者に時間外労働（残業）をさせる場合には、以下の 2 点が必要です。

①労働基準法第 36 条に基づく労使協定（36（サブロク）協定）の締結

②所轄労働基準監督署長への届出

36 協定では、「時間外労働を行う業務の種類」や「1 日、1 か月、1 年当たりの時間外労働の上限」などを決める必要があります。

> **労働基準法第 36 条**
> 使用者は、当該事業場に、労働者の過半数で組織する労働組合がある場合においてはその労働組合、労働者の過半数で組織する労働組合がない場合においては労働者の過半数を代表する者との書面による協定をし、厚生労働省令で定めるところによりこれを行政官庁に届け出た場合においては、第 32 条から第 32 条の 5 まで若しくは第 40 条の労働時間（以下この条において「労働時間」という。）又は前条の休日（以下この条において「休日」という。）に関する規定にかかわらず、その協定で定めるところによって労働時間を延長し、又は休日に労働させることができる。

■労働基準法で定める休憩

労働基準法では、休憩を以下の通り定めています。

> **労働基準法第 34 条**
> 使用者は、労働時間が 6 時間を超える場合においては少くとも 45 分、8 時間を超える場合においては少くとも 1 時間の休憩時間を労働時間の途中に与えなければならない。

・6 時間を越える場合は 45 分以上の休憩が必要です。

・労働時間が 6 時間未満もしくはちょうど 6 時間の場合、休憩は必須となりません。

・ちょうど 8 時間の場合には 45 分の休憩で大丈夫です。

・8 時間を超える場合は、少なくとも 1 時間の休憩が必要です。

・休憩時間は労働時間の間にとる必要があります。

・原則として休憩時間は社員が一斉にとることと定められています。

・休憩時間に給与は発生しません。

■休日とは

労働基準法では休日についてこのように定めています。これを「法定休日」といいます。

> **労働基準法第 35 条**
> 使用者は、労働者に対して、毎週少くとも 1 回の休日を与えなければならない。
> 2　前項の規定は、4 週間を通じ 4 日以上の休日を与える使用者については適用しない。

・毎週 1 日以上の休日、または 4 週間を通じて 4 日以上の休日を与えなければなりません。

・会社が独自に就業規則や労働契約で定めた休日は「所定休日」といいます。夏季休業や創立記念日などの休日は所定休日となります。必ず付与する義務はありません。

■代替休日（代休）と振替休日（振休）の違い

代替休日（代休）と振替休日（振休）は混同しやすいので気を付けましょう。

代替休日（代休）：休日出勤させた後に、代償として、後日別の出勤日を休みとすること。休日労働の割増賃金が発生する。

振替休日（振休）：事前に休日を出勤日とし、別の出勤日を休日とすること。休日労働の割増賃金は発生しない。

	代替休日（代休）	振替休日（振休）
休日の特定	事後	事前
休んだ日の扱い	休暇（労働日）	休日
休日の割増賃金	必要	不要 （ただし、同一週内で振り替えた場合のみ）
就業規則の定め	不要（ただし、代休控除の規定は必要） ※事実上は定めておくことが適切	必要

■就業規則とは

就業規則は労働者の賃金や労働時間などの労働条件に関すること、職場内の規律などについて定めた職場における規則集です。職場でのルールを定め、労使双方がそれを守ることで労働者が安心して働くことができ、労使間の無用のトラブルを防ぐことができるので、就業規則の役割は重要です。

就業規則は、労働者と使用者の双方が守るべきものなので、就業規則の作成・変更の際は、事業場における過半数組合または労働者の過半数代表者の意見を聴くことが義務づけられています。

■就業規則の提出について

常時 10 人以上の労働者を使用している事業場では、就業規則を作成し、過半数組合または労働者の過半数代表者からの意見書を添付し、所轄労働基準監督署に届け出る必要があります。また就業規則を変更した場合においても同様です。

人事考課

■人事考課制度とは

　人事考課制度は従業員の業務に関する成績・能力・意欲などを基準を設けて総合的に評価する制度です。人事考課制度の設計は、基準・考課方法・報酬への連動などを決めるため、透明性が必要となります。

■人事考課と人事評価との違い

　従業員の業務・業績・能力・成果などを判断し、処遇を決めるもので、ほとんど違いはありませんが、目的には以下のような違いがあります。

人事評価制度	業務・業績を判断する
人事考課制度	処遇を決めるために能力などを査定する

■人事考課で評価する視点

　人事考課は主に①成績効果、②能力効果、②情意効果の3点を総合的に評価したものが最終的に人事考課の評価となります。それぞれの内容は以下の通りです。

①成績考課（業績考課）

　成績考課は、一定期間における仕事の目標達成度や目標達成に至る過程、課題を評価することです。業績考課ともいわれます。通常来年度の目標を設定し、翌年その目標に対しての達成度を評価します。

②能力考課

　職務を通じて身に付けた知識や熟練度などの職務遂行能力を評価します。緊急時の対応力や結果、難しい仕事の達成度などが評価ポイントとなります。誰もが担当できる容易な仕事ではなく、職能要件に照らして評価を行います。そのために職能に対する規定をきちんと定めることが必要です。

③情意考課（行動考課・執務態度考課）

　遅刻・早退などの勤怠、職務遂行に対する行動・態度、規律性・協調性などを評価することです。行動として表れる仕事に対するやる気や意欲を情意考課で評価します。他2つ考課に比べて主観が入りやすい評価です。行動考課・執務態度考課ともいわれます。

■評価誤差（評価エラー）

　①成績考課、②能力考課、③情意考課（行動考課・執務態度考課）いずれの評価も客観的に評価することが大切で、評価をする上司の先入観が入り込まないようにする必要があります。しかし、必ずしも客観的な評価が常に行えるとは限りません。評価者が主観や感情に左右されて陥ってしまう評価の偏りを評価誤差（評価エラー）といいます。主な評価誤差を以下にまとめます。

種類	内容
①ハロー効果	特に優れているもしくは好ましくないなど、目立った特徴があった場合、その評価に影響されて、他のすべての点も歪められてしまうこと
②論理的誤差	1つ1つは独立した評価項目であるにも関わらず、関連性があると評価者が推論し、同じような評価をしてしまうこと。論理誤謬ともいわれる
③寛大化傾向	部下との人間関係が悪化することを恐れたり、評価をする自信がないなどの理由から、全体的に評価を甘くしてしまうこと
④厳格化傾向	評価者自身の高い成績を基準とすることで、部下への期待値が高くなり、必要以上に評価を厳しくしてしまうこと
⑤中心化傾向	実績に関わらず、特に低い評価・高い評価を避け、評価が中間値に集中してしまうこと
⑥逆算化傾向	昇格や賞与など、最終的な処遇や評価結果を決めたうえで、個々の評価を基準に達するように逆算して評価してしまうこと
⑦対比誤差	評価者自身や他の誰かなどを基準として部下を過大・過少評価してしまうこと。自分の専門分野は厳しく、専門外の分野は甘く評価してしまうことがある
⑧近接誤差	よく覚えている最近の出来事が印象に残り、その印象が評価期間全体の評価に大きく影響を与えてしまうこと

■目標管理制度とは

　目標管理制度（MBO）は Management by Objectives（目標による管理）の略で、ドラッカーが提唱しました。従業員が個人目標を設定し、その進捗や達成度合いで人事評価を決める制度のことです。目標は組織の方針とリンクしている方が良いとされています。単純なノルマ管理にならないよう、従業員本人が自主的に目標を決めることが重要となります。

等級制度

■等級制度とは

　等級制度は組織の中で従業員を能力・役割・職務などに応じて区別し、等級（ランク）を決める制度のことです。業務遂行における権限・責任・待遇の根拠となります。主な制度としては、職能資格制度と職務等級制度があります。

■職能資格制度

職務遂行能力（知識・技能・行動力・積極性等）に基づいて従業員を評価し、賃金体系の基礎となる等級を決める日本で生まれた制度で、日本の多くの企業が取り入れています。一般的には次の図のような等級を設定し、従業員それぞれに等級をつけます。等級と役職は一致するとは限らず、同じ等級でも役職が異なる場合もあります。従事している仕事から離れ、どのような職務をこなせる能力があるかによって等級が決まるため、能力主義ともいわれます。しかし現実的には年功序列的な仕組みで運用されています。多角的な視点をもち、幅広い知識に精通したゼネラリストの育成に適しています。

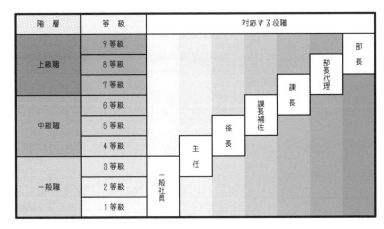

■職務等級制度

職務等級制度は職務ごとの達成度で評価をします。職務は「職務記述書」によって、営業・総務などの職務ごとに内容や難易度を明確に定義し、それぞれ報酬を設定します。主に欧米において発達した人事制度で、スペシャリストの育成に適しています。

職能資格制度と職務等級制度のメリット、デメリットは次のとおりです。

	職能資格制度	職務等級制度
主なエリア	日本	欧米など
評価対象	人	仕事
評価基準	職務遂行能力	職務内容と達成度
目指す人物象	ゼネラリスト	スペシャリスト
メリット	・配置転換が多い日本の企業に向いている ・柔軟に運用できる ・能力があると評価されれば等級が上がる	・評価基準が職務記述書で明確に定められている・公正な成果主義・年齢、勤続年数は評価対象とならない
デメリット	・年功序列になりやすい ・人件費が高くなる ・職務遂行能力の基準が明確ではない ・等級と職務内容が一致しない	・配置転換がしにくい ・運用管理が複雑になる場合がある ・昇格するには、上位のポストが空く必要がある

■柔軟な働き方がしやすい環境整備

　環境整備の例としてはテレワークが挙げられます。テレワークは特定の会社に所属して働く雇用型テレワークと特定の会社に所属せず個人事業主として働く非雇用型テレワークの2種類に分けられます。

テレワークの種類		詳細
雇用型テレワーク	在宅勤務	会社ではなく、自宅を就業場所とする働き方。通勤時間の削減、通勤による身体的負担が軽減し、時間を有効的に使える
	施設利用型勤務	会社以外の施設で働く形態。施設は個人で借りるのではなく、会社が用意したサテライトオフィスやレンタルオフィスを利用する。遠方であっても勤務できるため、通勤が困難な場合に便利な勤務形態
	モバイルワーク	施設を利用しない勤務形態。電車・飛行機などで移動している間に仕事をする。パソコンやスマートフォンの準備が必須
自営型（非雇用型）テレワーク	SOHO	Small Office／Home Office を略した言葉。自宅や小さなオフィスでパソコンなどの通信機器を活用し、専業性の高い仕事をする。契約内容が雇用契約ではないため、非雇用型となる
	内職副業型勤務	SOHOと比較して専業性が低い仕事をすること。データ入力・アンケート回答・事務作業の補助など、自宅でパソコンやスマートフォンを使って完結する仕事が多い。副業として行っている場合も多い

■テレワーク導入時の就業規則について

　厚生労働省では「通常勤務とテレワーク勤務において労働時間制度やその他の労働条件が同じである場合は、就業規則を変更しなくても、既存の就業規則のままでテレワーク勤務ができる」としていますが、始業・終業時間や通勤手当など、通常の就業規則を適用すると不具合が生じる場合には、在宅勤務・テレワークに適した就業規則を定める必要があります。

■限定正社員について

　限定正社員は以下3つの分類されます。

勤務地限定正社員	特定の勤務地や地域で働く社員。遠距離通勤や転勤が難しい社員を雇用したい場合などに活用される。
職務限定正社員	限定された業務内容で働く社員で、専門的な技術や資格が必要な仕事で活用される。
勤務時間限定正社員	勤務時間や時間帯を制限した社員。育児・介護・体調が優れず常勤で勤務することが難しい場合に活用される。

問題 採用選考時に本籍・出生地、家族、住宅状況、生活環境・家庭環境など、本人に責任のない事項を応募用紙等に記載させたり、面接で尋ねることは就職差別につながるおそれがある。

解答 ◯ 他には、思想信条など本来自由であるべき事項の把握も就職差別につながるおそれがある。

問題 勤めていた会社との労働契約を終了させて退職し、他の会社と新たに労働契約を結び勤務することを「出向」という。

解答 ✕ 「転籍」の説明である。「出向」は勤めている会社を退職せず労働契約を維持しながら、別の会社の指揮命令下で勤務することである。

問題 請負と派遣のうち、指揮命令権の所在が請負会社にあるのは請負である。

解答 ◯ 派遣の場合、指揮命令権の所在は派遣先企業にある。

問題 解雇予告の実施は少なくとも60日前までに行う必要がある。

解答 ✕ 解雇予告は、解雇日の少なくとも30日前までにする必要がある。解雇予告は30日前を数える際は、解雇予告をした日は日数に含めない。

問題 法定労働時間を超えて労働者に時間外労働（残業）をさせる場合には、労働基準法第36条に基づく労使協定（さぶろく協定）の締結を行えばよい。

解答 ✕ 法定労働時間を超えて労働者に時間外労働（残業）をさせる場合には、労働基準法第36条に基づく労使協定（36協定）の締結を行うだけではなく、所轄労働基準監督署長への届出が必要となる。

問題 評価誤差のうち、特に優れているもしくは好ましくないなど、目立った特徴があった場合、その評価に影響されて、他のすべての点も歪められてしまうことを「論理的誤差」という。

解答 ✕ ハロー効果の説明である。論理的誤差は1つ1つは独立した評価項目であるにも関わらず、関連性があると評価者が推論し、同じような評価をしてしまうことで、論理誤謬ともいわれる。

問題 職務等級制度は人を格付けるもので、ゼネラリストを育成しやすい。

解答 ✕ 職能資格制度の説明である。職務等級制度の評価対象は仕事、評価基準は職務内容と達成度で、スペシャリストを育成しやすい。

問題 限定正社員には、「勤務地限定正社員」「職務限定正社員」の2種類に分類される。

解答 ✕ 「勤務時間限定正社員」も含めた3種類に分類される。

労働基準法

労働基準法は、日本国憲法第 27 条「勤労の権利及び義務、勤労条件の基準、児童酷使の禁止」の規定に基づいて昭和 22 年に制定された労働者の労働条件についての最低基準を定めた法律です。ここではポイントを絞って規定を確認します。

■労働基準法の特徴

①労働憲章的な規定を設けたこと

②戦前からの封建的遺制を一掃しようとした観点から規定されていること

③1 日 8 時間、1 週 40 時間制、週休制、年次有給休暇制度などの基本的な制度を基準として最低労働条件を定めていること

■賃金支払いの 5 原則

賃金の支払いには次の 5 原則があります。下記は労働基準法第 24 条に記載されている賃金支払いに関する原則から読み取れます。

5 つの原則	内容
通貨払いの原則	賃金は通貨で支払わなくてはならないため、現物支給は禁止されている。ただし、個々の労働者の同意を得た場合、労働者の預貯金口座へ振込むことができる。労使協定などで一括して認められるものではない
直接払いの原則	賃金は必ず直接労働者へ支払わなくてはならない。労働者の家族（親など）や法定代理人に支払うことはできない
全額払いの原則	賃金は全額を支払わなければならない。ただし、所得税や社会保険料など賃金控除が認められている場合もしくは社宅料や積立金の控除など労使協定で定めたものは差し引くことができる
毎月払いの原則	賃金は少なくても毎月一回以上支払わなければならない
一定期日払いの原則	賃金は「毎月 25 日」のように一定の期日を定めて支払わなければならない

■割増賃金

割増賃金とは、使用者が労働者に時間外労働（残業）・休日労働・深夜業を行わせた場合に、支払わなければならない賃金です。（労働基準法第 37 条）

割増賃金には、時間外、休日、深夜の 3 種類の手当があります。

種類	支払い条件	割増賃金率
時間外手当	1日8時間、週40時間の法定労働時間を超えたとき	25%以上
	時間外労働時間が月60時間を超えたとき（中小企業は2023年4月1日から）	50%以上
休日手当	週1日の法定休日に勤務させたとき	35%以上
深夜手当※	22時〜5時までの間に勤務させたとき	25%以上

※深夜手当は、管理監督者にも支払われます。

■年次有給休暇

　年次有給休暇とは、労働者の休暇日のうち、使用者から賃金が支払われる有給の休暇日のことです。

　「使用者は、労働者が雇入れの日から6ヶ月間継続勤務し、その6ヶ月間の全労働日の8割以上を出勤した場合には、原則として10日の年次有給休暇を与えなければならない。」（労働基準法第39条）と定められています。業種・業態にかかわらず、また正社員・パートタイム労働者などの区分なく、一定の要件を満たした全ての労働者に対して、年次有給休暇を与えなければなりません。

　パートタイム労働者など、所定労働日数が少ない労働者については、年次有給休暇の日数は所定労働日数に応じて比例付与されます。比例付与の対象となるのは、所定労働時間が週30時間未満で、かつ、週所定労働日数が4日以下または年間の所定労働日数が216日以下の労働者です。

　年次有給休暇が10日以上付与される労働者に対しては、付与した日から1年以内に5日について、取得時季を指定して年次有給休暇を取得させなければいけません。

　また、年次有給休暇の上限は20日で、発生の日から2年間で時効により消滅します。

継続勤務の年数	6ヶ月	1年6ヶ月	2年6ヶ月	3年6ヶ月	4年6ヶ月	5年6ヶ月	6年6ヶ月
有給休暇の付与日数	10労働日	11労働日	12労働日	14労働日	16労働日	18労働日	20労働日

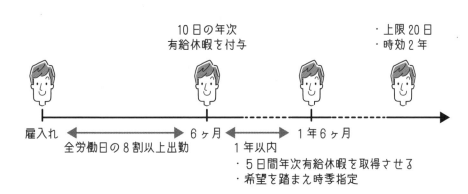

■労働条件通知書

　労働者を雇い入れた際には、賃金・労働時間等の労働条件を書面（労働条件通知書）を交付することで明示しなければならないと定められております（労働基準法第15条第1項・労働基準法施行規則第5条）。

　明示の方法は書面に限られていましたが、2019年4月1日からは労働者が希望した場合、FAXや電子メール、SNS等でも明示できるようになりました。

　書面等で明示しなければならない項目（絶対的明示事項）は次のとおりです。

①労働契約の期間

②就業場所と従事すべき業務の内容

③労働時間に関する事項（始業・終業時刻、時間外労働の有無、休憩、休日、休暇等）

④賃金の決定・計算・支払の方法、賃金の締切り・支払の時期に関する事項

⑤退職に関する事項（解雇の事由を含む）

■労働基準法における母性保護規定

　女性労働者は仕事を続けていくうえで、妊娠・出産に関して不安を抱える方が多くいらっしゃいます。女性が産前・産後も安心して仕事を続けるために、労働基準法では「母性保護規定」が定められています。

規定規定	内容
産前・産後休業 （法第65条第1項及び第2項）	・産前6週間（多胎妊娠の場合は14週間）、いずれも女性が請求した場合に限り、産後は8週間女性を就業させることはできません。 ・産後6週間を経過後に、女性本人が請求し、医師が支障ないと認めた業務については、就業させることはさしつかえありません。
妊婦の軽易業務転換 （法第65条第3項）	妊娠中の女性が請求した場合には、他の軽易な業務に転換させなければなりません。
妊産婦等の危険有害業務の就業制限 （法第64条の3項）	妊産婦等を妊娠、出産、哺育等に有害な業務に就かせることはできません。
妊産婦に対する変形労働時間制の適用制限 （法第66条第1項）	変形労働時間制がとられる場合であっても、妊産婦が請求した場合には、1日及び1週間の法定時間を超えて労働させることはできません。
妊産婦の時間外労働、休日労働、深夜業の制限 （法第66条第2項及び第3項）	妊産婦が請求した場合には、時間外労働、休日労働、又は深夜業をさせることはできません。
育児時間 （法第67条）	生後満1年に達しない生児を育てる女性は、1日2回各々少なくとも30分の育児時間を請求することができます。
罰則 （法第119条）	上記の規定に違反した者は、6か月以下の懲役又は30万円以下の罰金に処せられます。

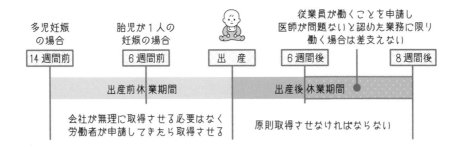

労働契約法

■労働契約法とは

　労働契約法は労働契約の締結、労働条件の変更、解雇等についての基本的なルールを定めた法律です。就業形態が多様化し、労働者の労働条件が個別に決定・変更されるようになったことで個別労働紛争が増えましたが、紛争を解決するための労働契約についての民事的なルールをまとめた法律はありませんでした。そこで2008年3月から「労働契約法」が施行され、労働契約についての基本的なルールがわかりやすい形で明らかにされました。これにより、紛争が防止され、労働者の保護を図りながら、個別の労働関係が安定することが期待されます。

　ちなみに国家公務員及び地方公務員は、労働契約法の適用除外となっています。

■労働契約法のポイント

・労働契約の締結や変更に当たっては、労使の対等の立場における合意によるのが原則です。
・労働者と使用者は、労働契約の締結や変更に当たっては、均衡を考慮することが重要です。
・労働者と使用者は、労働契約の締結や変更に当たっては、仕事と生活の調和に配慮することが重要です。
・労働者と使用者は、信義に従い誠実に行動しなければならず、権利を濫用してはなりません。
・労働者と使用者は、労働契約の内容（有期労働契約に関する事項を含む。）について、できる限り書面で確認しましょう。
・使用者は、労働者の生命や身体などの安全が確保されるように配慮しましょう。

■労働契約を結ぶ場合

・労働者と使用者が、「労働すること」「賃金を支払うこと」について合意すると、労働契約が成立します。
・労働者と使用者が労働契約を結ぶ場合に、使用者が① 合理的な内容の就業規則を② 労働者に周知させていた（労働者がいつでも見られる状態にしていた）場合には、就業規則で定める労働条件が、労働者の労働条件になります。
・労働者と使用者が、就業規則とは違う内容の労働条件を個別に合意していた場合には、その合意していた内容が、労働者の労働条件になります。

・労働者と使用者が個別に合意していた労働条件が、就業規則を下回っている場合には、労働者の労働条件は、就業規則の内容まで引き上がります。

・法令や労働協約に反する就業規則は、労働者の労働条件にはなりません。

■労働契約を終了する場合

・権利濫用と認められる出向命令は、無効となります。

・権利濫用と認められる懲戒は、無効となります。

・客観的に合理的な理由を欠き、社会通念上相当と認められない解雇は、権利を濫用したものとして無効となります。

■有期労働契約を結ぶ場合

・使用者は、やむを得ない事由がある場合でなければ、契約期間が満了するまでの間において、労働者を解雇することができません。

・使用者は、有期労働契約によって労働者を雇い入れる目的に照らして、契約期間を必要以上に細切れにしないよう配慮しなければなりません。

■無期転換ルール

・有期労働契約が5年を超えて更新された場合は、有期契約労働者（契約社員・アルバイトなど、雇用期間が定められた社員）の申込みにより、期間の定めのない労働契約（無期労働契約）に転換されます。

・無期転換の申込みがあった場合、申込時の有期労働契約が終了する日の翌日から無期労働契約となります。

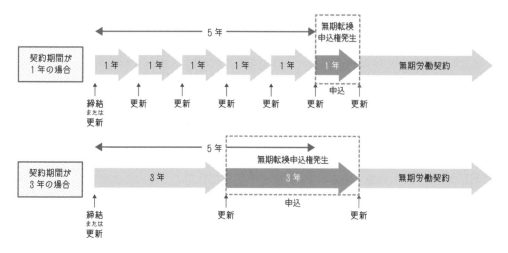

■労働契約法の適応除外

・国家公務員、地方公務員、使用者が同居の親族のみを使用する場合の労働契約については、賃金を支払う「使用者」と「労働者」の関係だとしても、労働契約法は適用されません。

労働時間等設定改善法

■労働時間等設定改善法とは

　労働時間等設定改善法（労働時間等の設定の改善に関する特別措置法）は、事業主等に労働時間等の設定の改善に向けた自主的な努力を促すことで、労働者がその有する能力を有効に発揮することや、健康で充実した生活を実現することを目指した法律です。平成 31 年（2019 年）4 月 1 日から新たに、勤務間インターバル制度の導入、他の企業との取引に当たって著しく短い期限の設定（短納期発注）や発注内容の頻繁な変更を行わないことが事業主の努力義務となりました。

■労働時間等見直しガイドライン（労働時間等設定改善指針）について

　「労働時間等見直しガイドライン」（労働時間等設定改善指針）は、労働者がよりよい環境で働くために、事業主等が適切に対処するための必要事項を定めています。

〈労働時間等見直しガイドラインのポイント〉

　①労使で話し合う機会を設けましょう

　②業務の特性に応じた柔軟な働き方を導入しましょう

　③時間外・休日労働を削減しましょう

　※使用者は、労働者が雇入れの日から 6 か月間継続勤務し、全労働日の 8 割以上を出勤した場合に、原則として 10 日の年次有給休暇を与えなければなりません。

　④年次有給休暇を取得しやすい環境を整備しましょう

　⑤労働者の健康保持やワーク・ライフ・バランスに資する働き方を推進しましょう

　⑥多様な働き方の選択肢を広げる制度を導入しましょう

　⑦特に配慮を必要とする労働者について事業主が講ずべき　措置を検討しましょう

〈勤務間インターバル制度について〉

　勤務間インターバル制度とは、終業時刻から次の始業時刻の間に、一定時間以上の休息時間（インターバル時間）を設けることで、従業員の生活時間や睡眠時間を確保しようとするものです。労働時間等設定改善法が改正され、2019 年 4 月より勤務間インターバル制度の導入が事業主の努力義務となりました。勤務間インターバル制度を導入した場合、例えば次の図にみるような働き方が考えられます。

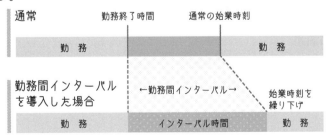

労働安全衛生法

■労働安全衛生法とは

　労働安全衛生法は労働災害の防止のために職場における労働者の安全と健康を確保するとともに、快適な職場環境の形成を促進することを目的として制定されました。労働安全衛生法のポイントは以下の通りです。

項目	概要
事業者による基本的責務	事業者は労働者の安全と健康を確保すること。「労働者」にはパートタイマーや期間従業員なども含まれる。
労働者による遵守	労働者は労働災害を防止するため必要な事項を守ること
管理者・推進者等の選任	事業者は安全衛生の管理や推進の中心となる人を決める
委員会の設置	事業者は、安全衛生に関して審議を行い、「安全委員会」「衛生委員会」など意見を聞く場を設ける
事業者による危険防止措置	事業者は、設備や作業などにより労働者が危険な目にあったり、ケガや病気をすることがないように、防止措置をとる
労働者の遵守	労働者は事業者の危険防止措置に応じて必要な事項を守る
教育の実施	事業者は労働者に安全衛生教育を行う
健康の保持増進の措置	事業者は作業環境測定、作業の管理、健康診断等の実施により、労働者の健康保持・増進を行う ●健康診断 ・常時使用する労働者を雇い入れるときは、健康診断を行う ・定期健康診断を年に1回以上行う ●ストレスチェックの実施 ・ストレスチェックの実施を事業者に義務付け（労働者50人未満の事業場については当分の間努力義務） ●医師による面接指導の実施

■労働安全衛生法改正でチェックすべきポイント

　労働安全衛生法は2019年4月に改正されました。チェックしておいた方がよいポイントは以下の通りです。

・労働時間の状況の把握

　客観的な方法（タイムカードによる記録／パソコンのログインからログアウトまでの時間の記録等）により労働者の労働時間の状況を把握しなければなりません。労働時間の状況の記録は3年間保存する必要があります。

・長時間労働者への医師による面接指導

　週の実労働時間が40時間を超えた時間が1月当たり80時間を超えている＋疲労の蓄積が認められる＋当該労働者からの申出がある⇒医師による面接指導が必要

※面接指導の要件が強化され、1カ月あたり100時間超から月80時間超に引き下げられました

※研究開発業務に従事する労働者、高度プロフェッショナル制度の対象者を除きます

労働施策総合推進法の改正（パワハラ防止対策義務化）

　職場におけるパワーハラスメント対策が、2020年6月1日から大企業が義務化されたのに続いて、2022年年4月1日から中小企業においても雇用管理上必要な措置をとる対応が義務化されました。事業者が雇用管理上講ずべき措置の具体的な内容は、以下の通りです。

①職場におけるパワハラの内容・パワハラを行ってはならない旨の方針を明確化し、労働者に周知・啓発すること

②行為者について厳正に対処する旨の方針・対処の内容を就業規則等の文書に規定し、労働者に周知・啓発すること

③相談窓口をあらかじめ定め、労働者に周知すること

④相談窓口担当者が、内容や状況に応じ適切に対応できるようにすること職場におけるパワハラの発生のおそれがある場合や、パワハラに該当するか否か微妙な場合であっても、広く相談に対応すること

⑤事実関係を迅速かつ正確に確認すること

⑥速やかに被害者に対する配慮の措置を適正に行うこと

⑦行為者に対する措置を適正に行うこと

⑧再発防止に向けた措置を講ずること

⑨相談者・行為者等のプライバシーを保護するために必要な措置を講じ、周知すること

⑩相談したこと等を理由として不利益な取扱いを行ってはならない旨を定め、労働者に周知・啓発すること

職業安定法の改正

　2022年10月1日から職業安定法が改正され、労働者の募集を行う際のルールが変わりました。また求人メディア等に関する届出制が創設され、求職者がより安心して求人サイト等を活用できるようになりました。

　主な改正点は、以下の通りです。

---

①求人等に関する情報の的確な表示が義務付け

　各事業者に対して、

　(1)求人情報 (2)求職者情報 (3)求人企業に関する情報 (4)自社に関する情報 (5)事業の実績

　(1)～(5) のすべての情報に関して、的確な表示が義務付けられました。

②個人情報の取扱いに関するルールが新しくなりました

　求人企業、職業紹介事業者、募集情報等提供事業者が求職者の個人情報を収集・使用・保管する際には、業務の目的を明らかにしなくてはなりません。

③求人メディア等の届出制を創設

　従来の求人メディア・求人情報誌だけでなく、インターネット上の公開情報等から収集（クローリング）した求人情報・求職者情報を提供するサービスを行う事業者も職業安定法の「募集情報等提供事業者」になります。特定募集情報等提供事業者（求職者に関する情報を収集する募集情報等提供事業者）について、届出制が導入されます。届出をした事業者か否かは、厚生労働省「人材サービス総合サイト」で確認できます。

④苦情に対する適切・迅速な対応の義務付け

　募集情報等提供事業者は、求職者からの苦情を適切かつ迅速に処理することが義務付けられます。また、そのために必要な体制の整備が義務付けられます。

若者雇用促進法

　若者の雇用の促進等を図り、その能力を有効に発揮できる環境を整備するため、若者の適職の選択並びに職業能力の開発及び向上に関する措置等を総合的に講ずる法律で、2015 年 10 月 1 日から施行されています。若者雇用促進法の主な内容は以下の通りです。

①職場情報の積極的な提供

　新卒段階でのミスマッチによる早期離職を解消し、若者が充実した職業人生を歩んでいくため、労働条件を的確に伝えることに　加えて、若者雇用促進法において、平均勤続年数や研修の有無及び内容といった就労実態等の職場情報も併せて提供する仕組みを創設した。

②ハローワークにおける求人不受理

　ハローワークにおいて、一定の労働関係法令違反があった事業所を新卒者などに紹介することのないよう、こうした事業所の新卒求人を一定期間受け付けない仕組みを創設した。

③ユースエール認定制度

　若者雇用促進法において、若者の採用・育成に積極的で、若者の雇用管理の状況などが優良な中小企業について、厚生労働大臣が「ユースエール認定企業」として認定する制度を創設した。

労働者派遣法

■労働者派遣法とは

　労働者派遣法の正式名は、「労働者派遣事業の適正な運営の確保及び派遣労働者の保護等に関する法律」で、派遣労働者を保護するための法律です。

■派遣の期間制限について

　派遣の期間制限には、派遣先事業所単位の期間制限と派遣労働者個人単位制限の2つがあります。

①事業所単位の期間制限：派遣先の同一の事業所に対し派遣できる期間（派遣可能期間）は、原則3年が限度です。派遣先が3年を超えて派遣を受け入れようとする場合は、派遣先の事業所の過半数労働組合もしくは事業所の労働者の過半数を代表する者からの意見を聞く必要があります。

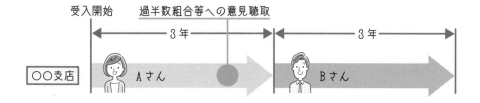

②個人単位の期間制限：同一の派遣労働者を、派遣先の事業所における同一の組織単位（いわゆる「課」などを想定）に対し派遣できる期間は、3年が限度です。

ただし、以下の人・業務は例外として期間制限の対象外となります。

・派遣元事業主で無期雇用されている派遣労働者

・60歳以上の派遣労働者

・有期プロジェクト業務（事業の開始、転換、拡大、縮小又は廃止のための業務であって一定期間内に完了するもの）
・日数限定業務（1カ月間に行われる日数が通常の労働者に比べ相当程度少なく、かつ、月10日以下であるもの）
・産前産後休業、育児休業・介護休業などを取得する労働者の業務

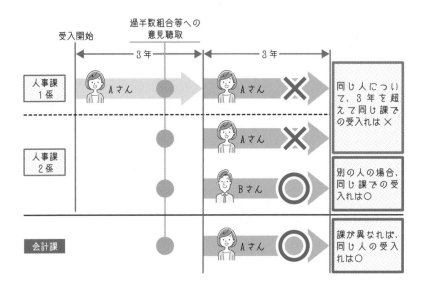

■紹介予定派遣とは

　一定の労働者派遣の期間（6カ月以内）を経て、直接雇用に移行すること（職業紹介）を念頭に行われる派遣を紹介予定派遣といいます。
・紹介予定派遣を行う場合は、紹介予定派遣であることを派遣労働者に明示することが必要です。
・派遣先での直接雇用に至らなかった場合、派遣労働者の求めに応じて派遣先に理由を確認し、派遣労働者に明示することが必要です。

■雇用安定措置

　派遣元事業主は、同一の組織単位に継続して3年間派遣される見込みがある派遣労働者に対し、派遣終了後の雇用を継続させる措置（雇用安定措置）を講じる義務があります（1年以上3年未満の見込みの派遣労働者については、努力義務となります）。
　①派遣先への直接雇用の依頼
　②新たな派遣先の提供（合理的なものに限る）
　③派遣元事業主での（派遣労働者以外としての）無期雇用
　④その他安定した雇用の継続を図るための措置（雇用を維持したままの教育訓練、紹介予定派遣など）
※雇用安定措置として①を講じた場合で、直接雇用に至らなかった場合は、別途②～④の措置をとる必要があります。

■派遣労働者のキャリア形成

派遣労働者のキャリア形成支援を進めていくために、派遣元事業主に派遣労働者のキャリア形成支援に関する責務が設けられました。

派遣元事業主は、派遣労働者に対して、以下のような支援を実施することが、改正労働者派遣法で義務付けられました。

・段階的・体系的に必要な知識や技能を習得するための教育訓練
・希望者に対するキャリアコンサルティング

高年齢者雇用安定法の改正

少子高齢化が急速に進展し人口が減少する中で、経済社会の活力を維持するため、働く意欲がある高年齢者がその能力を十分に発揮できるよう、高年齢者が活躍できる環境の整備を目的として、「高年齢者等の雇用の安定等に関する法律」（高年齢者雇用安定法）の一部が改正され、2021 年 4 月 1 日から施行されています。

以下は主な改正点の内容です。事業主は、以下のいずれかの措置を講ずるよう努めることとされています。

> ① 70 歳までの定年の引上げ
> ② 定年制の廃止
> ③ 70 歳までの継続雇用制度（再雇用制度・勤務延長制度）の導入
> 　（特殊関係事業主に加えて、他の事業主によるものを含む）
> ④ 70 歳まで継続的に業務委託契約を締結する制度の導入
> ⑤ 70 歳まで継続的に以下の事業に従事できる制度の導入
> 　　a. 事業主が自ら実施する社会貢献事業
> 　　b. 事業主が委託、出資（資金提供）等する団体が行う社会貢献事業

この改正は、個々の労働者の多様な特性やニーズを踏まえ、70 歳までの就業機会の確保について、多様な選択肢を法制度上整え、事業主としていずれかの措置を制度化する努力義務を設けるものであり、70 歳までの定年年齢の引上げを義務付けるものではありません。その他、高年齢者が離職する際に事業主が講ずべき措置等についても改正されており、各事業主においては、70 歳までの高年齢者の離職について留意が必要です。

職業能力開発促進法　

■職業能力開発促進法とは

職業訓練及び職業能力検定の内容の充実強化及びその実施の円滑化のための施策並びに労働者が自ら職業に関する教育訓練又は職業能力検定を受ける機会を確保するための施策等を総合的かつ計画的に講ずることにより、職業に必要な労働者の能力を開発し、及び向上させることを促進

し、職業の安定と労働者の地位の向上を図るとともに、経済及び社会の発展に寄与することを目的とした法律です。

　この法律によってキャリアコンサルティングやキャリアコンサルタントが初めて明文化されました。最初は民間資格だったキャリアコンサルタントが、国家資格となり登録制度が設けられたのも、2016年の職業能力開発促進法の改正によるものです。

■用語の定義

労働者	事業主に雇用される者及び求職者
職業能力	職業に必要な労働者の能力
職業能力検定	職業に必要な労働者の技能及びこれに関する知識についての検定（厚生労働省の所掌に属しないものを除く）
職業生活設計	労働者が、自らその長期にわたる職業生活における職業に関する目的を定めるとともに、その目的の実現を図るため、その適性、職業経験その他の実情に応じ、職業の選択、職業能力の開発及び向上のための取組その他の事項について自ら計画すること
キャリアコンサルティング	労働者の職業の選択、職業生活設計又は職業能力の開発及び向上に関する相談に応じ、助言及び指導を行うこと

■職業能力開発促進法のポイント

　職業能力開発促進法の主なポイントは次の通りです。

・労働者自身も自発的に職業能力の開発・向上に取り組まなければならない
・事業主に対し、労働者が自ら職業能力の開発・向上に対する目標を立て、そのための能力開発を行うことを支援することを努力義務と規定
・事業主に対し、熟練技能の習得のために、関係する情報を体系的に管理し、提供することを配慮義務と規定
・事業主が必要に応じて講じる措置として、労働者にキャリアカウンセリングの機会の及び提供を行うこととした
・キャリアコンサルティングの機会を確保する場合には、キャリアコンサルタントを有効に活用するように配慮する

■事業内職業能力開発計画

　事業内職業能力開発計画は雇用する労働者の職業能力の開発及び向上を段階的かつ体系的に行うために事業主が作成する計画です。従業員の仕事の種類やレベル別に、「何を身につけたらよいか」「そのためにはどのような学習・訓練を受ければよいか」を整理することができます。効果的な職業能力開発を行うことができると共に、従業員の自発的な学習・訓練の取組意欲が高まることも期待されます。

　この計画の作成は、職業能力開発促進法第11条に基づき、**事業主の努力義務**となっています。またこの計画の作成は、人材開発支援助成金の一部のコースにおいて支給要件となっています。

個別労働紛争解決促進法

■個別労働紛争解決促進法とは

　個別労働紛争解決促進法は労働条件その他労働関係に関する事項についての、個々の労働者と事業主との間の紛争（労働者の募集及び採用に関する事項についての個々の求職者と事業主との間の紛争を含む）について、あっせんの制度を設けること等により、その実情に即した迅速かつ適正な解決を図ることを目的として制定されました。

■紛争解決のための援助制度

　都道府県労働局では、個別労働紛争の未然防止と、職場慣行を踏まえた円満・迅速な解決を図ることを目的として、「個別労働関係紛争の解決の促進に関する法律」に基づき、以下の紛争解決援助サービスを行っています。

①総合労働相談コーナーにおける情報提供・相談

　各都道府県労働局や全国の労働基準監督署などに「総合労働相談コーナー」が設置され、総合労働相談員が配置されています。総合労働相談コーナーでは、労働問題に関する情報を入手したり、労働問題に関するあらゆる分野（内容解雇／雇止め／配置転換／賃金引下げ／募集・採用／いじめ／いやがらせなど）を専門家に相談することができます。

②都道府県労働局長による助言・指導

　民事上の個別労働紛争について、都道府県労働局長が紛争当事者に対しその問題点を指摘し、解決の方向を示すことにより、紛争当事者の自主的な紛争解決を促進する制度です。この制度は、法違反の是正を図るために行われる行政指導とは異なり、あくまで紛争当事者に対して、話し合いによる解決を促すものであって、何らかの措置を強制するものではありません。

③紛争調整委員会によるあっせん

　紛争当事者間の調整を行い、話し合いを促進することにより、紛争の解決を図る制度です。紛争当事者の間に、公平・中立な第三者として労働問題の専門家が入ります。双方の主張の要点を確かめ、双方から求められた場合には、両者に対して、事案に応じた具体的なあっせん案を提示します。あっせんに参加したからといって、あっせん案の受入を強制されるわけではありません。
※紛争調整委員会とは：弁護士、大学教授、社会保険労務士などの労働問題の専門家により組織された委員会であり、都道府県労働局ごとに設置されています。この紛争調整委員会の委員の中から指名されるあっせん委員が、紛争解決に向けてあっせんを実施します。

育児・介護休業法

■育児・介護休業法とは

育児・介護休業法は正社員や契約社員として働いている人に子どもが生まれて育児のための時間が必要になったり、自分の家族に介護が必要になったときに、受給条件さえ満たせば、仕事と育児・介護を両立できるようにするために受けられる申請制の公的な福祉サービス・資格を定めた法律です。休業・休暇と給付金について以下表にまとめます。

	育児関係		介護関係	
	育児休業	子の看護休暇	介護休業	介護休暇
定義	労働者が原則としてその1歳に満たない子を養育するためにする休業	負傷したり、疾病にかかった子の世話、または疾病の予防を図るために必要な世話を行う労働者に対し与えられる休暇	労働者がその要介護状態にある対象家族を介護するためにする休業	労働者が要介護状態にある対象家族の介護や世話をするための休暇
対象労働者	1歳に満たない子を養育する男女労働者	小学校就学前の子を養護する労働者	・労働者 （日々雇用を除く）	対象家族を介護する男女の労働者（日々雇用を除く）
対象となる家族の範囲	子		配偶者（事実婚を含む）／父母／子／配偶者の父母／祖父母／兄弟姉妹及び孫	
回数／日数	子1人につき、原則2回	【取得できる日数】 1年度において5日まで ・子が2人以上の場合にあっては、10日まで 【取得単位】 1日単位または半日単位で取得可能	対象家族1人につき、3回	【取得できる日数】 ・対象家族が1人の場合は、年5日まで ・対象家族が2人以上の場合は、年10日まで 【取得単位】 1日または時間単位
期間	・原則として子が1歳に達するまでの連続した期間 ・ただし、配偶者が育児休業をしているなどの場合は、子が1歳2か月に達するまで出産日、産後休業期間、育児休業期間、産後パパ育休期間を合計して1年間以内の休業が可能	—	対象家族1人につき、通算93日まで	—
給付金支給額	〈育児休業給付金〉 ・休業開始時賃金日額×支給日数×67％ （支給日数が181日以降は50％）	—	〈介護休業給付金〉 休業開始時賃金日額×支給日数×67％	—
社会保険料の免除制度	あり ・社会保険料の免除を受けても、健康保険の給付は通常通り受けられる ・免除された期間分も将来の年金額に反映される	—	なし	—

※育児休暇は法律で定められたものではなく、各企業で独自に設置する制度です。

■育児・介護に関する制度・制限

労働者が育児と介護などを両立できるように次のような制度や制限が策定されています。

短時間勤務制度	・3歳未満の子どもを育てる男女従業員が利用できる ・1日の所定労働時間を5時間45分〜6時間とすることができる
時間外労働の 制限【介護】	労働者が要介護状態（負傷、疾病または身体上もしくは精神上の障害により、2週間以上の期間にわたり常時介護を必要とする状態）にある対象家族を介護するために申請した場合、会社は、1か月について24時間、1年について150時間を超える時間外労働をさせてはいけない。
時間外労働の 制限【育児】	事業主は、小学校就学の始期に達するまでの子を養育する労働者が、その子を養育するために請求した場合においては、事業の正常な運営を妨げる場合を除き、1か月について24時間、1年について150時間を超える時間外労働をさせてはいけない。

雇用保険法

■雇用保険法とは

雇用保険法は雇用保険制度について定めた法律です。雇用保険制度は労働者の生活及び雇用の安定と就職の促進のために、失業された方や教育訓練を受けられる方等に対して、失業等給付を支給します。また、失業の予防、雇用状態の是正及び雇用機会の増大、労働者の能力の開発及び向上その他労働者の福祉の増進等をはかるための二事業を行っています（雇用保険二事業）。

雇用保険は政府が管掌する強制保険制度で、労働者を雇用する事業は、原則として強制的に適用されます。

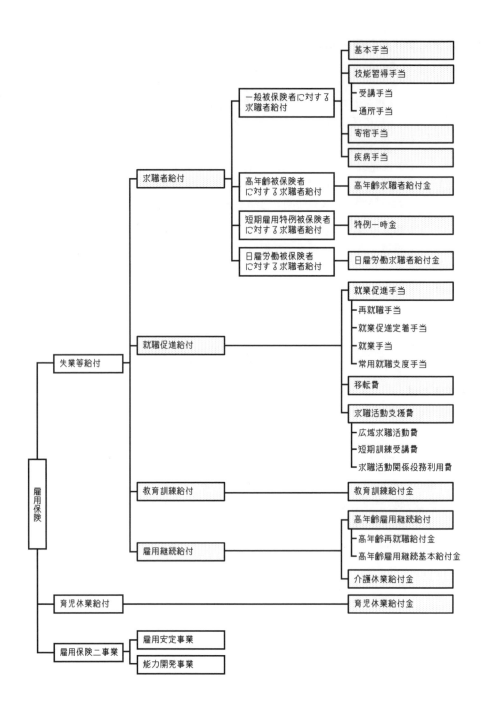

■失業等給付について

　失業等給付は、労働者が失業した場合及び雇用の継続が困難となる事由が生じた場合に、必要な給付を行うとともに、その生活及び雇用の安定を図るための給付です。

失業等給付は大別して、①求職者給付　②就職促進給付　③教育訓練給付　④雇用継続給付の４種類に分けられます。

給付の種類	内容
求職者給付	被保険者が離職し、失業状態にある場合に、失業者の生活の安定を図るとともに、求職活動を容易にすることを目的として支給するいわゆる失業補償機能をもった給付。基本手当（失業保険）は求職者給付の一種
就職促進給付	失業者が再就職するのを援助、促進することを主目的とする給付
教育訓練給付	働く人の主体的な能力開発の取組みを支援し、雇用の安定と再就職の促進を目的とする給付
雇用継続給付	働く人の職業生活の円滑な継続を援助、促進することを目的とする給付

労働者災害補償保険法（労災保険法）

■労災保険法とは

　労災保険法は労災保険の制度について定めた法律で、正式名称を「労働者災害補償保険法」と呼びます。労災保険制度は、労働者の業務上の事由または通勤による労働者の傷病等に対して必要な保険給付を行い、あわせて被災労働者の社会復帰の促進等の事業を行う制度です。

　労災保険は、原則として 一人でも労働者を使用する事業所は、業種の規模の如何を問わず、すべてに適用されます。

　労災保険における労働者とは、「職業の種類を問わず、事業に使用される者で、賃金を支払われる者」をいい、労働者であればアルバイトやパートタイマー等の雇用形態は関係ありません。

　労働者以外の方のうち、業務の実態・災害の発生状況等から保護することがふさわしいと見なされる人は、労災保険に特別に加入することを認める特別加入制度があります。特別加入できる方は、中小事業主等・一人親方等・特定作業従事者・海外派遣者の4種類に分かれます。

■労災保険給付の種類一覧

　労働災害保険給付には多くの種類があります。次に主なものを記載します。労災保険の保険料は全額が事業主負担となります。

療養（補償）給付	労災による怪我・病気で療養するとき
休業（補償）給付	労災による怪我・病気で休むため給料が出ないとき
障害（補償）給付	労災により障害が残ったとき
遺族（補償）給付	労災により死亡したとき（遺族）
葬祭料・葬祭給付	労災で死亡した人の葬儀を行うとき
傷病（補償）年金	労災から1年半以上過ぎても治っていない場合など
介護（補償）給付	一定条件に該当する障害がある人で介護を受けている場合
二次健康診断等給付	定期健康診断で、一定条件に該当するとき

■社会保障制度とは

社会保障制度は国民の「安心」や生活の「安定」を支えるセーフティネットです。①社会保険、②社会福祉、③公的扶助、④保健医療・公衆衛生からなり、人々の生活を生涯に わたって支えるものであると定められています。それぞれの詳細は以下の通りです。

社会保険(年金・医療・介護)	病気、けが、出産、死亡、老齢、障害、失業など生活の困難をもたらすいろいろな事故(保険事故)に遭遇した場合に一定の給付を行い、その生活の安定を図ることを目的とした強制加入の保険制度	医療保険	病気やけがをした場合に誰もが安心して医療にかかることができる
		年金制度	老齢・障害・死亡等に伴う稼働所得の減少を補填し、高齢者、障害者及び遺族の生活を所得面から保障する
		介護保険	加齢に伴い要介護状態となった者を社会全体で支える
社会福祉	障害者、母子家庭など社会生活をする上で様々なハンディキャップを負っている人が、そのハンディキャップを克服して、安心して社会生活を営めるよう、公的な支援を行う制度	社会福祉	高齢者、障害者等が円滑に社会生活を営むことができるよう在宅サービス・施設サービスを提供する
		児童福祉	児童の健全育成や子育てを支援する
公的扶助	生活に困窮する人に対して、最低限度の生活を保障し、自立を助けようとする制度	生活保護制度	健康で文化的な最低限度の生活を保障し、その自立を助長する
保健医療・公衆衛生	健康に生活できるよう様々な事項についての予防、衛生のための制度	医療サービス	医師その他の医療従事者や病院などが提供する
		保健事業	疾病予防、健康づくりなど
		母子保健	母性の健康を保持、増進するとともに、心身ともに健全な児童の出生と育成を増進する
		公衆衛生	食品や医薬品の安全性を確保する

■**医療保険制度について**

　日本は国民皆保険制で、国民の誰もが必ず医療保険に加入しなければなりません。医療保険にはいくつかの制度があり、加入する人（被保険者）の職業などによって制度と運営する保険者が異なっています。それぞれの制度は以下の通りです。

医療保険の制度	被保険者		保険者
健康保険 ※	健康保険の適用事業所で働く人	主に中小企業が加入	全国健康保険協会（協会けんぽ）
		単独で約 700 人以上の加入者がいるか、同じ業種または業種が異なっても一定の地域の企業が集まって約 3,000 人以上の従業員がいる場合に設立された、独自の健康保険組合	健康保険組合
船員保険	船員として船舶所有者に使用される人		全国健康保険協会
共済組合等の短期給付	国家公務員		国家公務員共済組合
	地方公務員		地方公務員共済組合
	私立学校教職員共済		私学教職員
国民健康保険	健康保険、船員保険、共済組合等に加入している勤労者以外の一般住民	市区町村が運営しており、居住している場所で加入資格が得られる。自営業者や無職の方が加入	市区町村国民健康保険
		同種の事業や業務に従事する人で組織される。職種や業務によって加入資格が得られる	国民健康保険組合

※毎月支払う健康保険の保険料は会社と従業員が折半で負担します。

■保険給付について

　保険給付には以下のような種類があります。また保険給付は「被保険者を対象とするもの」と「被扶養者を対象とするもの」に分かれています。

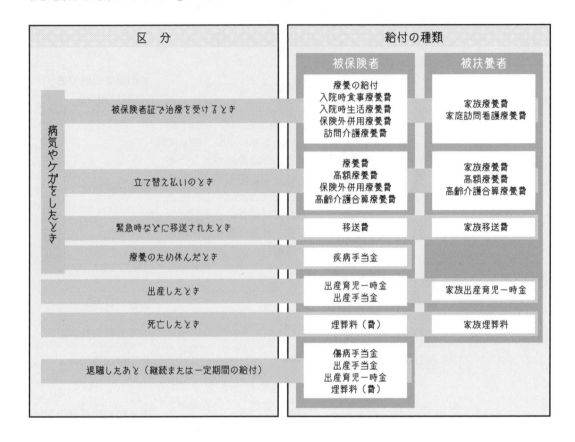

■公的年金制度について

　日本の公的年金制度も医療保険と同様に、国民皆年金という特徴をもっており、構造としては3階建てとなります。1階建て部分は日本に住んでいる20歳以上60歳未満のすべての人が加入する国民年金（基礎年金）で、保険料は定額制です。2階建て部分は会社などに勤務している人が加入する厚生年金で、保険料は所得に比例する定率制です。また3階部分として、企業が任意で設立し社員が加入する企業年金や、国民年金の第1号被保険者が任意で加入できる国民年金基金、私的年金制度の個人型確定拠出年金（iDeco）などがあります。

　以前は国民年金・厚生年金以外に、公務員・私立学校教職員が加入する共済年金がありましたが、2015年10月より厚生年金に統合されました。

3階部分	個人型確定拠出年金（iDeCo）		
	国民年金基金	企業年金	
2階部分		厚生年金保険 ※	
1階部分	国民年金（基礎年金）		
	第1号保険者	第2号保険者	第3号被保険者
	20歳以上60歳未満の自営業者・農業者とその家族、学生、無職の人など	国民年金の加入者のうち、民間会社員や公務員など厚生年金、共済の加入者。厚生年金や共済の加入者であると同時に、国民年金の加入者にもなる。	国民年金の加入者のうち、厚生年金、共済組合に加入している第2号被保険者に扶養されている20歳以上60歳未満の配偶者（年収が130万円未満の人）

▨▨▨▨▨の部分は任意加入

※厚生年金保険の毎月支払う保険料は会社と従業員が折半で負担します。

■厚生年金保険料等の免除

　日本年金機構では、被保険者に対して産前産後休業期間中および、育児休業等期間中の厚生年金保険料等を免除するという制度があります。いずれもの免除期間は、将来被保険者の年金額を計算する際に、保険料を納めた期間として扱われます。

対象者	概要	免除される保険料	手続き方法
産前産後休業を取得する方	産前産後休業期間： 以下のうち妊娠または出産を理由として労務に従事しなかった期間 ・産前42日（多胎妊娠の場合は98日） ・産後56日	・健康保険 ・厚生年金保険	被保険者の休業期間中に事業主が年金事務所に申し出る
育児休業等を取得または延長する方	満3歳未満の子を養育するための育児休業等期間		

※介護休業期間中の免除はありません。

第3章　キャリアコンサルタントに必要な「関連知識」

■介護保険制度について

　介護保険制度は高齢者の介護を社会全体で支え合う仕組みとして創設されました。介護が必要な際は介護保険を使って介護サービスを受けられます。介護保険の被保険者は以下の2種類に区分されています。

	第1号被保険者	第2号被保険者
対象者	65歳以上の方	40歳以上65歳未満の健保組合、全国健康保険協会、市町村国保などの医療保険加入者
受給要件	・要介護状態 ・要支援状態	要介護・要支援状態が老化に起因する16種の特定疾病（末期がんや関節リウマチ等）による場合に限定
保険料の徴収方法	市町村と特別区が徴収	医療保険者が医療保険の保険料と一括徴収

一問一答

問　題　1日8時間、週40時間の法定労働時間を超えたとき、割増賃金率は25％以上である。

解　答　○　時間外労働、休日労働、深夜労働(午後10時から午前5時)を行わせた場合には、25％以上の割増賃金を支払わなければならない。

問　題　労働者を雇い入れた際には、労働条件通知書を書面で交付し、賃金・労働時間等の労働条件を明示しなければならない。

解　答　✕　明示の方法は、労働者が希望した場合、FAXや電子メール、SNS等でも明示できるようになった。　「労働条件通知書」要確認！

問　題　労働契約法は、労働契約における合意の原則や基準を整備することで、公正かつ合理的な労働条件の決定や変更が円滑に進んでいくことを促し、同時に個別の労働関係の安定性を維持し、労働者を保護することを目的としているものである。

解　答　○　2008年3月から「労働契約法」が施行され、労働契約についての基本的なルールがわかりやすい形で明らかにされた。

問　題　同一の使用者との間で、有期労働契約が3年以上継続して更新された場合、使用者は有期契約労働者の申込みにより、無期労働契約に転換しなくてはならない。

解　答　✕　有期労働契約が通算で5年を超えて反復継続された場合である。

「無期転換ルール」要確認！

問題　労働時間等設定改善法の改正により、勤務間インターバル制度の導入が義務化された。

解答　✕　義務化ではなく、努力義務という位置づけである。終業時刻から次の始業時刻の間に、一定時間以上の休息時間（インターバル時間）を設けることで、従業員の生活時間や睡眠時間を確保しようとするものである。

「勤務間インターバル制度について」要確認！

問題　月100時間を超えた労働者本人に当該超えた時間に関する情報を通知しなければならない。

解答　✕　月80時間に引き下げられた。

「労働安全衛生法改正でチェックすべきポイント」要確認！

問題　労働施策総合推進法の改正では、職場におけるパワハラの内容・パワハラを行ってはならない旨の方針を明確化し、労働者に周知・啓発することが義務づけられた。

解答　〇　大企業に続いて、2022年4月1日から中小企業においても雇用管理上必要な措置をとる対応が義務化された。

問題　職業安定法の改正に伴い、インターネット上の公開情報等から収集（クローリング）した求人情報・求職者情報を提供するサービスを行う事業者も職業安定法の「募集情報等提供事業者」になった。

解答　〇　特定募集情報等提供事業者（求職者に関する情報を収集する募集情報等提供事業者）について、届出制が導入された。

問題　若者雇用促進法では、ハローワークにおいて一定の労働関係法令違反があった事業所を新卒者などに紹介することのないよう、今後一切受け付けない仕組みを創設した。

解答　✕　「一定期間受け付けない」である。今後一切受け付けないわけではない。

問題　紹介予定派遣は、派遣先企業が派遣労働者を正社員として直接雇用することを前提とした雇用形態である。

解答　〇　一定の労働者派遣の期間（6カ月以内）を経て、直接雇用に移行すること（職業紹介）を念頭に行われる派遣を紹介予定派遣という。

問題　2021年4月1日に施行された改正「高年齢者雇用安定法」では、65歳までの雇用確保（義務）に加え、大企業において定年年齢が70歳への引上げが義務付けられた。

解答　✕　あくまでも努力義務であり、70歳までの定年年齢の引上げを義務付けるものではない。「高年齢者雇用安定法の改正」要確認！

教育基本法・学校教育法

■教育基本法とは

　教育基本法は日本の未来を切り拓く教育の基本を確立し、その振興を図るために制定された法律で、教育の目的及び理念／教育の実施に関する基本／教育行政について定められています。

■学校教育法とは

　教育基本法に基づき、小学校／中学校／高等学校／中等教育学校／高等専門学校／特別支援学校／大学（大学院、短期大学）／幼稚園／専修学校／各種学校について学校制度の基本を定めた法律です。新しい学校の種類としては、試験でも出題されるため、以下も押さえておく必要があります。

学校の種類	詳細
高等専門学校	高等専門学校は、中学校卒業後の早い年齢から、5年一貫（商船に関する学科は5年6ヶ月）の専門的・実践的な技術者教育を特徴とする高等教育機関
中等教育学校	中高一貫教育の実施を目的とする修業年限6年の新しい学校。併設型と連携型の2種類がある ・併設型：高等学校入学者選抜を行わずに、同一の設置者による中学校と高等学校を接続するもの ・連携型：中学校と高等学校が、教育課程の編成や教員・生徒間交流等の連携を深めるかたちで中高一貫教育を実施するもの
義務教育学校	1人の校長の下、1つの教職員組織が置かれ、義務教育（小学校から中学校）9年間の学校教育目標を設定し、9年間の系統性を確保した教育課程を編成・実施する学校
専修学校	「職業若しくは実際生活に必要な能力を育成し、又は教養の向上を図る」ことを目的とする学校で、入学資格の違いにより高等課程（高等専修学校）、専門課程（専門学校）、一般課程の3つの課程に分かれている
専門職大学／専門職短期大学	特定の職業のプロフェッショナルになるために必要な知識・理論、そして実践的なスキルの両方を身に付けることのできる大学。教育課程（カリキュラム）は、産業界、地域社会と大学が連携して編成し、講義だけでなく、学内・学外での実習が豊富に組まれている。さらに専攻する職業に関連する他分野の学びとかけあわせることで、前例にとらわれないイノベーションを起こし、就職した業界や職業の変化をリードする人材が育つことも期待されている。大学は4年制、短大は2年または3年制

キャリア教育の知識

■今後の学校におけるキャリア教育・職業教育の在り方について（答申）

　2011年1月に中央教育審議会がまとめた「今後の学校におけるキャリア教育・職業教育の在り方について（答申）」は、近年学校教育で重要視されているキャリア教育推進施策の基本的方向性を形作った資料です。答申では、次のことが述べられています。

●キャリア教育・職業教育の基本的方向性
〈キャリア教育〉
・キャリア教育とは：一人一人の社会的・職業的自立に向け、必要な基盤となる能力や態度を育てることを通して、キャリア発達を促す教育
・基本的方向性：幼児期の教育から高等教育まで体系的にキャリア教育を進めること。その中心として基本的・汎用的能力を確実に育成するとともに、社会・職業との関連を重視し、実践的・体験的な活動を充実すること。

〈職業教育〉
・職業教育とは：一定又は特定の職業に従事するために必要な知識、技能、能力や態度を育てる教育
・基本的方向性：学校における職業教育は、基礎的な知識・技能やそれらを活用する能力、仕事に向かう意欲や態度等を育成し、専門分野と隣接する分野や関連する分野に応用・発展可能な広がりを持つものであること。職業教育においては実践性をより重視すること、また職業教育の意義を再評価する必要があること。

●キャリア教育と職業教育の方向性を考える上での重要な視点
①仕事をすることの意義や、幅広い視点から職業の範囲を考えさせる指導を行う。
②社会的・職業的自立や社会・職業への円滑な移行に必要な力を明確化する。
②に必要な力は、次の要素で構成されると考えられました。

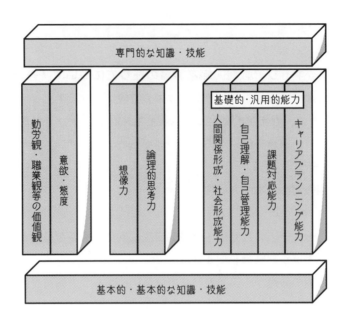

● **各学校段階におけるキャリア教育の推進ポイント**

　各学校段階のキャリア教育推進ポイントは次の通りです。

幼児期	自発的・主体的な活動を促す
小学校	社会性、自主性・自律性、関心・意欲等を養う
中学校	自らの役割や将来の生き方・働き方等を考えさせ、目標を立てて計画的に取り組む態度を育成し、進路の選択・決定に導く
後期中等教育	生涯にわたる多様なキャリア形成に共通して必要な能力や態度を育成し、これを通じて勤労観・職業観等の価値観を自ら形成・確立する
特別支援教育	個々の障害の状態に応じたきめ細かい指導・支援の下で行う
高等教育	後期中等教育修了までを基礎に、学校から社会・職業への移行を高等教育見据え、教育課程の内外での学習や活動を通じ、高等教育全般で充実する

■ **大学生のための「キャリア教育プログラム集」**

　厚生労働省は、2014 年に、大学等においてキャリア教育を行う指導者用が効果的なキャリア教育を実施するために、キャリア・コンサルティングのツールやノウハウなどのプログラム集を開発しました。「自己理解」「職業理解」「その他（（労働市場、労働法、ワークルールほか））」の大きく 3 つのジャンルに分類されています。

〈テーマ〉

A：自己理解

　職業興味と自己理解／ VRT カードを使った自己理解／ OHBY カードを使った自己理解の深化／働くための能力、興味、価値観を知る／将来のキャリア・プランを考える

B：職業理解

　職業の中の仕事を探す／職業（アルバイト等）の職務分析／職業インタビュー／職業の世界を知る／職業調べ／様々な働き方について学ぶ／資格・免許について学ぶ／社会人インタビュー情報から学ぶ

C：その他（労働市場、労働法、ワークルールほか）

　ディスクジョッキーへの悩み相談／学生相談ケーススタディ／就労相談ケーススタディ／職業生活での様々な問題を考える／労働問題アドバイザーになろう／ワーク・ルールについて学ぶ

■社会人基礎力

　経済産業省が 2006 年に提唱した社会人基礎力とは、「職場や地域社会で多様な人々と仕事をしていくために必要な基礎的な力」で、「前に踏み出す力」、「考え抜く力」、「チームで働く力」の 3 つの能力（12 の能力要素）から構成されています。ライフステージの各段階で活躍し続けるために求められる力を「人生 100 年時代の社会人基礎力」と新たに定義しました

〈前に踏み出す力⇒一歩前に踏み出し、失敗しても粘り強く取り組む力〉

・主体性：物事に進んで取り組む力

・働きかけ力：他人に働きかけ巻き込む力

・実行力：目的を設定し確実に行動する力

〈考え抜く力⇒疑問を持ち、考え抜く力〉

・課題発見力：現状を分析し目的や課題を明らかにする力

・計画力：課題の解決に向けたプロセスを明らかにし準備する力

・創造力：新しい価値を生み出す力

〈チームで働く力⇒多様な人々とともに、目標に向けて協力する力〉

・発信力：自分の意見をわかりやすく伝える力

・傾聴力：相手の意見を丁寧に聴く力

・柔軟性：意見の違いや相手の立場を理解する力

・情況把握力：自分と周囲の人々や物事との関係性を理解する力

・規律性：社会のルールや人との約束を守る力

・ストレスコントロール力：ストレスの発生源に対応する力

■キャリアパスポートとは

　児童生徒が小学校から高等学校までのキャリア教育に関わる諸活動について、自らの学習状況やキャリア形成を見通したり振り返ったりしながら、自身の変容や成長を自己評価できるよう工夫されたポートフォリオのことです。キャリアは役割の連なりや積み重ねであり、キャリアパスポートを活用して「振り返り」と「見通し」の繰り返すことが大切だとしています。書き方や使い方は各学校に任せられています。

　指導上の留意点と管理としては以下が定められています。（7）と（8）は混同しやすく試験にも出題されているので目を通しておいた方が良いでしょう。

（1）キャリア教育は学校教育活動全体で取り組むことを前提に「キャリア・パスポート」やその基礎資料となるものの記録や蓄積が、学級活動・ホームルーム活動に偏らないように留意すること

（2）学級活動・ホームルーム活動で「キャリア・パスポート」を取り扱う場合には、学級活動・ホームルーム活動の目標や内容に即したものとなるようにすること

（3）「キャリア・パスポート」は学習活動であることを踏まえ、常の活動記録やワークシートなどの教材と同様に指導上の配慮を行うこと

（4）「キャリア・パスポート」を用いて大人（家族や教師、地域住民等）が対話的に関わること

（5）個人情報を含むことが想定されるため「キャリア・パスポート」の管理は原則学校で行うものとすること

（6）学年、校種を越えて引き継ぎ指導に活用すること

（7）学年間の引き継ぎは、原則、教師間で行うこと

（8）校種間の引き継ぎは、原則、児童生徒を通じて行うこと

（9）装丁や表紙等についても、設置者において用意すること。その際には、一定の統一性が保たれるよう工夫すること

■インターンシップ

　インターンシップは、高校生や大学生が在学中のある期間、企業等で実際の業務を体験する制度で教育的効果やキャリア形成支援における効果が認められています。文部科学省、厚生労働省、経済産業省は「インターンシップを始めとする学生のキャリア形成支援に係る取組の推進に当たっての基本的考え方」で、インターンシップの意義や取組推進方針等についてまとめています。

　インターンシップの意義は、大学生・企業それぞれ次の通りです。

①大学等及び学生にとっての意義

・キャリア教育・専門教育としての意義

・教育内容・方法の改善・充実

・高い職業意識の育成

・自主性・独創性のある人材の育成

②企業等における意義

・実践的な人材の育成

・大学等の教育への産業界等のニーズの反映

・企業等に対する理解の促進、魅力発信

・採用選考時に参照し得る学生の評価材料の取得

　また、採用と大学教育の未来に関する産学協議会 2021 年度報告書「産学協働による自律的なキャリア形成の推進」では、学生のキャリア形成支援における産学共同の取組みや、各類型の特徴を次の表で表しています。

類型	取組みの性質	主な特徴
タイプ1：オープン・カンパニー ※オープン・キャンパスの企業・業界・仕事版	個社・業界の情報提供・PR	● 主に、企業・就職情報会社や大学キャリアセンターが主催するイベント・説明会を想定 ● 学生の参加期間（所要日数）は「超短期（単日）」。就業体験は「なし」 ● 実施時期は、時間帯やオンラインの活用など学業両立に配慮し、「学士・修士・博士課程の全期間（年次不問）」 ● 取得した学生情報の採用活動への活用は「不可」
タイプ2：キャリア教育	教育	● 主に、企業がCSRとして実施するプログラムや、大学が主導する授業・産学協働プログラム（正課・正課外を問わない）を想定 ● 実施時期は、「学士・修士・博士課程の全期間（年次不問）」。但し、企業主催の場合は、時間帯やオンラインの活用など、学業両立に配慮 ● 就業体験は「任意」 ● 取得した学生情報の採用活動への活用は「不可」
タイプ3：汎用的能力・専門活用型インターンシップ	◆就業体験 ◆自らの能力の見極め ◆評価材料の取得	● 主に、企業単独、大学が企業あるいは地域コンソーシアムと連携して実施する、適性・汎用的能力ないしは専門性を重視したプログラムを想定 ● 学生の参加期間（所要日数）について、汎用能力活用型は短期（5日間以上）、専門活用型は長期（2週間以上）★ ● 就業体験は「必ず行う（必須）」。学生の参加期間の半分を超える日数を職場で就業体験★ ● 実施場所は、「職場（職場以外との組み合わせも可）」（テレワークが常態化している場合、テレワークを含む）★ ● 実施時期は、「学部3年・4年ないしは修士1年・2年の長期休暇期間（夏休み、冬休み、入試休み・春休み）」「大学正課および博士課程は、上記に限定されない」★ ● 無給が基本。但し、実態として社員と同じ業務・働き方となる場合は、労働関係法令の適用を受け、有給 ● 就業体験を行うにあたり、「職場の社員が学生を指導し、インターンシップ終了後にフィードバック」★ ● 募集要項等において、必要な情報開示を行う★ ● 取得した学生情報の採用活動への活用は、「採用活動開始以降に限り、可」 ● ★の基準を満たすインターンシップは、実施主体（企業または大学）が基準に準拠している旨宣言したうえで、募集要項に産学協議会基準準拠マークを記載可
タイプ4（試行）：高度専門型インターンシップ ※試行結果を踏まえ、今後判断	◆就業体験 ◆実践力の向上 ◆評価材料の取得	● 該当する「ジョブ型研究インターンシップ（文科省・経団連が共同で試行中）」「高度な専門性を重視した修士課程学生向けインターンシップ（2022年度にさらに検討）」は、大学と企業が連携して実施するプログラム ● 就業体験は「必ず行う（必須）」 ● 取得した学生情報の採用活動への活用は、「採用活動開始以降に限り、可」

出典：採用と大学教育の未来に関する産学協議会 2021 年度報告書「産学協働による自律的なキャリア形成の推進」

一問一答

問題 学校教育法は日本の未来を切り拓く教育の基本を確立し、その振興を図るために制定された法律、.教育基本法は学校教育制度に関する基本を定めた法律で、学校の種類、学校の設置、教員の配置、教育目標などが定められている。

解答 ✕ 説明が反対である。最初の説明が教育基本法で教育の目的及び理念／教育の実施に関する基本／教育行政について定められている。後の説明は学校教育法で教育基本法に基づき定められている。

問題 学校教育法で定められた中等教育学校は、中高一貫教育の実施を目的とする修業年限6年の新しい学校で、併設型と連携型の2種類がある。

解答 ◯ 併設型は高等学校入学者選抜を行わずに、同一の設置者による中学校と高等学校を接続するもの、連携型は 中学校と高等学校が、教育課程の編成や教員・生徒間交流等の連携を深めるかたちで中高一貫教育を実施するものである。

問題 「今後の学校におけるキャリア教育・職業教育の在り方について（答申）」において提示された「基礎的・汎用的能力」に関する次の記述のうち、基礎的・汎用的能力は、「人間関係形成・社会形成能力」、「他者理解・他者管理能力」、「課題解決能力」、「キャリアプランニング能力」の4つの能力によって構成される。

解答 ✕ 「他者理解・他者管理能力」ではなく、「自己理解・自己管理能力」である。
〔「今後の学校におけるキャリア教育・職業教育の在り方について（答申）」要確認！〕

問題 経済産業省が2006年に提唱した社会人基礎力とは、「職場や地域社会で多様な人々と仕事をしていくために必要な基礎的な力」で、「前に踏み出す力」、「考え抜く力」、「個人の能力を磨いていく力」の3つの能力から構成されている。

解答 ✕ 「個人の能力を磨いていく力」ではなく、「チームで働く力」である。

問題 文部科学省が2020年4月より学校教育において導入を開始した「キャリア・パスポート」は「キャリア・パスポート」は、各地域や学校で柔軟に名称を変えたり、内容に関してカスタマイズすることができる。

解答 ◯ 書き方や使い方は各学校に任せられている。

問題 インターンシップとは、学生が企業等が主催するセミナーや説明会などに参加することで、就業について体験的に学ぶ制度のことである。

解答 ✕ セミナーや説明会に参加するのではなく、実際の業務を体験する制度である。

問題 インターンシップとは、大学生にとってのみ意義がある者である。

解答 ✕ 企業にとっても意義がある。〔「企業における意義」要確認！〕

3-6　メンタルヘルスの知識

メンタルヘルスの基礎知識を学ぶ目的

　人は皆、何かしらのストレスを抱えながら仕事をしているといっても過言ではありません。特にカウンセリングに来られるクライエントは強いストレスを抱えていることが多くあります。キャリアコンサルタントがメンタルヘルスの基礎知識を学ぶ主な理由は2つあります。

①クライエントがこころの病気を抱えている場合、知識不足で安易にカウンセリングをしてしまうと、病気を悪化させてしまう可能性があるからです。最悪の場合には自殺を引き起こす危険性もあります。

②こころの病気の可能性があるクライエントは、専門機関に紹介（リファー）する必要があるからです。リファーを行う際は、専門機関の種類やそれぞれの役割を知っておく必要があります。クライエントが直面しているストレスを主体的にマネジメントできるように、また必要に応じて専門機関にリファーできるように、メンタルヘルスの基礎知識を理解することが大切です。

ストレスが生じるメカニズムと対処法

■ストレスが生じるメカニズム

　人生では様々な出来事が起きますが、遭遇した出来事を自分で対処する能力を超えた脅威であると感じるとき、ストレス反応と言われる症状や行動が生じます。ストレスが生じるメカニズムは以下のような図で表されます。

```
ストレッサー  ➡  認知的評価／対処能力  ➡  ストレス反応（心・行動・身体）
```

・ストレッサー：ストレスの原因となる刺激や要求など。物理的ストレッサー、化学的ストレッサー、心理・社会的ストレッサーに分けられる。

物理的ストレッサー	暑さ・寒さ／騒音／混雑／音／光など
化学的ストレッサー	公害物質／薬物／酸素欠乏・過剰／一酸化炭素など
生物的ストレッサー	花粉のようなアレルギー反応／咳や痰を引き起こすウイルス・細菌
心理・社会的ストレッサー	人間関係／仕事上の問題／家庭の問題など

・認知的評価：ストレッサーを脅威と判断する心の働き。評価の基準は、自分の力で対処できる
　　　　　　　かどうかによる。
・ストレス反応：強いストレッサーを受けたとき、また長時間ストレッサーの刺激を受けた場合、
　　　　　　　　ストレッサーに応じようとする緊張（ストレイン）状態・反応のことで、次の
　　　　　　　　通り、身体的反応、心理的反応、行動的反応として現れる。

種類	反応
身体的反応	倦怠感／頭痛／食欲の減退／嘔吐／下痢／のぼせ／めまい／しびれ／睡眠障害／悪寒による震えなどの症状が全身に現れる
心理的反応	情緒的反応：やる気が起きない／漠然とした不安／恐怖／落ち込み／緊張／感情鈍麻／怒り／無気力／孤独感／疎外感／希死念慮 心理的機能の変化：集中困難／思考力低下／短期記憶喪失／判断力低下／決断力低下
行動的反応	ストレッサーに対する反応で最も客観的に観察可能なものでストレス場面からの回避行動などが現れる。勤務態度の悪化（遅刻の増加・仕事の能力の低下）、対人行動の変化、飲酒量増加、攻撃的行動、過激な行動、泣く、引きこもり、孤立、拒食・過食、幼児返り、チック、吃音など

■ストレスコーピング

　ストレッサーに上手に対処しようとすることを、ストレスコーピングといいます。過剰なストレスが慢性的にかかると様々なストレス反応が現れるため、健康を維持するにはストレスコーピングが必要になります。

ストレスチェック制度

　労働安全衛生法が改正され、以下のとおり、実施が義務付けられました。
・ストレスチェックの実施義務のある事業場：労働者数 50 人以上の事業場
　※ 50 人未満の事業場は努力義務
・ストレスチェックの実施頻度：1 年以内ごとに 1 回
・本人から申出があった場合、医師による面接指導を実施する
・医師の面談結果、必要があると判断された場合には就業上の措置を実施する

ストレスチェックは次の手順で行われます。

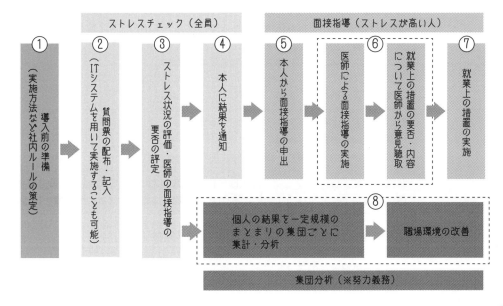

職場における心の健康づくり〜労働者の心の健康の保持増進のための指針〜（厚生労働省）

　厚生労働省は、事業場において事業者が講ずる労働者の心の健康の保持増進のための措置（メンタルヘルス）が適切かつ有効に実施されるよう、メンタルヘルスケアの原則的な実施方法について、「労働者の心の健康の保持増進のための指針」に定めています。

■ 4つのメンタルヘルスケア

　メンタルヘルスケアは、①セルフケア、②ラインによるケア、③事業場内産業保健スタッフ等によるケア、④事業場外資源によるケアの4つのケアが継続的かつ計画的に行われることが重要とされています。それぞれのケアは次にまとめます。

第3章

キャリアコンサルタントに必要な「関連知識」

種類	内容
セルフケア	事業者は労働者に対して、セルフケアが行えるように以下のような教育研修、情報提供を行うなどの支援を行うことが重要である。事業者はセルフケアの対象として管理監督者も含める必要がある ・ストレスやメンタルヘルスに対する正しい理解 ・ストレスチェックなどを活用したストレスへの気付き ・ストレスへの対処　など
ラインによるケア	管理監督者による以下のような対応が重要となる ・職場環境等の把握と改善 ・労働者からの相談対応・職場復帰における支援　など
事業場内産業保健スタッフ等によるケア	事業場内産業保健スタッフ（産業医・医師・看護師・衛生管理者・人事労務管理）等は、セルフケア及びラインによるケアが効果的に実施されるよう支援を行うとともに、以下のような中心的な役割を担う ・具体的なメンタルヘルスケアの実施に関する企画立案 ・個人の健康情報の取扱い ・事業場外資源とのネットワークの形成やその窓口・職場復帰における支援　など
事業場外資源によるケア	・情報提供や助言を受けるなど、サービスの活用 ・ネットワークの形成 ・職場復帰における支援　など

　事業場内産業保健スタッフ等の役割は以下のとおりです。常時 50 人以上の労働者を使用する全ての事業者は産業医を指定することが義務付けられています。

スタッフ	役割
産業医等	労働者の健康管理を担う専門的立場から対策の実施状況の把握、助言・指導などを行う。また、ストレスチェック制度及び長時間労働者に対する面接指導の実施やメンタルヘルスに関する個人の健康情報の保護についても、中心的役割を果たす
衛生管理者等	教育研修の企画・実施、相談体制づくりなどを行う
保健師等	労働者及び管理監督者からの相談対応などを行う
心の健康づくり専門スタッフ	教育研修の企画・実施、相談対応などを行う
人事労務管理スタッフ	労働時間等の労働条件の改善、労働者の適正な配置に配慮する
事業場内メンタルヘルス推進担当者	産業医等の助言、指導等を得ながら事業場のメンタルヘルスケアの推進の実務を担当する事業場内メンタルヘルス推進担当者は、衛生管理者等や常勤の保健師等から選任することが望ましい。以下 2 点には注意する ・労働者のメンタルヘルスに関する個人情報を取り扱うことから、労働者について人事権を有するものを選任することは適当ではない ・ストレスチェックを受ける労働者について人事権を有する者はストレスチェック実施の事務に従事してはならない

健康づくりのための睡眠指針 2014 〜睡眠12箇条〜（厚生労働省）

　睡眠は身体だけではなく、心も回復させる時間で、良い睡眠がとれていないと心身の健康に悪影響を及ぼします。厚生労働省は良い睡眠をとるための生活習慣・環境、睡眠不足・睡眠障害の予防などについて「健康づくりのための睡眠指針 2014 〜睡眠 12 箇条〜」としてまとめました。

健康づくりのための睡眠指針 2014 〜睡眠 12 箇条〜

12 箇条	解説
第1条 良い睡眠で、からだもこころも健康に	・良い睡眠で、からだの健康づくり ・良い睡眠で、こころの健康づくり ・良い睡眠で、事故防止
第2条 適度な運動、しっかり朝食、ねむりとめざめのメリハリを	・定期的な運動や規則正しい食生活は良い睡眠をもたらす ・朝食はからだとこころのめざめに重要 ・睡眠薬代わりの寝酒は睡眠を悪くする ・就寝前の喫煙やカフェイン摂取を避ける
第3条 良い睡眠は、生活習慣病予防につながります	・睡眠不足や不眠は生活習慣病の危険を高める ・睡眠時無呼吸は生活習慣病の原因になる ・肥満は睡眠時無呼吸のもと
第4条 睡眠による休養感は、こころの健康に重要です	・眠れない、睡眠による休養感が得られない場合、こころのSOS の場合あり ・睡眠による休養感がなく、日中もつらい場合、うつ病の可能性も
第5条 年齢や季節に応じて、ひるまの眠気で困らない程度の睡眠を	・必要な睡眠時間は人それぞれ ・睡眠時間は加齢で徐々に短縮 ・年をとると朝型化 男性でより顕著 ・日中の眠気で困らない程度の自然な睡眠が一番
第6条 良い睡眠のためには、環境づくりも重要です	・自分にあったリラックス法が眠りへの心身の準備となる ・自分の睡眠に適した環境づくり
第7条 若年世代は夜更かし避けて、体内時計のリズムを保つ	・子どもには規則正しい生活を ・休日に遅くまで寝床で過ごすと夜型化を促進 ・朝目が覚めたら日光を取り入れる ・夜更かしは睡眠を悪くする
第8条 勤労世代の疲労回復・能率アップに、毎日十分な睡眠を	・日中の眠気が睡眠不足のサイン ・睡眠不足は結果的に仕事の能率を低下させる ・睡眠不足が蓄積すると回復に時間がかかる ・午後の短い昼寝で眠気をやり過ごし能率改善
第9条 熟年世代は朝晩メリハリ、ひるまに適度な運動で良い睡眠	・寝床で長く過ごしすぎると熟睡感が減る ・年齢にあった睡眠時間を大きく超えない習慣を ・適度な運動は睡眠を促進
第10条 眠くなってから寝床に入り、起きる時刻は遅らせない	・眠たくなってから寝床に就く、就床時刻にこだわりすぎない ・眠ろうとする意気込みが頭を冴えさせ寝つきを悪くする ・眠りが浅いときは、むしろ積極的に遅寝 ・早起きに
第11条 いつもと違う睡眠には、要注意	・睡眠中の激しいいびき・呼吸停止、手足のぴくつきむずむず感や歯ぎしりは要注意 ・眠っても日中の眠気や居眠りで困っている場合は専門家に相談
第12条 眠れない、その苦しみをかかえずに、専門家に相談を	・専門家に相談することが第一歩 ・薬剤は専門家の指示で使用

（改訂）心の健康問題により休業した労働者の職場復帰支援の手引き（厚生労働省）

　厚生労働省はメンタルヘルス不調により休業した労働者に対する職場復帰を促進するため、事業場向けマニュアルとして「心の健康問題により休業した労働者の職場復帰支援の手引き」をまとめています。

■職場復帰支援の流れ

　心の健康問題で休業している労働者が円滑に職場復帰するためには、職場復帰支援プログラムの策定や関連規程の整備等により、休業から復職までの流れをあらかじめ明確にしておくことが必要です。手引きでは、実際の職場復帰にあたり、事業者が行う職場復帰支援の内容を総合的に示しています。

第1ステップ	病気休業開始及び休業中のケア

①病気休業開始時の労働者からの診断書（病気休業診断書）の提出
②管理監督者によるケア及び事業場内産業保健スタッフ等によるケア
③病気休業期間中の労働者の安心感の醸成ための情報提供
　・疾病手当金などの経済的な保障
　・不安、悩みの相談先の紹介
　・公的または民間の職場復帰支援サービス
　・休業の最長（保障）期間等

第2ステップ	主治医による職場復帰可能の判断

①労働者からの職場復帰の意思表示と職場復帰可能の判断が記された診断書の提出
②産業医による精査
③主治医への情報提供

第3ステップ	職場復帰の可否の判断及び職場復帰支援プランの作成

①情報の収集と評価　　　　　　　　③職場復帰支援プランの作成
　・労働者の職場復帰に対する意思の確認　　・職場復帰日
　・産業医等による主治医からの意見収集　　・管理監督者による就業上の配慮
　・労働者の状態等の評価　　　　　　・人事労務管理上の対応
　・職場環境等の評価　　　　　　　　・産業医等による医学的見地からみた意見
②職場復帰の可否についての判断　　　・フォローアップ
　　　　　　　　　　　　　　　　　　・試し出勤制度（模擬出勤・通勤訓練・試し出勤）

第4ステップ	最終的な職場復帰決定

①労働者の状態の最終確認
②就業上の配慮等に関する意見書の作成
③事業者による最終的な職場復帰の決定

	職場復帰

第5ステップ	職場復帰後のフォローアップ

①疾患の再燃・再発、新しい問題の発生等の有無の確認
②勤務状況及び業務遂行能力の評価
③職場復帰支援プランの実施状況の確認
④治療状況の確認
⑤職場復帰支援プランの評価と見直し
⑥職場環境等の改善等
⑦管理監督者、同僚等への配慮等

代表的な精神疾患　

　代表的な精神疾患について見ていきましょう。時間がない方は赤字部分を中心に確認してください。

	概要	治療法
統合失調症	・症状には大きく2種類ある ①陽性症状：健康なときにはなかった状態が現れる ・幻覚：誰もいないのに話し声が聞こえる（幻聴）、ないはずのものが見える（幻視）など、実際にはないものが現実的な感覚として感じられる ・妄想：「テレビで自分のことを話している」「監視されている」など、実際にはありもしないことを信じて疑わない。周りが訂正しようとしても受け入れられない ・思考障害：思考回路が混乱し、考え方が一貫性がなくなる。会話が支離滅裂で、何を話しているのかわからなくなる ②陰性症状：健康なときにあったものが失われる ・感情鈍麻（感情の平板化）：喜怒哀楽の感情表現が乏しくなり、他者の感情表現にも共感しなくなる ・思考の貧困：思考内容が乏しくなり、比喩など抽象的な言い回しが理解できなかったり、使えなくなる ・意欲の欠如：自発的に何かを行おうとする意欲がなくなってしまう。また、いったん始めた行動を続けるのが難しくなる ・自閉（社会的引きこもり）：他者との交流をとらなくなり、自分の世界に閉じこもる	・薬物療法 ・心理社会療法（専門家と話をしたりリハビリテーションを行う治療）
うつ病	・気分障害の1つで、精神的ストレスや身体的ストレスなどを背景に、脳がうまく働かなくなっている状態。以下のような身体症状と精神症状が現れる ①身体症状：眠れない／食欲がない／疲れやすい／気力が低下してしまう／動作や考えがゆっくりになる ②精神症状：1日中気分が落ち込んでいる／何をしても楽しめない／罪悪感を感じる／決断ができない／死にたくなる／思考力・集中力が低下する ・女性は男性の2倍程度うつ病になりやすいのが特徴。	・心身共に休養がとれるように、環境を整える ・薬物療法 ・支持的精神療法 ・対人関係療法 ・認知行動療法
双極性障害	・双極性障害は、ハイテンションで活動的な躁状態と、憂うつで無気力なうつ状態を繰り返す。それぞれは以下のような状態になる ①躁状態：睡眠時間が2時間以上少なくても平気になる／寝なくても元気で活動を続けられる／人の意見に耳を貸さない／話し続ける／次々にアイデアが出てくるが最後までやり遂げることができない／根拠のない自信に満ちあふれる／買い物やギャンブルに莫大な金額をつぎ込む／性的に奔放になる／初対面の人にやたらと声をかける ②うつ状態：食欲がない／性欲がない／眠れない、過度に寝てしまう／体がだるい、疲れやすい／頭痛や肩こり動悸／胃の不快感／便秘や下痢／めまい／口が渇く ・躁状態ではとても気分がよいので本人に病気の自覚がなく、躁状態のときには治療を受けないことが多い。しかしうつ病だけの治療だけでは双極性障害を悪化させてしまうことがある。本人だけでなく、周囲の人も、日頃の様子や気分の波を見守り、躁状態に気づくことが大切	・薬物療法 ・心理社会的アプローチ
解離性障害	・解離とは、感覚をまとめる能力が一時的に失われた状態で、意識／記憶／思考／感情／知覚／行動／身体イメージなどが分断されて感じられる。主に以下のような症状がある ①解離性健忘 ある心的ストレスをきっかけに出来事の記憶を失くし、一般的な出来事や社会常識などの記憶は保たれているにも関わらず、特定の場面や時間の記憶だけが抜け落ちて思い出せない状態 ②離人症性障害 自分が自分であるという感覚が障害され、あたかも自分を外から眺めているように感じられる症状があり、現実感がなくなる曖昧な状態。一時的なものではなく、持続的あるいは反復的に起こる ③解離性混迷 身体を動かしたり言葉を交わすことが急にできなくなる状態。周囲の人が話しかけても応答がなく無表情になる ④解離性遁走（とん走） 自分が誰かという感覚突然が失われたまま、失踪するように行方をくらまして全く新たな生活を始めたりするが、ふいに帰って来てもその間の記憶がない状態 ⑤解離性同一性障害 1人の人間の中に全く別の人格がいくつも在し、交代で現れる状態。ある人格が現れているときには、別の人格についての記憶がないことが多い	・精神療法 ・薬物療法を併用することもあるが、解離性障害に有効な薬はないとされているため、安心できる環境の中で気長に根気強く治療を続けることが必要。周囲の方のサポートも重要

適応障害	・日常生活の中で起こった出来事や環境に対してうまく対処できず、心身に様々な症状が現れて仕事、学業、対人関係など社会生活に支障が生じること ・症状：ゆううつな気分／不安感／頭痛／不眠など。	・原因となっているストレスを軽減し、心理的に回復させる ・場合によっては薬物療法が必要な場合もある
パニック障害	・突然理由もなく、動悸やめまい、発汗、窒息感、吐き気、手足の震えといった発作（パニック発作）を起こし、そのために生活に支障が出ている状態。パニック障害は、パニック発作から始まり、発作をくりかえすうちに予期不安や広場恐怖といった症状が現れるようになる。またうつ症状をともなうこともある	・薬物療法 ・精神療法（曝露療法・認知行動療法）
発達障害	・生まれつきみられる脳の働き方の違いにより、幼児のうちから行動面や情緒面に特徴がある状態。発達障害には、自閉スペクトラム症、注意欠如・多動症 (ADHD)、学習症（学習障害）、チック症、吃音などが含まれる ①自閉スペクトラム症 コミュニケーションの場面で、言葉や視線、表情、身振りなどを用いて相互的にやりとりをしたり、自分の気持ちを伝えたり、相手の気持ちを読み取ったりすることが苦手な状態。特定のことに強い関心やこだわりが強いこともあったり、また、感覚の過敏さを持ち合わせている場合もある ②注意欠如・多動症（ADHD） 発達年齢に比べて、落ち着きがない、待てない（多動性・衝動性）、注意が持続しにくい、作業にミスが多い（不注意）といった特性がある ③学習障害（LD） 全般的な知的発達には問題がないが、読む、書く、計算するなど特定の学習のみに困難が認められる状態 ④チック症 思わず起こってしまう素早い身体の動きや発声です。まばたきや咳払いなどの運動チックや音声チックが一時的に現れることは多くの子どもにあるが、1年以上にわたり強く持続し、日常生活に支障を来すほどになる場合にはトゥレット症とよばれる ⑤吃音 滑らかに話すことができないという状態。音をくりかえしたり、音が伸びたり、なかなか話し出せないといった、さまざまな症状がある	病気とは異なるため、職場環境などにおいては、障害のある人の就労継続に必要な様々な支援を、自然に又は計画的に提供するナチュラルサポートが必要である。 ・自閉スペクトラム症 ・自閉スペクトラム症を治癒する薬はないため、支援者や医療関係者などの専門家とともに見守り支援をしていく。 ・成人を対象とした対人技能訓練やデイケアなどのリハビリテーションを行っている施設もある ②注意欠如・多動症（ADHD） ・薬物療法 ・環境調整 ・行動療法 ③学習障害（LD） ・教育的な支援（大きな文字を指でなぞりながら読む／文章を文節に分ける／大きなマス目のノートを使う／音声教材やICT機器を活用するなど） ④チック症 薬物療法 ⑤吃音 ・言語聴覚療法 ・認知行動療法
アルコール依存症	・アルコールを繰り返し多量に摂取した結果、アルコールに対し依存を形成し、生体の精神的および身体的機能が持続的あるいは慢性的に障害されている状態。症状は精神依存と身体依存の2種類がある ①精神依存：飲酒したいという強烈な欲求（渇望）がわきおこる／飲酒のコントロールがきかず節酒ができない／飲酒やそれからの回復に1日の大部分の時間を消費し飲酒以外の娯楽を無視する／精神身体的問題が悪化しているにも関わらず断酒しない ②身体依存：アルコールが体から切れてくると手指のふるえや発汗などの離脱症状（禁断症状）が出現する／以前と比べて酔うために必要な酒量が増える	・入院療法

一問一答

問題　ストレスの原因となる刺激や要求などをストレッサーと言い、物理的、化学的、生物的、心理・社会的の4つに分けられる

解答　○　ストレスが生じるメカニズムである。

問題　ストレスチェック制度の実施は、労働者が常時100名以上いる事業所は義務づけされており、本人からの申し出がなくてもキャリアコンサルタントの判断で医師による面接指導を実施できる。

解答　✕　労働者数50人以上の事業場に義務づけされており、本人から申出があった場合、医師による面接指導を実施する。　「ストレスチェック制度」要確認！

問題　50人以上の労働者がいる企業におけるメンタルヘルス対策として、外部の専門機関に依頼することが義務づけられている。

解答　✕　事業者の支援のもと、労働者、管理監督者、事業場内産業保健スタッフ等が、それぞれの立場でメンタルヘルス対策に取り組むことが重要である。
「4つのメンタルヘルスケア」要確認！

問題　人事部のすべての職員はストレスチェックの実施の事務に従事することはできない。

解答　✕　人事を担当する部署に所属している場合でも、人事権を有していない場合にはストレスチェックの実施に係る業務に従事することが可能である。
「事業場内メンタルヘルス推進担当者」要確認！

問題　正式な職場復帰に先立ち、社内制度として試し出勤制度などを設けることで、職場復帰の早期開始が可能となる。

解答　○　試し出勤制度には、模擬出勤や通勤訓練、試し出勤などがある。

問題　労働者が療養に専念できるよう、休業期間中に経済的な支援や相談先の紹介、最長休業期間の情報提供は極力控えた方がよい。これにより、労働者が休養をとるための最適な環境が提供され、安定した回復が促進される。

解答　✕　必要な事務手続きや職場復帰支援の手順について、適切な情報を提供する。傷病手当金などの経済的保障、不安や悩みの相談先など、必要な情報を提供し、安心して仕事に復帰できるよう支援する。
「（改訂）心の健康問題により休業した労働者の職場復帰支援の手引き」要確認！

問題　うつ病は気分障害の1つであり、脳の機能障害が精神的ストレスや身体的ストレスの重なりから引き起こされる状態であるとされている。

解答　○　治療法については、自己判断せず、まずは総合病院の精神科や心療内科などに相談することも併せて確認しておこう。

3-7　個人の多様な特性の知識

障害者への支援

■障害者雇用促進法とは

　障害者雇用促進法は、障害者の職業生活において自立することを促進するための措置を総合的に講じて、障害者の職業の安定を図ることを目的とする法律です。職業リハビリテーション推進や障害者の雇用義務、差別禁止、合理的配慮の提供義務等について定めています。

■障害者雇用促進法における障害者の定義

　身体障害、知的障害又は精神障害（発達障害を含む）その他の心身の機能の障害があるため、長期にわたり、職業生活に相当の制限を受け、又は職業生活を営むことが著しく困難なもの（第2条）

■障害者雇用促進法が定める事業主の主な義務

　事業主の主な義務は以下の通りです。対象となる事業主の範囲は全ての事業主です。

雇用義務制度	障害者の法定雇用率に相当する割合の障害者を雇用することを義務づける制度
差別禁止	募集・採用、賃金、教育訓練、その他の処遇について障害者であることを理由とした差別的な取り扱いを禁止
合理的配慮の提供	障害者が職場で働くにあたっての支援を改善するための措置を講ずることを義務化
苦情処理・紛争解決援助	差別禁止、合理的配慮に関する障害者からの苦情を自主的に解決することを努力義務とする

■法定雇用率

　従業員が一定数以上の規模の事業主は、従業員に占める身体障害者・知的障害者・精神障害者（発達障害を含む）の割合を「法定雇用率」以上にする義務があります。精神障害者は 2018 年に雇用義務の対象となりました。

民間企業※	2.5%
国・地方自治体	2.8%
都道府県等の教育委員会	2.7%

※雇用率制度の対象となる民間企業は従業員が 43.5 人以上の事業主

■改正障害者雇用促進法に基づく「障害者差別禁止指針」と「合理的配慮指針」

　厚生労働省は全ての事業主を対象に「障害者差別禁止指針」と「合理的配慮指針」を定めました。それぞれのポイントは以下の通りです

	障害者差別禁止指針	合理的配慮指針
対象	全ての事業主	全ての事業主
概要	募集や採用に関して障害者であることを理由とする差別を禁止することなど	募集や採用時には障害者が応募しやすいような配慮を、採用後は仕事をしやすいような配慮をすること
詳細	・障害者であることを理由とする差別を禁止 ・募集・採用、賃金、配置、昇進、降格、教育訓練などの項目で障害者に対する差別を禁止 ・事業主や同じ職場で働く人が、障害特性に関する正しい知識の取得や理解を深めることが重要	・合理的配慮は、個々の事情を有する障害者と事業主との相互理解の中で提供されるべき性質のもの ・募集・採用時：障害者から事業主に対し、支障となっている事情などを申し出る ・採用後：事業主から障害者に対し、職場で支障となっている事情の有無を確認する 〈例〉 ・視覚障害：募集内容について、音声など で提供すること ・聴覚・言語障害：面接を筆談などにより行うこと ・肢体不自由：机の高さを調節することなど作業を可能にする工夫を行うこと ・知的障害：本人の習熟度に応じて業務量を徐々に増やしていくこと ・精神障害ほか：出退勤時刻・休暇・休憩に関し、通院・体調に配慮すること

■障害者の日常生活及び社会生活を総合的に支援するための法律（障害者総合支援法）

　元々障害者自立支援法として施行されていましたが、障害者の日常生活及び社会生活を総合的に支援するための法律（障害者総合支援法）として 2013 年に成立しました。地域社会における共生の実現に向けて、障害福祉サービスの充実等障害者の日常生活及び社会生活を総合的に支援するため、新たな障害保健福祉施策を講ずるものが趣旨となっています。

〈障害者の福祉サービス〉

　障害者の福祉サービスの内容は、大きく自立支援給付と地域生活支援事業に分けられています。

自立支援給付	障害者が日常生活や社会生活を営むために、リハビリテーション・必要な訓練・就職に関わるサービスの総称。介護給付費、訓練等給付費、地域相談支援給付費、計画相談支援給付費、自立支援医療費、補装具費などに分けられる
地域生活支援	障害者及び障害児が日常生活又は社会生活を営むことができるよう、市町村等が実施主体となり、地域の特性や利用者の状況に応じ、柔軟な形態により計画的に実施する事業

第3章　キャリアコンサルタントに必要な「関連知識」

ここでは自立支援給付について詳細を見ていきましょう。

訪問系	介護給付	居宅介護	自宅で入浴、排せつ、食事の介護等を行う。①身体介護、②家事援助、③通院等介助、④通院等乗降介助の4つがある
		重度訪問介護	重度の肢体不自由な方や重度の知的障害・精神障害がある方に自宅で入浴・排せつ・食事・洗濯・掃除等の支援を行うサービス。入院時の支援も含まれる点が居宅介護と異なる
		同行援護	移動に著しい困難を有する視覚障害のある方が外出する際、必要な情報の提供や介護を行う
		行動援護	自己判断能力が制限されている方へ行動に伴う危険を回避するために必要な支援、外出支援を行う
		重度障害者等包括支援	重度の障害があり介護の必要性がとても高い方に、居宅介護等複数のサービスを包括的に行う
日中活動系		短期入所	自宅で介護をする人が病気などの際に、短期間・夜間も含めた施設で、入浴、排せつ、食事等の介護を行う
		療養介護	医療と常時介護を必要とする人に、医療機関に入院し機能訓練、両養生の管理、看護、日常生活の世話、医療行為を行う
		生活介護	常時介護を必要とする方に、昼間、入院、排せつ、食事の介護等を行うとともに、手芸やパンの製造などの創作活動や生産活動の機会を提供する
施設系		施設入所支援	施設に入所する方に、夜間や休日の入浴、排せつ、食事の介護等を行う
居住支援系		自立生活援助	一人暮らしに必要な理解力・生活力等を補うため、定期的な居宅訪問や随時の対応によりに日常生活における課題を把握し、必要な支援を行う
		協同生活援助	夜間や休日、共同生活を行う住居で、相談、入浴、排せつ、食事の介護、日常生活上の援助を行う
訓練系・就労系	訓練等給付	自立訓練（機能訓練）	自立した日常生活または社会生活ができるよう、一定期間身体機能の機能の維持、向上のために訓練を行う
		自立訓練（生活訓練）	自立した日常生活または社会生活ができるよう、一定期間生活能力の維持、向上のために必要な支援や訓練を行う
		就労移行支援	65歳未満で一般企業への就職を希望する方に、一定期間就労に必要な知識や能力向上のために必要な訓練を行う。また求職活動の支援、職場開拓、定着に必要な相談等の支援も行う
		就労継続支援A型（雇用型）	一般企業への就職が困難な方に、雇用契約を結んだ上で就労の機会を提供すると共に、能力等の向上のために必要な訓練を行う
		就労継続支援B型（非雇用型）	一般企業への就職が困難な方に、雇用契約を結ばないで就労の機会を提供すると共に、能力等の向上のために必要な訓練を行う
		就労定着支援	就労移行支援等の利用後、一般就労へ移行した方に就労に伴う生活面の課題に対応するための支援を行う

■チャレンジ雇用

官公庁や自治体において、障害者枠の雇用を進めるための制度です。働いた経験がない、または経験が少ない知的障害者や精神障害者が対象で、非常勤職員として雇用します。働いた経験を

通して働くことに対する自信を持ち、一般企業で働くための準備やスキルアップに繋げるための期間と捉えられています。期間は一般的に1〜3年雇用されます。

■ジョブコーチ支援

　ジョブコーチが障害のある方が働く企業に一定期間訪問し、職場に適応できるように本人と企業の双方に支援を行うサービスです。本人に対しては障害特性を踏まえて「職場適応に向けた助言・援助」を、企業の特に障害のある方を直接指導、サポートする担当者に対して「雇用管理に関する助言」を行います。ジョブコーチは職場適応援助者とも言います。

　ジョブコーチ支援は大きく次の3つに分けられます。

配置型	地域障害者職業センターに所属するジョブコーチが、事業所に出向いて支援を行います
訪問型	就労支援を行っている社会福祉法人等に所属するジョブコーチが、事業所に出向いて支援を行います
企業在籍型	自社の従業員がジョブコーチ養成研修を受けて、自社で雇用する障害者の支援を行います

■リハビリテーションカウンセリング

　リハビリテーションカウンセリングは、全米リハビリテーションカウンセラー認定委員会によって、「身体障害、知的障害、発達障害、認知障害、情緒障害のある人の個人的な目標や、職業及び自立生活における目標を、最も統合化された場で達成するために体系化された支援過程」と定められています。主な職務内容は①職業リハビリテーション計画の策定、②職業リハビリテーションカウンセリングの実施、③職場適応指導の実施、④事業主への援助です。

若年者への支援

　フリーター、早期離職者、就業経験のない学卒未就職者、学生等の若年者に対し、早い時期から職業意識の啓発や適切な自己理解に基づく職業選択、さらに就職後の能力開発や職場定着を支援することがキャリアコンサルタントには求められています。

■フリーター・ニート・ひきこもりの定義

フリーター	パートやアルバイトとして働いている、もしくは働く意思がある15〜34歳の若者
ニート	15〜34歳の若者で、仕事に就かず、家事も通学もしていない人。Not in Education, Employment, or Training の頭文字をとって NEET と呼ばれる。
引きこもり	仕事や学校に行かず、かつ家族以外の人との交流をほとんどせずに、6か月以上続けて自宅にひきこもっている状態

■地域若者サポートステーション (サポステ)

　地域若者サポートステーション（愛称：「サポステ」）は、働くことに悩みを抱えている 15 ～ 49 歳までの方に対し、①キャリアコンサルタント、臨床心理士、産業カウンセラーなどによる専門的な相談や面談、②コミュニケーション講座などによるステップアップ、③協力企業への就労体験（ジョブトレ）などにより、就労に向けた支援を行っています。

　「身近に相談できる機関」として、全国の方が利用しやすいようすべての都道府県に設置されています。厚生労働省が、全国の若者支援の支援の実績やノウハウがある NPO 法人、株式会社などに委託して実施しています。

■ジョブカフェ

　都道府県が主体的に設置し、若者の就職支援をワンストップで行う施設です。正式名称は「若年者のためのワンストップサービスセンター」です。各地域の特色を活かし、就職セミナーや職場体験など、自分に合った仕事を見つけるためのサービスを全て無料で受けることができます。厚生労働省でも、都道府県の要望に応じてジョブカフェにハローワークを併設し、職業紹介等を行うなど、都道府県と連携しながら支援に取り組んでいます。

■地域若者サポートステーションとジョブカフェの違い

　地域若者サポートステーションとジョブカフェは混同しやすいので以下で確認しましょう。

	地域若者サポートステーション（サポステ）	ジョブカフェ
設置	国（厚生労働省）※管轄は各都道府県	各都道府県
運営	全国の若者支援の実績やノウハウがある NPO 法人や企業	全国の若者支援の実績やノウハウがある NPO 法人や企業
設置数	全国 177 箇所	46 の都道府県に各 1 つ
対象年齢	15～49 歳まで	原則として 15 歳から 34 歳まで※都道府県により異なる
内容	・就労に関する専門的な相談 ・コミュニケーション訓練 ・就活セミナー（面接・履歴書指導等） ・ジョブトレ（協力企業への就業体験） ・就職後の定着支援 など	・就職セミナーや職場体験 ・カウンセリングや職業相談 ・正社員就職に向けた就職プランの作成 ・協力企業への就業体験 ・職業紹介 など
求人の紹介や斡旋	行なわない	ハローワークのデータベースを使用できる

■ユースエール認定制度

若者の採用・育成に積極的で、若者の雇用管理の状況などが優良な中小企業を厚生労働大臣が認定する制度です。企業は認定を受けることで、様々な支援を受けることができます。

高齢者への支援

65歳を超えても働きたいと考える方は7割近くいますが、65歳超の高齢者の就業に向けては、スキルアップやスキルチェンジ等が重要であり、継続雇用を推進しようとする事業主や65歳超の求職者等に対する支援策が求められています。

■高年齢者雇用安定法の改正

少子高齢化の中、働く意欲がある高齢者が能力を十分に発揮して活躍できる環境を整備するために「高年齢者等の雇用の安定等に関する法律」（高年齢者雇用安定法）の一部が2021年4月1日に改正されました。主な内容は以下の通りです。

事業主は、

（1）70歳までの定年の引上げ

（2）定年制の廃止

（3）70歳までの継続雇用制度（再雇用制度・勤務延長制度）の導入

（4）70歳まで継続的に業務委託契約を締結する制度の導入

（5）70歳まで継続的に以下の事業に従事できる制度の導入

　　　a．事業主が自ら実施する社会貢献事業

　　　b．事業主が委託、出資（資金提供）等する団体が行う社会貢献事業

のいずれかの措置を講ずるよう努めることとされています。今回の改正は70歳までの定年年齢の引上げを義務付けるものではありません。

女性への支援

少子高齢化による労働力人口の不足を補うためにも、女性人材活躍の必要性は高まっています。特にこれまで出産・育児等で仕事を辞めてしまった方の活用促進は国の政策としても重要度が高いと考えられています。

女性の就職率は上がっていますが、働く意思はあっても就職ができない方や、短時間労働に関して希望通りの働き方ができない方は多数います。そのため家事、子育てとの両立が可能な就業・再就職支援、ひとり親家庭への就業支援のほか、女性の参画が少ない分野での就業等に関して支援が必要となっています。

■くるみん認定マーク

くるみん認定・トライくるみん認定は、厚生労働省が仕事と子育ての両立支援に積極的に取り組んでいる企業を「子育てサポート企業」として認定する制度です。次世代育成支援対策推進法に基づいて実施されています。

くるみん認定・トライくるみん認定を受けた企業のうち、より高い水準の取組を行った企業が、一定の要件を満たした場合に特例認定（プラチナくるみん認定）を受けることができます。

また、くるみん等の認定を受けた企業のうち、「不妊治療と仕事との両立」に取り組む企業が一定の認定基準を満たした場合には、プラス認定（くるみんプラス、プラチナくるみんプラス、トライくるみんプラス）を受けることができます。

男女雇用機会均等法

法の下の平等を保障する日本国憲法の理念にのっとり雇用の分野における男女の均等な機会及び待遇の確保を図るとともに、女性労働者の就業に関して妊娠中及び出産後の健康の確保を図る等の措置を推進することを目的とした法律です。男女雇用機会均等法の主なポイントは次の通りです。

①性別を理由とする差別の禁止等

性別を理由とする差別（直接差別）の禁止	募集・採用、配置・昇進・降格・教育訓練、一定範囲の福利厚生、職種・雇用形態の変更、退職の勧奨・定年・解雇・労働契約の更新について、性別を理由とする差別を禁止
間接差別の禁止 ※間接差別とは性別以外の事由を要件とする措置であっても、運用の結果どちらか一方の性別に不利益を与えるもの	①労働者の募集又は採用に当たって、労働者の身長、体重又は体力を要件とすること ②労働者の募集若しくは採用、昇進又は職種の変更に当たって、転居を伴う転勤に応じることができることを要件とすること ③労働者の昇進に当たり、転勤の経験があることを要件とすること
女性労働者に係る措置に関する特例	性別による差別的取扱いは原則禁止だが、雇用の場で男女労働者間に事実上生じている格差を解消することを目的として行う、女性のみを対象とした取扱いや女性を優遇する取扱いは違法ではない
婚姻、妊娠・出産等を理由とする不利益取扱いの禁止	・婚姻、妊娠、出産を退職理由とする定めを禁止 ・婚姻を理由とする解雇を禁止 ・妊娠、出産、産休取得、その他厚生労働省令で定める理由による解雇その他不利益取扱いを禁止 ・妊娠中・出産後1年以内の解雇は、事業主が、妊娠等が理由でないことを証明しない限り無効

②事業主の講ずべき措置

職場におけるセクシュアルハラスメント防止のための雇用管理上の措置	職場におけるセクシュアルハラスメント防止のために、雇用管理上必要な措置を事業主に義務付け
職場における妊娠・出産等に関するハラスメント防止のための雇用管理上の措置	職場における妊娠・出産等に関するハラスメント防止のために、雇用管理上必要な措置を事業主に義務付け
妊娠中及び出産後の健康管理に関する措置	妊娠中・出産後の女性労働者が保健指導・健康診査を受けるための時間の確保や、保健指導・健康診査に基づく指導事項を守ることができるようにするために必要な措置の実施を、事業主に義務付け

■女性の職業生活における活躍の推進に関する法律（女性活躍推進法）

　職業生活において、女性の個性と能力が十分に発揮できる社会を実現するため、国、地方公共団体、民間事業主（一般事業主）それぞれの女性の活躍推進に関する責務等を定めた法律です。この法律では女性労働者に対する活躍の推進に関する取組を実施するよう努めることとしています。

〈一般事業主行動計画の策定〉

①自社の女性の活躍に関する状況把握、課題分析

②状況把握、課題分析を踏まえ、(a)計画期間、(b)数値目標、(c)取組内容、(d)取組の実施期間を盛り込んだ行動計画の策定、策定・変更した行動計画の非正社員を含めた全ての労働者への周知及び外部への公表

③行動計画を策定した旨の都道府県労働局への届出

④女性の活躍に関する情報の公表

　上記は従業員数によって義務と努力義務が定められています。

常時雇用する労働者の数が 301 人以上の事業主	義務
常時雇用する労働者が 300 人以下の事業	努力義務

■えるぼし認定

　「女性の職業生活における活躍の推進に関する法律（女性活躍推進法）」に基づいて行動計画の策定、策定した旨の届出を行った事業主のうち、女性の活躍推進に関する状況等が優良な事業主は、都道府県労働局への申請により、厚生労働大臣の認定（えるぼし）を受けることができます。認定は次の 3 段階に分かれています。

第 1 段階	第 2 段階	第 3 段階

■女性の活躍推進企業データベース

　企業における女性の活躍状況に関する情報を一元的に集約したデータベースです。「女性の職業生活における活躍の推進に関する法律（女性活躍推進法）」に基づいて企業から提出された「女性の活躍の状況に関する情報」を元にまとめられています。

　掲載項目は以下の通りです。

①採用した労働者に占める女性労働者の割合	⑧係長級にある者に占める女性労働者の割合
②採用における男女別の競争倍率又は競争倍率の男女比	⑨管理職に占める女性労働者の割合
③労働者に占める女性労働者の割合	⑩役員に占める女性の割合
④男女の平均継続勤務年数の差異又は 男女別の採用10年前後の継続雇用割合	⑪男女別の職種又は雇用形態の転換実績
⑤男女別の育児休業取得率	⑫男女別の再雇用又は中途採用の実績
⑥一月当たりの労働者の平均残業時間	⑬企業認定の有無
⑦年次有給休暇取得率	

パートタイム・有期雇用労働法

　パートタイム労働法とは、正社員とパートタイム労働者、有期雇用労働者との不合理な待遇差を禁止するなど、パート・アルバイト・契約社員として働く方の環境を良くするための法律で、対象者は以下の通りです。

パートタイム労働者	1週間の所定労働時間が同一の事業主に雇用される通常の労働者（フルタイム労働者）の1週間の所定労働時間に比べて短い労働者
有期雇用労働者	事業主と期間の定めのある労働契約を締結している労働者 ※パートタイマー、アルバイト、嘱託、契約社員、臨時社員、準社員といった名称にかかわらず、上記に当てはまる労働者は対象となる

　主なポイントとして次の4点を押さえておきましょう。

労働条件に関する文書の交付等	①昇給の有無、②退職手当の有無、③賞与の有無、④相談窓口を文書の交付などにより明示しなければならない ※労働基準法で義務付けられている労働条件の明示に加えて上記4点を明記する必要がある
就業規則の作成の手続	パートタイム労働者に適用される就業規則の作成又は変更に当たっては、パートタイム労働者の過半数を代表すると認められるものの意見を聴くことが努力義務とされる
不合理な待遇の禁止	事業主は雇用するすべての通常の労働者との間で、不合理と認められる相違を設けることが禁止されている
通常の労働者と同視すべきパートタイム・有期雇用労働者に対する差別的取扱いの禁止	通常の労働者と就業の実態が同じと判断されたパートタイム・有期雇用労働者は、すべての賃金、教育訓練、福利厚生施設、解雇などのすべての待遇について、パートタイム・有期雇用労働者であることを理由として差別的に取り扱うことが禁止されている

第3章

キャリアコンサルタントに必要な「関連知識」

LGBT への支援

　「LGBTQ」や「セクシュアルマイノリティ」に関しては、社会的な認知が広がっているだけではなく、就労の場面においても取り組みの必要性が示されるようになりました。厚生労働省の「公正な採用選考の基本」において、「LGBT 等性的マイノリティの方（性的指向及び性自認に基づく差別）など（中略）特定の人を排除しないことが必要」と記載されています。

　セクシャリティを決める要素としては、①身体的性②性自認③性的指向④性表現の４つがあります。

■ SOGI（ソジ）

　全ての人のセクシュアリティを人権として考える際に使われる言葉です。性的指向（Sexual Orientation）と、性自認（Gender Identity）の頭文字をとっています。性表現（GenderExpression）も加えて SOGIE（ソジイー）とする場合もあります。

■ LGBT・LGBTQ

L（レズビアン／ Lesbian）	女性を好きになる女性
G（ゲイ／ Gay）	男性を好きになる男性
B（バイセクシュアル／ Bisexual ）	女性も男性も好きになる人
T（トランスジェンダー／ Transgender）	自認する性と出生時に割り当てられた法律上の性が異なる人
Q（クエスチョニング／ Questioning）	性のあり方を決めない人決めたくない人
Queer（クィア ）	性的マイノリティや、既存の性のカテゴリに当てはまらない人々の総称

治療と仕事の両立支援

　少子高齢化が進む中、今後は職場においても労働力の高齢化が見込まれます。そのため病気を抱えた方の治療と仕事の両立への対応の必要性はさらに高まっています。

■事業場における治療と仕事の両立支援のためのガイドライン

　厚生労働省は、「事業場における治療と仕事の両立支援のためのガイドライン」を作成しています。業務によって疾病が悪化しないように、就業上の適切な措置、治療に対する配慮を行うための、関係者の役割、事業場における環境整備、個別の労働者への支援の進め方を含めた、事業場における取組みがまとめられています。

〈治療と仕事の両立支援を行うに当たっての留意事〉

　①安全と健康の確保、②労働者本人による取組、③労働者本人の申出、④治療と仕事の両立支援の特徴を踏まえた対応、⑤個別事例の特性に応じた配慮、⑥対象者、対応方法の明確化、⑦個人情報の保護、⑧⑧両立支援にかかわる関係者間の連携の重要性

治療と仕事の両立支援ナビ

　厚生労働省が提供している、治療をしながら働く人を応援する情報ポータルサイトです。事業者が両立支援に取り組むにはどのようなことから始めればよいか、支援を受ける方が両立支援を受けるためにはどうすればよいか、コーディネーター養成研修などについてまとめられています。
https://chiryoutoshigoto.mhlw.go.jp/

「治療と仕事の両立支援ナビの
イメージキャラクター「ちりょうさ」

外国人への支援

　日本に居住し、日本国内で就職する外国人は多くいますが、日本語の運用力が十分ではなく、社内コミュニケーションに問題が生じても誰にも相談できずに働く意欲がなくなり離職してしまう方も少なくはありません。

　厚生労働省では、外国人の方が在留資格の範囲内で能力を十分に発揮しながら、適正に就労できるように事業主が守らなければならないルールや配慮すべき事項を定めています。

■外国人雇用に関する事業主の責務

　外国人雇用に関しては、事業主の責務として以下2点が定められています。

雇入れ・離職時の届出	外国人の雇入れ及び離職の際には、その氏名、在留資格などをハローワークに届け出る
適切な雇用管理	事業主が遵守すべき法令や、努めるべき雇用管理をまとめた「外国人労働者の雇用管理の改善等に関して事業主が適切に対処するための指針」に沿って、職場環境の改善や再就職の支援に取り組む

| 問 題 | 障害者総合支援法には、障害福祉サービスの充実など、障害者が日常生活や社会生活において必要とする支援を総合的かつ効果的に提供することを目的とする規定がある。 |

| 解 答 | ○　地域社会における共生の実現に向けて、障害福祉サービスの充実等障害者の日常生活及び社会生活を総合的に支援するため、新たな障害保健福祉施策を講ずるものが趣旨となっている。 |

| 問 題 | リハビリテーションカウンセリングは障害のある人自身が自己主張することで、自身の状況を向上させることを目指している。 |

| 解 答 | ○　「リハビリテーションカウンセリング」をよく確認しておこう。 |

| 問 題 | ひきこもりの長期化を防ぐために重要な視点は、当事者の来談・受診をできるだけ早く実現することであり、家庭への訪問を行うアウトリーチ型支援をタイミングよく開始することも必要である。 |

| 解 答 | ○　「アウトリーチ」とは手を差し伸べるという意味である。 |

| 問 題 | 地域若者サポートステーションでは、働くことに悩みを抱えている 15 ～ 34 歳までの方に対し、就労に向けた支援を行っている。 |

| 解 答 | ×　地域若者サポートステーションの対象年齢は 15～49 歳である。ジョブカフェの対象年齢は原則として 15～34 歳である。
「地域若者サポートステーションとジョブカフェの違い」要確認！ |

| 問 題 | 2021 年 4 月 1 日に施行された改正「高年齢者雇用安定法」では、65 歳までの雇用確保（義務）に加え、大企業において定年年齢が 70 歳への引上げが義務付けられた。 |

| 解 答 | ×　あくまでも努力義務であり、70 歳までの定年年齢の引上げを義務付けるものではない。「高年齢者雇用安定法の改正」要確認！ |

| 問 題 | 厚生労働大臣が定めた「くるみん」認定制度は、女性の活躍推進を積極的に取り組んでいる企業に対する官公庁の一つの表彰である。この制度には、行動計画を立て、実践する企業のうち、優良と認められたものが含まれる。その実施状況は、3 段階で示される。 |

| 解 答 | ×　「くるみん」は子育てサポート企業として認定する制度であり、女性の活躍推進に関する状況などが優良な企業を認定する制度は「えるぼし」である。
「えるぼし認定」要確認！ |

| 問 題 | SOGI（ソジ）とは、全ての人のセクシュアリティを人権として考える際に使われる言葉であり、性的指向（Sexual Orientation）と性自認（Gender Identity ）の頭文字をとっている。 |

| 解 答 | ○　性表現（GenderExpression）も加えて SOGIE（ソジイー）とする場合もある。 |

第 4 章

キャリアコンサルタントに必要な「白書・統計数字」

▶ 4-1　キャリアコンサルタントに必要な「白書」

▶ 4-2　キャリアコンサルタントに必要な「統計資料」

LINE お友だち登録無料特典で最新情報が入手できます！

第 4 章では試験で出題される頻度の高い白書と統計資料について、管轄の省庁、目的、用語などをまとめました。書籍の性格上、最新情報を常に掲載するのは難しいので、試験前に公表されている最新情報は、LINE お友だち登録無料特典のマイページに掲載しています。LINE お友だち登録の方法はカバーの前袖と P2 〜 P3 に掲載していますのでご覧ください。

白書	厚生労働省	厚生労働白書	毎年
		労働経済の分析（労働経済白書）	毎年
	内閣府	高齢社会白書	毎年
		男女共同参画白書	毎年
統計資料	総務省	労働力調査	毎月
		就業構造基本調査	5年ごと
	厚生労働省	能力開発基本調査	毎年
		一般職業紹介状況	毎月
		賃金構造基本統計調査	毎年
		就労条件総合調査	毎年
		若年者雇用実態調査	5年ごと
		働く女性の実情	毎年
		外国人雇用状況	毎年
	内閣府	景気動向指数	毎月
	文部科学省	学校基本調査	毎年

〈厚生労働省〉厚生労働白書

　「厚生労働白書」は厚生労働行政の現状や今後の見通しなどについて、広く国民に伝えることを目的に厚生労働省が毎年とりまとめているものです。毎年ページ数は変わりますが、400〜500ページほどのボリュームが多い資料ですので、ポイントを絞って押さえておく必要があります。

〈厚生労働省〉労働経済の分析（労働経済白書）　

　「労働経済の分析」（労働経済白書）は、一般経済や雇用、労働時間などの現状や課題について、統計データを活用して分析する報告書で厚生労働省が例年9月に発表しています。国家試験での出題頻度が極めて高く、調査結果の概要・全文、詳細なデータなどは、各省庁のホームページ等で閲覧できるので、試験前に公表されている最新の資料に必ず目を通しておいたほうがよいでしょう。

〈内閣府〉高齢社会白書

　高齢社会白書は高齢社会対策基本法に基づき、毎年内閣府が国会に提出している年次報告書です。高齢化の状況や政府が講じた高齢社会対策の実施の状況、また、高齢化の状況を考慮して講じようとする施策について明らかにしているものです。特に確認しておくべき項目は以下になります。
　①労働力人口総数に占める65歳以上の者の割合
　②65〜69歳の就業者の割合
　③60〜64歳の完全失業率
　④65歳以上の起業者

〈内閣府〉男女共同参画白書

　男女共同参画白書は、内閣府男女共同参画局が男女共同参画社会基本法に基づき作成している年次報告書です。毎年6月に発表されています。女性の年齢階級労働力率、女性が仕事を持つことに対する意識、男女の所定ない給与額の格差などが記載されています。最新の情報はサイトでご確認ください。

4-2 キャリアコンサルタントに必要な「統計資料」

〈総務省〉労働力調査 頻出

　労働力調査は国民の就業・不就業の状況を把握するための調査で、総務省が毎月実施しています。調査結果は雇用対策や景気判断等の基礎資料として活用されます。

■労働力調査に関する用語

　総務省の「労働力調査　用語の解説」に公表されている主な指標とその定義を以下に挙げます。

　15歳以上人口について、調査週間中の活動状態に基づき、ILO基準（国際労働機関）に従い次のように区分されています。

15歳以上人口	労働力人口	就業者	従業者	主に仕事
				通学のかたわらに仕事
				家事などのかたわらに仕事
			休業者	
		完全失業者		
	非労働力人口	通学		
		家事		
		その他（高齢者など）		

用語	意味
従業者	調査週間中に賃金、給料、諸手当、内職収入などの収入を伴う仕事を1時間以上した者。なお、家族従業者は、無給であっても仕事をしたとする
休業者	仕事を持ちながら調査週間中に少しも仕事をしなかった者のうち、以下①と②にあたる者 ①雇用者で、給料・賃金の支払を受けている者又は受けることになっている者。 ②自営業主で、自分の経営する事業を持ったままで、その仕事を休み始めてから30日にならない者
就業者	「従業者」と「休業者」を合わせたもの
完全失業者	次の3つの条件を満たす者 ①仕事がなくて調査週間中に少しも仕事をしなかった（就業者ではない） ②仕事があればすぐ就くことができる ③調査週間中に、仕事を探す活動や事業を始める準備をしていた（過去の求職活動の結果を待っている場合を含む）
労働力人口	15歳以上の人口のうち、「就業者」と「完全失業者」を合わせたもの
非労働力人口	15歳以上の人口のうち、「就業者」と「完全失業者」以外の者
労働力人口比率	15歳以上の人口に占める「労働力人口」の割合
就業率	15歳以上の人口に占める「就業者」の割合
完全失業率	「労働力人口」に占める「完全失業者」の割合

特に「就業者」の意味や「完全失業者」の3つの条件、「労働力人口」の内訳に気をつける必要があります。完全失業率は、景気の動向を表す経済指標としてよく用いられています。

■労働力調査結果のポイント

労働力調査の結果の中でチェックしておいた方がよいポイントは次の通りです。

完全失業率／完全失業者／就業者／就業率／正規の職員・従業員／非正規の職員・従業員

〈総務省〉就業構造基本調査

就業構造基本調査は国民の就業及び不就業の状態を調査するための調査で、総務省が5年ごとに行なっています。主に以下のような調査項目があります。

訓練・自己啓発／育児・介護の状況／主な仕事（年間就業日数・現在の就業形態についている理由・テレワークの実施状況・年間収入・転職又は追加就業等の希望の有無など）／主な仕事以外の仕事／前職／初職／就業の希望等

〈厚生労働省〉能力開発基本調査

　国内の企業・事業所と労働者の能力開発の実態を明らかにすることを目的として厚生労働省が1年に1回行っている調査です。企業調査、事業所調査、個人調査の3つで構成されており、毎年9月・10月から2ヶ月程度調査を行い、翌年に調査結果が発表されます。能力開発基本調査からは今まで多数出題されていますが、3つの調査でそれぞれ調査項目が異なっているため、混乱しがちです。3つの調査の項目を以下に整理しました。

企業調査	事業所調査	個人調査
ア　企業の概要について 　①企業全体の常用労働者数 イ　OFF-JT及び自己啓発支援に支出した費用について 　①OFF-JT及び自己啓発支援への支出状況 　②OFF-JT及び自己啓発支援に支出した費用 ウ　能力開発の実績・見込みについて エ　労働者に求める能力・スキルについて 　①最も重要と考える能力・スキルの内容 オ　事業内職業能力開発計画及び職業能力開発推進者について 　①事業内職業能力開発計画の作成状況 　②事業内職業能力開発計画の作成方法 　③職業能力開発推進者の選任状況 　④職業能力開発推進者の選任方法 カ　教育訓練休暇制度及び教育訓練短時間勤務制度の導入状況について 　①教育訓練休暇制度の導入状況・導入予定 　②教育訓練短時間勤務制度の導入状況・導入予定 　③教育訓練休暇制度又は教育訓練短時間勤務制度を導入する予定がない場合のその理由	ア　事業所の概要について 　①企業全体の常用労働者数 　②事業所の常用労働者数 　③事業所の離職者数 イ　教育訓練の実施に関する事項について 　①OFF-JTの実施状況 　②実施したOFF-JTの教育訓練機関の種類 　③実施したOFF-JTの内容 　④計画的なOJTの実施状況 ウ　人材育成について 　①人材育成に関する問題点 エ　労働者のキャリア形成支援について 　①キャリアコンサルティングを行うしくみの導入状況 　②キャリアコンサルティングを行っている時期 　③キャリアコンサルティングを行っている目的 　④キャリアコンサルティングを行った効果 　⑤キャリアコンサルティングを行ううえでの問題点 　⑥キャリアコンサルタントの導入状況 　⑦キャリアコンサルティングを行っていない場合のその理由 　⑧ジョブ・カードの認知状況 　⑨労働者の主体的なキャリア形成に向けて実施した取組 　⑩労働者の自己啓発に対する支援の内容 オ　労働者の職業能力評価について 　①職業能力評価の実施状況 　②職業能力評価における検定・資格の利用状況 　③検定・資格を受検する労働者に対する費用補助の状況 　④職業能力評価の活用状況 　⑤職業能力評価の取組における問題点 カ　技能検定について 　①技能検定の認知状況 　②技能検定の利点 　③技能検定の問題点 キ　技能の継承について 　①技能継承の取組状況	ア　労働者の属性について 　①性別 　②年齢 　③就業状態 　④最終学歴 　⑤雇用形態 　⑥勤続年数 　⑦業務 　⑧役職 　⑨1週間の就業時間 イ　労働者が必要と考える能力・スキルについて 　①仕事をする上で求める能力・スキルの内容 ウ　会社を通して受講した教育訓練について 　①OFF-JTの受講状況 　②受講したOFF-JTの延べ受講時間 　③受講したOFF-JTの業務における役立ち度 　④部下、同僚、仕事仲間に行った指導やアドバイスの状況 　⑤上司、同僚、仕事仲間から受けた指導やアドバイスの状況 　⑥上司、同僚、仕事仲間から受けた指導やアドバイスの業務における役立ち度 エ　自己啓発について 　①自己啓発の実施状況 　②自己啓発の実施内容 　③自己啓発の実施時間 　④自己啓発の自己負担費用 　⑤自己啓発の費用補助の状況 　⑥自己啓発の費用補助額 　⑦自己啓発を行った理由 　⑧自己啓発の業務における役立ち度 　⑨社外で実施する自己啓発に対する職場の協力状況 　⑩自己啓発を行う上での問題点 オ　これからの職業生活設計について 　①職業生活設計に対する考え方 　②キャリアコンサルティングの経験の有無 　③キャリアコンサルティングの主な実施主体 　④キャリアコンサルティングの役立ち度 　⑤キャリアコンサルタントによる相談の利用意向 　⑥キャリアコンサルタントによる相談の内容 　⑦教育訓練休暇・教育訓練短時間勤務制度の有無及び利用状況 　⑧教育訓練休暇・教育訓練短時間勤務制度の今後の利用要望

一般職業紹介状況は公共職業安定所（ハローワーク）における求人、求職、就職の状況（新規学卒者を除く）を取りまとめ、求人倍率等の指標を算出することを目的にした統計調査です。厚生労働省が毎月作成・公表しています。職業安定業務統計ともよばれます。

■一般職業紹介状況に関する用語

　厚生労働省の「一般職業紹介状況　用語の解説」として HP に公表されている主な指標とその定義を以下に挙げます。

用語	意味
新規求職申込件数	期間中に新たに受け付けた求職申込みの件数
月間有効求職者数	前月から繰越された有効求職者数と当月の「新規求職申込件数」の合計数をいう
就職件数	有効求職者が就職したことを確認した件数
新規求人数	期間中に新たに受け付けた求人数（採用予定人員）
月間有効求人数	前月から繰越された有効求人数と当月の「新規求人数」の合計数をいう
充足数	有効求人が求職者と結合した件数
就職率	求職者に対する就職件数の割合
充足率	求人数に対する充足された求人の割合をいい、全国計では「就職件数」を「新規求人数」で除して算出し、都道府県別では「充足数」を「新規求人数」で除して算出する
求人倍率	求職者に対する求人数の割合。「新規求人倍率」と、「有効求人倍率」の2種類がある
新規求人倍率 ※注	$$新規求人倍率 = \frac{新規求人数}{新規求職者数}$$ 求人倍率が1を上回ればいわゆる「売り手市場」であり労働者の側に有利となり、1を下回ればいわゆる「買い手市場」で企業の側にとって有利となる
有効求人倍率 ※注	$$有効求人倍率 = \frac{有効求人数}{有効求職者数}$$ ・有効求人倍率は、全国の公共職業安定所に申し込まれた有効求職者数に対する有効求人数の割合で、求職者1人当たりに何件の求人があるか、すなわち、労働市場の需給状況を表す ・有効求人倍率が高い数値を示しているときは、それだけ多くの働き手が求められているということなので、求職者にとっては有利な状況になる

※注：有効求人倍率、新規求人倍率は、ともに公共職業安定所における求職者数と求人数から算出した値のため、新卒者の採用や、民間の求人広告等による求人の実態が反映されていない点には注意しなければなりません。

〈厚生労働省〉賃金構造基本統計調査

　賃金構造基本統計調査は主要な産業に雇用される労働者の賃金の実態を、雇用形態、職種、性別等ごとに明らかにする調査です。厚生労働省が1年に1回行なっています。主な調査項目は事業所と労働者でそれぞれ以下の通りです。

①事業所に係る事項
事業所の雇用形態別労働者数／企業全体の常用労働者数

②労働者に係る事項
性別／雇用形態／就業形態／最終学歴／新規学卒者への該当性／年齢／勤続年数／役職／職種／経験年数／実労働日数／所定内実労働時間数／超過実労働時間数／きまって支給する現金給与額／超過労働給与額／昨年一年間の賞与／期末手当等特別給与額／在留資格

〈厚生労働省〉就労条件総合調査

　就労条件総合調査は主要産業において労働時間制度、賃金制度等について総合的に調べ、就労条件の現状を明らかにするための調査です。厚生労働省が毎年行なっています。主な調査項目は次の通りです。
1．労働時間制度
　　所定労働時間／週休制／年間休日総数／年次有給休暇／特別休暇制度／変形労働時間制／みなし労働時間制／勤務間インターバル制度
2．定年制度
　　定年制の有無、定め方／一律定年制における定年年齢の状況／一律定年制における定年後の措置
3．賃金制度
　　基本給／賃金制度の改定状況／時間外労働の割増賃金率／1か月60時間を超える時間外労働に係る割増賃金率／賞与

〈厚生労働省〉若年者雇用実態調査

　事業所における若年労働者の雇用状況、若年労働者の就業に関する意識など若年者の雇用実態について、事業所側、労働者側の双方から把握することにより、若年者の雇用に関する諸問題に的確に対応した施策の立案等に資することを目的としています。厚生労働省が5年に一度行なっている調査です。調査結果の詳細はサイトでご確認ください。
　調査項目は次の通りです。

事業所調査	個人調査
若年者の雇用状況	現在の就業状況
若年労働者の採用状況	これまでの就業状況
若年労働者の育成状況	今後の職業生活
正社員への転換について	職業生活の満足度
若年労働者の定着について	―
フリーターについて	―

〈厚生労働省〉働く女性の実情

厚生労働省が昭和 28 年以降毎年まとめている資料です。働く女性の実態とその特徴を、厚生労働省の対策、女性労働者を取り巻く環境の変化などがまとめられています。『男女共同参画白書』と内容が重複している部分もあります。産業別女性雇用者数、雇用者数に占める女性比率、職業別女性雇用者数、女性雇用者総数に占める非正規の職員・従業員の割合等をチェックするとよいでしょう。

〈厚生労働省〉外国人雇用状況

ハローワークに届け出された情報に基づいて、厚生労働省では「外国人雇用状況」を毎年 10 月にまとめています。「外国人雇用状況」では以下の項目を確認することができます。特に労働者数の多い上位 3 か国、在留資格別の状況は確認しておいた方がよいでしょう。

・国籍別・在留資格別外国人労働者数
・都道府県別・外国人雇用事業所数及び外国人労働者数
・都道府県別・在留資格別外国人労働者数
・産業別・外国人雇用事業所数及び外国人労働者数
・都道府県別・産業別外国人労働者数
・在留資格別・産業別外国人労働者数
・国籍別・産業別外国人労働者数
・事業所規模別・外国人雇用事業所数及び外国人労働者数
・都道府県別・特定産業分野別外国人労働者数

〈内閣府〉景気動向指数

　景気動向指数は生産、雇用など様々な経済活動での指標の動きを統合し、景気の現状把握及び将来予測に資するための指標です。内閣府によって毎月作成されています。景気の動きに対してどの時点で反応を示すかによって、先行系列、一致系列、遅行系列の3つにわけられます。

先行系列	景気の動きに対し先行して動く指標。景気の先行きに対する予測を行うときに参照される	新規求人数など
一致系列	景気の動きに対し、一致して動く指標。景気の現状を把握するのに用いられる	有効求人倍率など
遅行系列	景気の動きに対し、遅行して動く指標。景気の転換点を確認するものとして利用される。先行指数や一致指数を受けて半年から1年遅れて反応する	完全失業率など

〈文部科学省〉学校基本調査

　学校基本調査は学校に関する基本的事項を調査し、学校教育行政上の基礎資料を得ることを目的とした調査で、文部科学省が毎年行っています。調査結果は当面する教育の諸問題を解決する基礎資料として利用されているばかりでなく、将来の教育計画を立てる際の貴重な資料として役立てられています。

- ●対象：全国の幼稚園、幼保連携型認定こども園、小学校、中学校、義務教育学校、高等学校、中等教育学校、特別支援学校、大学、短期大学、高等専門学校、専修学校及び各種学校が対象
- ●調査内容：学校数、在学者数、卒業者数、教員数、卒業後の進路、女子学生の割合等

　最新の情報はサイトからご確認ください。

Index（索引）

■主要参考文献一覧

・國分康孝監修『現代カウンセリング事典』（金子書房）
・木村周著『キャリアコンサルティング理論と実際 5 訂版』（扉用問題研究会）
・渡辺三枝子編著『新版キャリアの心理学 第 2 版』（ナカニシヤ出版）
・渡部昌平著『よくわかるキャリアコンサルティングの教科書』（金子書房）
・渡部昌平著『キャリア理論家・心理学者 77 人の人物で学ぶキャリア理論』（福村出版）
・渡部昌平編著，下村英雄［ほか］著『社会構成主義キャリア・カウンセリングの理論と実践』（福村出版）
・下村 英雄著『社会正義のキャリア支援』（図書文化社）
・山田英樹『キャリア支援者の法律ガイド Q&A25』（中央経済社）
・特定非営利活動法人キャリアコンサルティング協議会（編）キャリアコンサルタントに求められるもの（読み物編）（特定非営利活動法人キャリアコンサルティング協議会）
・特定非営利活動法人キャリアコンサルティング協議会（編）『国家資格キャリアコンサルタント試験 学科試験 精選問題解説集』（特定非営利活動法人キャリアコンサルティング協議会）
・マーク・L・サビカス著，日本キャリア開発研究センター監訳，乙須敏紀訳『サビカスキャリア・カウンセリング理論』（福村出版）
・宮城まり子著『キャリアカウンセリング』（駿河台出版社）
・福原眞知子監修「マイクロカウンセリング技法」（風間書房）
・労働政策研究・研修機構編『新時代のキャリアコンサルティング』（労働政策研究研修機構編集，労働政策研究・研修機構編集）
・ウイリアム・ブリッジズ著，倉光修，小林 哲郎（翻訳）『トランジションー人生の転機を活かすために 』（パンローリング）
・厚生労働省『キャリアコンサルタントになりたい方へ』
https://www.mhlw.go.jp/stf/seisakunitsuite/bunya/koyou_roudou/jinzaikaihatsu/career_consultant01.html

・厚生労働省『キャリアコンサルティング・キャリアコンサルタント』
https://www.mhlw.go.jp/stf/seisakunitsuite/bunya/koyou_roudou/jinzaikaihatsu/career_consulting.html

・厚生労働省『「セルフ・キャリアドック」導入の方針と展開』平成 29 年 12 月改定
https://www.mhlw.go.jp/file/06-Seisakujouhou-11800000-Shokugyounouryokukaihatsukyoku/0000192530.pdf

・厚生労働省『組織への働きかけ』
https://www.mhlw.go.jp/file/06-Seisakujouhou-11800000-Shokugyounouryokukaihatsukyoku/h24text-16.pdf

・厚生労働省『キャリア・コンサルティングに関する調査研究報告』
https://www.mhlw.go.jp/stf/seisakunitsuite/bunya/koyou_roudou/shokugyounouryoku/career_formation/career_consulting/career_consulting_research/index.html

・労働政策研究・研修機構 下村英雄『キャリアコンサルタントと社会正義』
https://www.jil.go.jp/event/ro_forum/20170203/resume/03-kenkyu-shimomura.pdf

・厚生労働省「キャリア・コンサルティング実施のために必要な能力体系」
https://www.mhlw.go.jp/bunya/nouryoku/kyarikon/dl/04_youken.pdf

・木村周「キャリア・カウンセリング、ガイダンスそしてコンサルティングへ」一般財団法人日本職業協会
http://shokugyo-kyokai.or.jp/shiryou/shokugyo/02-4.html

・内閣府「ユースアドバイザー養成プログラム」
https://www8.cao.go.jp/youth/kenkyu/h19-2/html/5_3_2.html

「最速合格」国家資格キャリアコンサルタント
**　学科試験テキスト＆問題集**

　　　　　　　　　　　　　　　　　　編　　©キャリアデザイン出版
　　　　　　　　　　　　　　　発行者　岩　村　信　寿

発行所　リンケージ・パブリッシング　　　〒104-0061 東京都中央区銀座 7-17-2
　　　　　　　　　　　　　　　　　　　　　　　アーク銀座ビルディング 6 F
　　　　　　　　　　　　　　　　　　TEL 03(4570)7858　FAX 03(6745)1553

発売所　株式会社星雲社　　　　　　　　　〒112-0005 東京都文京区水道 1-3-30
　（共同出版社・流通責任出版社）　　　　　TEL 03(3868)3275　FAX 03(3868)6588

定価はカバーに表示しています
乱丁・落丁はお取り替えいたします
　　　　　　　　　　　　　　　　　　　　　　　　　　　　　Printed in Japan

スピードチェック

＜スピードチェックご利用時の注意＞

❗ この「スピードチェック」は、この白い用紙を残したままていねいに抜き取り、ご使用ください。

❗ また、抜き取りの際の損傷についてのお取り替えはご遠慮願います。

スピードチェックだけ抜き取ります

白い用紙はひっぱらないでね

白い用紙 は残ります

キャリアデザイン出版

スピードチェック

テキストの重要ポイントマスター

●付属の赤シートを使って、重要ポイントを
マスターしましょう。

●スピードチェックは取り外して持ち歩けます。

1－1　パーソナリティ・特性因子論アプローチ

☑ パーソンズ

- 職業指導の父（創始者）
- 職業選択理論（後にウィリアムソン先生の特性因子論へ発展）
- 職業選択における適合を実現する要素：①自己理解　②仕事理解　③推論
- 厚生労働省編一般職業適性検査（GATB）

☑ ロー

- 早期決定論　● 親の養育態度（情緒型・拒否型・受容型）
- パーソナリティと職業選択　● マズローの欲求段階説を取り入れる

☑ ホランド

- パーソナリティ（性格）や仕事（環境）を六角形で表現：①現実的（Realistic）　②研究的（Investigative）　③芸術的（Artistic）　④社会的（Social）　⑤企業的（Enterprising）　⑥慣習的（Conventional）

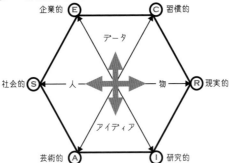

- スリー・レター・コード（個人の興味の強さに応じた3つのタイプ）
- VPI職業興味検査
- 職業レディネス・テスト（VRT）

☑ ホール

- 主観的キャリア・客観的キャリア
- 相互が学び成長し合う「関係性アプローチ」の主張
- アイデンティティ＝自分の興味・価値観・能力などに対する自己理解＋過去と現在と未来の自己概念の統合
- アダプタビリティ＝適応コンピテンス（アイデンティティの探索、反応学習、総合力）×適応モチベーション（適応コンピテンシーを発達させ、応用しようとする意志、意欲）

● プロティアン・キャリア（変幻自在）・伝統的キャリア

項目	プロティアン・キャリア	伝統的キャリア
主体者	個人	組織
価値観	自由・成長	昇進・進化・権力
パフォーマンス・成果	心理的成功・満足	地位・給与
評価	主観的	客観的
姿勢・態度	仕事の満足度 専門的コミットメント	組織等的コミットメント
アイデンティティ	自分が何をしたいのか 自分自身を尊敬できるか	自分は組織で何をすべきか 組織から自分自身が尊敬されているか
アダプタビリティ （適合性）	自分自身の仕事に対する柔軟性 市場価値	組織内での自分自身の柔軟性 組織内でのサバイバル

1-2 発達論・トランジションに関するアプローチ

☑ レヴィン

● ゲシュタルト心理学の影響を受けた社会心理学の父
● マージナルマン（周辺人、境界人）：子どもと大人の重なり合う社会的に不安定な時期とした概念の中の青年期
● Tグループ：参加者相互の自由なコミュニケーションにより人間的成長を目指すグループアプローチ

☑ ハヴィガースト

● 発達課題を初めて提唱
● 6つの発達段階：①乳幼児期　②児童期　③青年期　④壮年期　⑤中年期　⑥老年期

☑ エリクソン

● 心理社会的発達理論（ライフサイクル理論）による8つの発達段階
● アイデンティティ（自我同一性）を確立する青年期を重視

発達段階	おおよその年齢 （諸説あり）	獲得したい課題	心理的課題	得られる力	得られなかったとき
乳児期	0~1歳半頃	基本的な信頼関係	基本的信頼感⇔不信感	希望	引きこもり
幼児前期	1歳半~4歳頃	歩行や排泄の自律	自律性⇔羞恥心・疑惑	意思強固	強迫
幼児後期	4~6歳頃	自主的で自発的な行動	積極性・自主性⇔罪悪感	目的	制止
学童期	6~12歳頃	学校等での勤勉な学び	勤勉性⇔劣等感	有能感	不活発不活発
青年期	12~22歳頃	自分を受け入れる	自我同一性（アイデンティティ）⇔同一性拡散	忠誠心	役割拒否
成人前期	22~40歳頃	パートナー等との親密性	親密性⇔孤立	愛	排他性
成人期	40~64歳頃	次世代の育成（育てる）	世代継承性・生殖性⇔停滞	世話	拒否性拒否性
老年期	65歳頃~	人生を振り返り、受け入れる	自己統合⇔絶望	英知	侮蔑

● 人生の最終的な発達課題は自己統合

☑ ギンズバーグ

- 職業選択は発達的プロセス
- 職業発達プロセス：①空想期　②試行期　③現実期

☑ スーパー

- 特性因子理論と自己概念理論を統合（包括的理論）
- 職業的適合性：①諸能力（適性・技量）　②パーソナリティ（適応・価値感・興味・態度）
- ライフステージ：成長段階、探索段階、確立段階、維持段階、解放（下降・衰退）段階
- マキシサイクル、ミニサイクル
- ライフ・キャリア・レインボー：ライフ・スパン（ライフ・ステージ）、ライフ・ロール（役割）

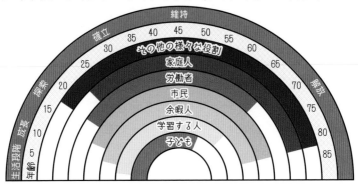

- 14の命題（自己概念の発達）
- アーチモデル

☑ ブロンフェンブレナー

- 4つの社会システム：①マイクロシステム　②メゾシステム　③エクソシステム　④マクロシステム

☑ レビンソン

- 人生の発達段階を人生の四季に例える
- 人の発達は安定期と過渡期を繰り返すが、過渡期こそ自己再生の好機
- 4つの発達期：①児童期と青年期　②成人前期（成人への過渡期・30歳の過渡期）　③中年期（人生半ばの過渡期）　④老年期（老年への過渡期）
- 中年の危機、人生の正午（ユング）

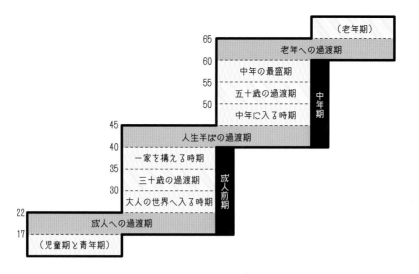

□ シャイン

- 外的キャリア（客観的）、内的キャリア（主観的）
- キャリア・コーン：組織内キャリア発達を階層、職能・技能、部内者化・中心性の３次元モデルで表す
- キャリア・アンカー

①専門・職種別コンピタンス	特定の業界・分野・職種で自分の能力や技術を発揮し、自分らしさを確立することを重視する
②全般管理コンピタンス	組織内で集団を統率したり、権限を行使する柔軟な能力を発揮し、組織の期待に応えることを重視する
③自律／独立	ルールや規制に縛られず、枠組みを自分で決め、自分のやり方で仕事を進めていくことをを重視する
④保障／安定	雇用保障、年金などの経済的な安定を得ることを重視する。組織への忠誠や献身などが見られる。
⑤起業家的創造性	新しいものを創り出す、リスクを恐れず何かを達成することを重視する。
⑥奉仕／社会献身	他者の救済、教育など、人の役に立つ、価値のあることをなし遂げることを重視する。
⑦純粋な挑戦	解決困難と思われる問題の解決に取り組む、難しい障害を克服するなど、挑戦を求める事を重視する。
⑧生活様式	仕事に求めるもの、個人的な欲求、家庭生活などのバランスや調和をうまくとることを重視する。

- キャリア・サイクル：①生物学的・社会的サイクル　②家族関係におけるサイクル　③仕事・キャリア形成におけるサイクルの３つが相互に影響し合う
- 組織内キャリアの発達段階を９つに区分。①成長・空想・探究　②仕事の世界へのエントリー　③基本訓練　④キャリア初期　⑤キャリア中期　⑥キャリア中期の危機　⑦キャリア後期（指導者・非指導者）　⑧衰え及び離脱　⑨引退。９つのうちキャリア中期の危機が重要

- キャリア・サバイバル：キャリアアンカーによって個人のニーズと組織のニーズをマッチング

ハンセン

- 統合的人生設計（ILP）：キャリアは生活上の役割すべてを盛り込んだ包括的な概念。キルト（パッチワーク）に例える
- 4L の要素：①愛（Love）②労働（Labor）③学習（Learning）④余暇（Leisure）
- 6 つの人生課題：①グローバルな状況を変化させるためになすべき仕事を探す　②人生を意味ある全体像の中に織り込む　③家族と仕事の間を結ぶ　④多元性と包括性を大切にする　⑤個人の転機と組織の変革にともに対処する　⑥精神性、人生の目的、意味を探求する

コクラン

- ナラティブ・アプローチの先駆け
- クライエントの人生物語を強化するアプローチ：ライフライン、ライフチャプター、成功体験、家族、ロールモデル、早期記憶

サビカス

- キャリア構築理論における 3 つの重要概念：①職業的パーソナリティ（what）②キャリア・アダプタビリティ（how）③ライフテーマ（why）
- キャリア・アダプタビリの 4 次元：①キャリア関心　②キャリア統制　③キャリア好奇心　④キャリア自信
- キャリア構築インタビュー：①ロール・モデル　②お気に入りの雑誌・テレビ番組・WEB サイト　③お気に入りのストーリー　④モットー　⑤思い出せる最も昔の記憶

1-3　人生の転機の知識

シュロスバーグ

- 転機の 3 分類：①予測していた転機（イベント）②予測していなかった転機（イベント）③予測していたものが起こらなかった転機（ノンイベント）
- 転機に直面したときに利用する 4 つのリソース（4S）：①状況（Situation）②自己（Self）③支援（Suppor）④戦略（Strategies）

ブリッジス

- トランジション・プロセス：①終焉　②中立圏・ニュートラルゾーン　③開始
- 転機（トランジション）の始まりは、何かが終わる時

ニコルソン

- 転機の 4 サイクル：①準備　②遭遇　③適応（順応）④安定化
- 転機の 4 サイクルの特徴：再規制、相互依存性、不連続性

1-4　社会的学習理論アプローチ

☑ バンデューラ

- モデリング（観察学習）：他者（モデル）の行動から学習
- ボボ人形実験
- モデリングの4過程：①注意過程　②保持過程　③運動再生過程　④動機づけ過程
- 自己効力感を高めるための4つの情報源：①遂行行動の達成　②代理的経験　③言語的説得　④情動（的）喚起
- 機会遭遇理論：偶然は予定されていたことと同じように、通常の連鎖の中に組み込まれて、人間の選択行動に影響を与える。クランボルツ先生へ影響を与える

☑ クランボルツ

- キャリアの意思決定に与える4つの要因：①遺伝的（先天的）な特性や特別な能力　②環境的状況・出来事　③学習経験　④課題アプローチスキル（意思決定スキル）
- 計画された偶発性理論（プランドハップンスタンス理論）：未決定は望ましい
- 偶然の出来事をキャリアに活かすための5つのスキル：①好奇心　②持続性　③柔軟性　④楽観性　⑤冒険心

1-5　意思決定論アプローチ

☑ ヒルトン

- 心理学者フェスティンガーが唱えた認知的不協和理論を職業選択の意思決定プロセスに応用

☑ ジェラット

＜前期理論＞
- 連続的意思決定プロセス：左脳を使った合理的な意思決定
- 合理的な意思決定の3つのステージ：①予測（予期）システム　②価値（評価）システム　③基準（決定）システム
- 客観的なデータを与えて、主観的可能性に縛られないフリー・チョイスで進行

＜後期理論＞
- 積極的不確実性：客観的で合理的なストラテジー（左脳的意思決定）と主観的で直感的なストラテジー（右脳的意思決定）の統合

☑ ディンクレッジ

- 8つの意思決定スタイル：①衝動型　②運命論型　③従順型　④延期型　⑤苦悩型　⑥直観型　⑦無力型　⑧計画型

☑ フロイト

- ●局所論：①意識（いま気が付いている領域）　②前意識（普段は気が付いていないが、何かのきっかけで思い出せる領域）　③無意識（思い出そうと努めても思い出せない領域）
- ●構造論：①自我：現実原則　②イド（エス）：快楽原則　③超自我：道徳原則

☑ アンナ・フロイト

- ●防衛機制：自我に対する危険から無意識的に防衛しようとする反応のこと

	内容
隔離（分離）	思考・感情、感情・行動などを切り離して、表に出さないこと
否認	現実の認識を直視せずに、事実として認めないこと。また現実が存在していないようにふるまう
投影	自分の中にある受け入れがたい感情や欲求が他人のものとして転じてしまう
退行	幼児期などの、以前の発達段階に後戻りすること
同一化・同一視	他者の望ましい性質を自分に取り入れ、その人と同一になろうとすること
摂取（取り入れ）	自分の中に、自分以外のものを断片的に取り入れ、自分を守ること
合理化	満たせない欲求に別の理屈をつけ、納得しようとすること
補償	失敗や劣等感に対して、別の得意な分野で成果を出すことによってバランスを取ること
置き換え・代償	欲求が阻止されると、別の対象に向けることで満足すること
昇華	社会的に認められない抑圧された欲求を、社会的・文化的に価値ある行動へ置き換えること（健康的なものとされる）
反動形成	簡単には受け入れがたい不快な考えや感情を見ないようにし、正反対の態度や行動をとること
抵抗	意識化したくない無意識的な感情や葛藤が意識化されそうになったときに、意識化するのを避ける
感情転移	幼少期に両親など自分にとって重要な人に対して持っていた抑圧された感情をカウンセラーなどに向ける
逆転移	治療者やカウンセラーがクライエントに対して、無意識に自分の感情を向けてしまう

☑ ボーディン

- ●6歳までに決定する10の欲求パターン：①養育的　②口唇攻撃的　③操作的物の操作や人の支配　④感覚的　⑤肛門的　⑥性器的　⑦探索的　⑧尿道的　⑨露出的　⑩律動的

☑ アドラー

- ●アドラー心理学：①目的論　②劣等感　③全体論　④勇気づけの技法　⑤共同体感覚という価値観

☑ マズロー

- ● 5段階欲求

欲求の段階	内容	分類	
自己実現の欲求	自分の可能性を活かして、自分に適していることで能力などを発揮し、さらに成長したいという自己実現の欲求。中核的な概念	精神的欲求	成長欲求
自尊と承認の欲求	他者から実力があると認められたい、尊敬されたい、地位を得たいなどという低いレベルの欲求と、自分自身で評価する、自立するなどの高いレベルの欲求がある		欠乏欲求
所属・愛の欲求	集団や組織に所属し社会に必要とされたい、他者に愛されたいという欲求		
安全の欲求	安全、健康、お金、雇用など生命にかかわるものを安定的に維持したいという欲求	物質的欲求	
生理的欲求	空気、睡眠、食欲、暖かさなど生命の維持に必要な欲求		

☑ マクレガー

- X 理論：性悪説（人間は生涯怠け者）
- Y 理論：性善説（自ら進んで責任もとる）

☑ マクレランド

- 達成動機理論：①達成欲求　②権力欲求　③親和欲求　④回避欲求

☑ ハーズバーグ

- 職務満足や不満足を規定する 2 つの要因（二要因理論）：①動機付け要因　②衛生要因

☑ アルダファ

- ERG 理論の 3 つの欲求：①生存欲求（Existence）②関係欲求（Relatedness）③成長欲求（Growth）
- マズロー先生の欲求 5 段階説を 3 段階に集約

☑ ハックマン

- 職務特性モデル：5 つの『中核的職務特性』が満たされると、モチベーションを左右する『重要な心理状態』が満たされ、『成果』に繋がる

1－8　カウンセリング理論／来談者中心アプローチ

☑ ロジャーズ

- 来談者中心療法：非支持的カウンセリング
- パーソナリティ構造

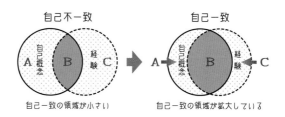

自己不一致　　　　　　　　　　　自己一致

自己一致の領域が小さい　　　　　自己一致の領域が拡大している

- パーソナリティ変容理論：①自己洞察　②自己受容　③自己受容
- ロジャーズの３原則：①受容的態度　②共感的理解　③自己一致
- カウンセリング技法：①受容　②内容の再陳述　③感情の反射　④感情の明確化
- ベーシック・エンカウンター・グループ（非構成的グループ・エンカウンター）：課題を決めずフリートーク主体で進行

1-9　カウンセリング理論／論理療法・認知療法・心理療法

☑ エリス

- 論理療法：抑うつ・絶望、無力感の原因となるイラショナルビリーフをラショナルビリーフに変えていくように自分で取り組んでいく技法
- ABC（DE）理論：A 事実・出来事　B 解釈・考え方　C 判断・結論　D 反論・論侶　E 効果
- ラショナル・ビリーフ（合理的な信念）：現実的な考え方
- イラショナル・ビリーフ（非合理な信念）：非現実的な考え方

☑ ベック

- 認知療法：「自動思考」「体系的な推論の誤り」「スキーマ」に対して働きかけ、変えていく治療法
- 認知の歪み：悲観的な自動思考のパターンが引き起こすこと。①全か無か思想　②過度の一般化　③心のフィルター　④マイナス化思考　⑤結論の飛躍　⑥拡大解釈と過小評価　⑦感情的決めつけ　⑧すべき思考　⑨レッテル貼り　⑩自己関連付け・個人化

☑ 森田正馬

- 森田療法：恐怖症性不安障害、パニック障害、全般性不安障害、強迫性障害などを対象とした心理療法であり、症状を「あるがまま」に受け入れることを重視する
- 治療の段階：①絶対臥褥期（ぜったいがじょくき）　②軽作業期　③作業期　④社会復帰期

☑ 吉本伊信

- 身調べ：部屋の隅に屏風を直角に立て、区切られた畳半分の空間に１人で静座をして、生まれてから現在までの自分を調べるという修行のこと

1-10　カウンセリング理論／行動療法

☑ シュルツ

- 自律訓練法：筋弛緩法と同時に自己暗示を行なうことによって、脳幹機能・自律神経系をコントロールし、心身をリラックスさせ、緊張・不安・ストレスを軽減させるという訓練法

☑ スキナー

- 行動療法：古典的条件付けやオペラント条件付けの学習を基にした療法
- レスポンデント条件付け（古典的条件付け）：いわゆる「条件反射」で、1つの刺激と別の刺激を一緒に与えることによって生じる学習
- オペラント条件付け：エサなどの報酬や電流などの罰に適応して、自発的に特定の行動をするように学習すること
- スキナーボックス：中にレバーを設置し、レバーを押すとエサが出てくる仕組み
- シェイピング法：目標とする行動を獲得するために、正しい行動を小さな段階に分けて設定してステップアップしていく方法

☑ ウォルピ

- 逆制止理論：人は不安とリラックスを同時に体験できないことから、不安や恐怖などの当該反応とは逆の方向性・価値を持つ反応を学習することにより、当該反応を抑制・除去する理論
- 系統的脱感作法：逆制止の原理に注目した治療法
- 主張訓練法：相手の主張を尊重したうえで、攻撃的・非主義的にならずに、自分の考えを相手に適切に伝えていく方法

☑ その他レスポンデント条件付けとオペラント条件付けの療法

- レスポンデント条件付け
  ①漸進的筋弛緩法：筋肉の緊張と弛緩を交互に繰り返すことで、心身をリラックスさせストレスを軽減させる
  ②嫌悪療法：アルコールやタバコなどの好ましくない行動に対して、不快な刺激や嫌悪感を結びつけることで、依存物質をやめたり、好ましくない行動を抑える
  ③暴露療法（エクスポージャー法）：不安や恐怖を生じることを不安階層表に分けて、弱い不安刺激から段階的に直面させて克服（消去）していく技法。系統的脱感作との違いは、リラックスで逆制止しない点
- オペラント条件付け
  トークンエコノミー法〈オペラント条件付け〉目標となる社会的に望ましい行動をした後に、あらかじめ定められた条件によってトークンと呼ばれるご褒美をあげると、行動が強化される
- レスポンデント条件付けとオペラント条件付け療法一覧

種　類	行動療法
レスポンデント条件付け	自律訓練法
	系統的脱感作法
	主張訓練法（アサーション・トレーニング）
	漸進的筋弛緩法
	嫌悪療法
	暴露療法（エクスポージャー法）
オペラント条件付け	トークンエコノミー法
	シェイピング法

☑ グラッサー

- 現実療法（リアリティ・セラピー）：過去ではなく、現在の満たされない重要な人間関係に焦点を当て、問題解決やより良い行動の選択を支援するカウンセリング法
- 選択理論：全ての行動は自分の選択であると考える理論

■ 1-11　カウンセリング理論／ゲシュタルト療法・交流分析

☑ パールズ

- ゲシュタルト療法：「いま、ここ」に焦点を当てて気付きを重要視
- エンプティ・チェア（空の椅子）技法

☑ バーン

- 交流分析：対人援助の理論と技法の体系。「いま、ここ」の感覚や人間と人間の実存的な出会いを基礎としているため、人間性心理学の理論と言われている
- ４種類の分析：①構造分析　②交流パターン分析　③ゲーム分析　④脚本分析

■ 1-12　カウンセリング理論／包括的・折衷的アプローチ

☑ 國分康孝

- コーヒーカップ・モデル：①リレーションを作る　②問題をつかむ　③問題を解決する
- 構成的グループ・エンカウンター：本音で表現し合い、認め合うグループ体験で、カウンセリングの一形態

☑ アイビィ

- マイクロカウンセリング技法:会話を「関わり的なもの」「積極的な行動を促すもの」「それを駆使しての面接の統合」で構成されていると示し、命名した。
- マイクロ技法の階層表：①かかわり行動　②かかわり技法　③積極技法　④技法の統合

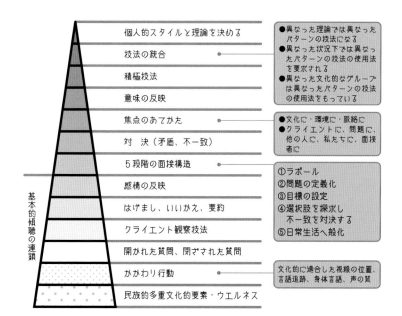

カーカフ

- ヘルピング：カウンセリングのことを「ヘルピング」と名づけ、ヘルパー（カウンセラー）とヘルピー（クライエント）との相互の関わり過程を段階的に示しているところに特徴がある
- ヘルピングのプロセス：①かかわり技法　②応答技法　③意識下技法　④手ほどき技法

1−13　その他の理論家

モレノ

- サイコドラマ：クライエントが抱える問題を見つめ直すため、演技を通して理解を深めて解決を目指す集団心理療法
- サイコドラマの効果：自己肯定感、自己の再認識、普遍性、支えられ感

2−1　キャリアコンサルタントの役割・倫理

☑ キャリアコンサルティングの社会的意義と役割を理解する

- キャリア：過去から将来の長期にわたる職務経験やこれに伴う計画的な能力開発の連鎖を指す。「職業生涯」や「職務経歴」などと訳される
- キャリアコンサルティング：労働者の職業の選択、職業生活設計又は職業能力の開発及び向上に関する相談に応じ、助言及び指導を行うこと
- キャリアコンサルタント：キャリアコンサルティングを行う専門家で、企業、需給調整機関（ハローワーク、ジョブカフェ等公的施設、民間の人材派遣会社、再就職支援機関など）、教育機関、若者自立支援機関など幅広い分野で活躍
- キャリアコンサルタントの能力要件の見直し等に関する報告書：
  - ・養成講習の全体時間数：140時間→ 150時間程度（うち演習時間：60時間→ 70時間程度）
  - ・セルフ・キャリアドック等の企業におけるキャリア支援の実施に関する知識・技能
  - ・リカレント教育等による個人の生涯にわたる主体的な学び直しの促進に関する知識・技能
  - ・職業生涯の長期化、仕事と治療、子育て・介護と仕事の両立等の課題に対する支援に関する知識・技能
  - ・クライエントや相談場面の多様化への対応に関する知識・技能

☑ キャリア形成・キャリアコンサルティングに関する教育と普及活動

- キャリア自律に向けた支援：自分自身のキャリアビジョンをしっかり持ち、中長期的な視点から計画的・主体的な行動の積み重ねを行い、自分のキャリアを構築することです
- セルフ・キャリアドック：企業がその人材育成ビジョンに基づき、キャリアコンサルティング面談やキャリア研修などを組み合わせて、従業員の主体的なキャリア形成を促進・支援する総合的な取組
- 環境への働きかけ：相談者を取り巻く環境要因（地域、学校、職場、家族等）との相互作用が大きな意味を持つ
- キャリアコンサルタントの使命と社会正義：社会正義の考え方は個人・組織・社会のどのレベルでも重要有効となるキーワード
- アドボカシー：クライアント自身が自らの権利を主張できるように支援、さらには組織や社会に対して、キャリアコンサルタントとして提言していくこと

☑ ネットワークの認識及び実践

- コンサルテーション：異なる分野の専門家への照会。効果的に相談を実施するために、追加情報を入手したり、異なる分野の専門家に意見を求めたりすること
- リファー：専門機関へ紹介あっせん。クライアントのニーズに応えるなかで、キャリア

コンサルタントの任務の範囲を超えるものについては、必要かつ適切なサービスを提供する専門機関を選択し、紹介あっせんすること

- ●ネットワークの種類：
  - ・障害者の就業支援：地域障害者職業センターに配置された職場適応援助者（ジョブコーチ）や精神発達障害者しごとサポーター、障害者トライアル雇用事業などを活用
  - ・若者や NEET の就業支援：職業訓練を行う教育機関やトライアル雇用事業や、地域若者サポートステーション（サポステ）などを活用
  - ・労働災害や職場復帰支援：特別民間法人の中央労働災害防止協会を活用
  - ・メンタルヘルス不調に対応する公的機関：産業保健総合支援センター（さんぽセンター）、精神保健福祉センター
  - ・発達障害等に対応する公的機関：発達障害者支援センター
  - ・障害者の就業支援に対応する公的機関：障害者就業・生活支援センター、地域障害者就業センター

☑ 自己研鑽及びキャリアコンサルティングに関する指導を受ける 必要性の認識

- ●自己研鑽：キャリアコンサルタント自身が、自己理解を深めること、能力の限界を認識すること
- ●スーパービジョン：指導を受ける者（スーパーバイジー）が、自らのクライエントへの支援内容等について、指導者（スーパーバイザー）から教育を受ける過程のこと

☑ キャリアコンサルタントとしての倫理・姿勢

- ●第 1 章　基本的姿勢・態度：基本的理念、品位の保持、信頼の保持・醸成、自己研鑽、守秘義務、誇示、誹謗・中傷の禁止
- ●第 2 章　職務遂行上の行動規範：説明責任、任務の範囲、相談者の自己決定権の尊重、組織との関係

2−2　相談課過程において必要な技能

☑ システマティック・アプローチ

- ●カウンセラーとクライエントとの間に信頼関係（ラポール・リレーション）を築いたのち、問題を把握してカウンセリングの目標を定め、計画を達成するための方策を定めて実行し、最後に結果を評価し、クライエントのフォローアップを行うというプロセスなどを体系的に進めるアプローチであり、感情的、認知的、行動的、発達的、構造的アプローチを折衷的・包括的に取り入れてシステマティックに展開する
- ●具体的なプロセス：①関係構築　②問題の把握　③目標の設定　④方策の実行　⑤結果の評価　⑥カウンセリングとケースの終了

☑ 相談場面の設定

- ●物理的環境の整備：相談を行うにふさわしい物理的な環境、相談者が安心して積極的に相談ができるような環境を設定する

- 心理的な親和関係（ラポール）の形成：相談を行うに当たり、受容的な態度で接することにより、心理的な親和関係を相談者との間で確立する
- インテーク面談（面接受理）：初回に行う面接
- キャリア形成及びキャリア・コンサルティングに係る理解の促進：キャリア・コンサルティングの目的や前提を明確にすることの重要性について、相談者の理解を促す（インフォームドコンセント）
- 相談の目標、範囲等の明確化：当該相談の到達目標、相談を行う範囲、相談の緊要度等について、相談者との間に具体的な合意を得る

☐ 自己理解の支援

- 自己理解のアプローチ方法：①観察法　②検査法　③面接法
- アセスメントツール

種類	対象	ツール	特徴
①厚生労働省編一般職業適性検査（GATB）	原則として13〜45歳未満	11種類の紙筆検査、4種類の器具検査（ペグと丸びょうを使用）	厚生労働省が主催している職業適性検査。①知的能力、②言語能力、③数理能力、④書記的知覚、⑤空間判断力、⑥形態知覚、⑦運動能力、⑧指先の器用さ、手腕の器用さの9つの適性能を測定する。
②職業レディネス・テスト（VRT）	主に中学生・高校生（場合によっては大学生も使用可）	A検査：職業興味　B検査：基礎的志向性　C検査：職務遂行の自信度で構成	ホランド理論に基づく6つの興味領域（現実的、研究的、芸術的、社会的、企業的、慣習的）に対して、職業志向性、職務測定の自信度を測定。基礎的志向性（対情報関係志向／対人関係志向／対物関係志向）も測定
③VPI職業興味検査	短大生、大学生以上	160個の職業名の興味の有無を回答	ホランドが開発したキャリア・ガイダンスのための支援ツール。6つの興味領域（現実的、研究的、芸術的、社会的、企業的、慣習的）と、5つの傾向尺度（自己統制、男性ー女性、地位志向、稀有反応、黙従反応）を測定
④VRTカード	児童・生徒から成人	職務内容を記載した54枚のカード表：職業の職務内容（RIASEC）裏：①職業名②職業興味の6領域③基礎的志向性の3分類（DPT）	職業レディネス・テスト（VRT）をカード化した簡便な職業興味検査。職務内容を「やりたい」、「やりたくない」、「どちらともいえない」に分類し、それぞれを職業興味の6領域に分けることで職業興味と職務遂行の自信度を検査
⑤キャリア・インサイト	若者から中高年	PCで利用できる総合的なキャリアガイダンスシステム	キャリア・ガイダンスに必要な基本的なステップを利用者が一人で経験できる。①適性評価機能、②職業情報の検索機能、③適性と職業との照合機能、④キャリア・プランニング機能の4つの機能がある。PCにインストールするためスマートフォンでは利用できない
⑥OHBYカード	児童・生徒から若者・中高年	48枚のカード表：職業の絵と写真を1枚ずつ裏：文字情報	430職種の職業情報を、写真・イラスト・チャート・動画などで紹介する「職業ハンドブックOHBY」の内容を48枚のカードにまとめたもの。職業理解と自己理解を深めるツール
⑦キャリアシミュレーションプログラム（CSP）	就業経験のない大学生等や若年者向け	すごろくのような形式	職業生活のイメージを伝えるグループワーク型の授業・セミナー用教材。「シミュレーション」と「ふりかえり」の二部構成
⑧内田クレペリン検査	中学生〜成人	連続加算（右隣り合わせの二数の加算を連続的に行う）	作業量（作業速度）や作業曲線、あるいは作業の質などの結果から各人の仕事ぶりを推測。作業性格や作業態度、行動特徴等、個人の性格面にかかわる特性を総合的に捉える
⑨Y-G性格検査	小学2年〜成人	3択応式式で性格に関する120問の質問に答える	ものの考え方、とらえ方、人との関わり方などの傾向を知ることができる心理検査。12の尺度（抑うつ性／気分変化／劣等感／神経質／客観性／協調性／攻撃性／活動性／のんきさ／思考性／支配性／社会性）から性格特性を掴む。さらにA（平均型）／B（不安定不適応積極型）／C（安定適応消極型）・D（安定積極型）／E（不安定不適応消極型）の5種類の類型に分類する。
⑩CADS&CADI	企業の従業員	・CADS：ワークシート（1〜6）、ワークシートまとめ表、スキル・マップに記載・CADI：81項目の質問に、「はい・いいえ」で回答	・CADS：自己理解が深まるように構成されたワークシート・CADI：キャリア形成力と個人的傾向を把握するための心理学的検査
⑪新版TEG3 東大式エゴグラム Ver.3	15歳以上	53項目の選択式。実施方法はオンライン版（CAT版）、検査用紙、マーク式用紙の3種類がある	バーンの交流分析理論に基づいて作られた。5つの自我状態（CP：批判的な親／NP：養育的な親／A：大人／FC：自由な子ども／AC：順応した子ども）のバランスから、性格特性と行動パターンを把握する性格検査

☐ 仕事理解の支援

- 日本標準職業分類：総務省が法令に基づく統計基準として作成した分類＜大分類（12）中分類（74）小分類（329）の3段階に分類＞
- 厚生労働省編職業分類：厚生労働省が職業安定法に基づいて作成。ハローワークの職業紹介等において使用される分類＜大分類（15）中分類（99）小分類（440）の3階

層に分類＞
- 日本標準産業分類：総務省が作成した産業の分類＜産業を大分類（20）中分類（99）小分類（530）細分類（1,460）に４階層に分類＞
- 職業情報のための分析手法：①職務分析　②職務調査　③職業調査　④企業分析

自己啓発の支援

- 啓発的経験：実際の体験を伴った「自己理解」「仕事理解」に役立つ経験のこと。インターンシップ、職場見学、トライアル雇用など

意思決定の支援

- クライエント自身で目標を設定し、それを実現するための最大限のサポートを行なうこと：①目標設定　②意思決定方策　③学習方策
- 学習のための３つのカテゴリー：①技能（スキル）を身につける　②行動パターン（習慣）を知る　③意欲（必要なもの）を持って行動を起こす

方策の実行の支援

- 方策：カウンセリングの目標を達成するための行動計画のこと。キャリアコンサルタントは方策の実行の管理、助言を行う
- 方策実行の６ステップ：①クライエントが選択肢のメリットとデメリットを検討し、最適な方策を一つ選択　②プラス点やマイナス点を省略せずにクライエントに説明する　③方策が要求を満たさない場合、クライエントに合わせて方策を修正する　④具体的に行動を行うことを約束するために契約を結ぶ　⑤クライエントは自己の責任において方策を行う。キャリアコンサルタントも任務を遂行する　⑥方策の実行全体を確認し、実行していない場合には実行するか、他の方策を検討するなどの支援を行う
- 学習のための３つのカテゴリー：①技能（スキル）を身につける　②行動パターン（習慣）を知る　③意欲（必要なもの）を持って行動を起こす

新たな仕事への適応の支援

- 方策の実行の結果、就職の後も支援の姿勢を持ってクライエントに接することが、新たな仕事への適応を図るためにも大切

相談過程の総括

- キャリア・コンサルティングのフィードバックやクライエントの目標がどの程度達成されたかを加味し、相談を終了することが適正なタイミングであると判断できる時点でクライエントに伝え、同意を得てから終了する
- 成果の評価：進捗状況を確認し、目標達成具合を評価すること
- キャリアコンサルティングの評価：キャリアコンサルタント自身が相談支援の過程と結果について自己評価を行うこと①コンサルタント自身が得た知識や経験からの反省と学習　②クライエント自身の受け止め方や満足度　③スーパーバイザーや他のカウンセラーなど当事者以外の評価

2-3 グループアプローチの技能

☑ 代表的なグループアプローチ

①ベーシック・エンカウンター・グループ：ロジャーズ
②Tグループ：レヴィン
③構成的グループ・エンカウンター：國分康孝
④サイコドラマ：モレノ

☑ ワークショップ

- 与えられたプログラムや課題を体験しながら、参加者が自発的に発言、交流をしながら学ぶことができる『参加・体験型学習』のこと
- 主なワークショップ：①討議法（ディスカッション）　②ディベート　③ロール・プレイング法　④ブレイン・ストーミング法　⑤ブレイン・ライティング　⑥コンセンサスゲーム　⑦ワールドカフェ

2-4 リーダーシップ理論

☑ PM理論

- 三隅二不二（みすみじゅうじ）がリーダーシップとしての要素を2次元で考え、提唱
- 職務遂行機能（Performance function）：組織を率いて目標を達成させるために発揮されるリーダーシップ
- 集団維持機能（Maintenance function）：組織の人間関係を良好にし、集団をまとめるために発揮されるリーダーシップ

☑ SL理論

- 部下の習熟度等や状況によってアプローチやリーダーシップのスタイルを変えるほうがより効果があるという理論

☑ シェアドリーダーシップ

- メンバー全員が状況に応じて主体的にリーダーシップを発揮し、リーダー以外のメンバーはフォローシップを発揮するという、共有型のリーダーシップのこと

☑ パス・ゴール理論

- ハウス（R.House）が提唱した、部下が目標（ゴール）を達成するために、リーダーはどのような道筋（パス）を通ればよいかを示すことであるという考えに基づいた理論

☑ 家族療法
- ●問題は個人の問題ではなく、家族システムが相互に影響し合ったためと捉え、家族の相談にも乗りながら、家族全体で適切な対処法を工夫することで問題の緩和を図る

☑ 解決思考アプローチ
- ●相談者が持っているリソース（能力・柔軟性・可能性・強さなど）に焦点を当て、問題を解決することを重視するアプローチ

☑ ソーシャル・スキル・トレーニング（SST）
- ●対人関係や社会生活を営むために必要な技能（スキル）を身に付ける訓練のことであり、認知行動療法の一種とされている
- ●標準的なトレーニング方法：①教示　②モデリング　③リハーサル　④フィードバック　⑤般化

3−1　社会及び経済の動向並びにキャリア形成支援の必要性の理解

☑ ＜厚生労働省＞第11次職業能力開発基本計画

- 職業訓練や職業能力評価など、職業能力の開発に関する基本となるべき計画を策定したもの。5年間にわたる職業能力開発施策の基本方針が示されている

☑ 働き方改革実行計画

- 働き方改革実行計画の具体内容：①同一労働同一賃金など非正規雇用の処遇改善　②賃金引上げと労働生産性向上　③罰則付き時間外労働の上限規制の導入など長時間労働の是正　④柔軟な働き方がしやすい環境整備　⑤女性・若者の人材育成など活躍しやすい環境整備　⑥病気の治療と仕事の両立　⑦子育て・介護等と仕事の両立、障害者の就労　⑧雇用吸収力、付加価値の高い産業への転職・再就職支援　⑨誰にでもチャンスのある教育環境の整備　⑩高齢者の就業促進　⑪外国人材の受入れ

3−2　職業能力開発（リカレント教育を含む）の知識

☑ リカレント教育

- 社会人になってからも個々人のタイミングで学び直し、生涯にわたって仕事で求められる能力を磨き続けること

☑ 企業主体の教育訓練（OJT ／ Off-JT）

- 企業で実施されている業務と習熟に必要な業務教育の研修手法：① OJT は職場内で行われる職業指導手法　② Off-JT は業務命令に基づいて、職場を離れて実施される訓練

☑ 公的職業訓練

- 公的職業訓練(ハロートレーニング)：キャリアアップや希望する就職を実現するために、必要な職業スキルや知識を習得することができる職業訓練制度
- 公的職業訓練の種類

訓練の種類			対象者	訓練期間
公共職業訓練	離職者訓練	施設内訓練	雇用保険受給資格者	概ね 3ヶ月〜1年
		委託訓練		
	在職者訓練		在職者（主に中小企業に勤める方々）	2日〜5日
	学卒訓練		高等学校卒業者等	1年〜2年
	障害者訓練		ハローワークの求職障害者	概ね 3か月〜1年
求職者支援訓練	基礎コース		雇用保険受給資格がない人	2ヶ月〜6ヶ月
	実践コース			

公共職業能力開発施設の種類

- ①職業能力開発校　②職業能力開発短期大学校　③職業能力開発大学校　④職業能力開発促進センター　⑤障害者職業能力開発高校

教育訓練給付金制度

- 訓練の種類と給付金支給要件

訓練名	給付金名	受講費用に対する支給額		年間上限	支給要件期間	訓練前キャリアコンサルティングジョブ・カード等の提出
一般教育訓練	一般教育訓練給付金	受講費用に対する支給額	20%	10万円 ※4千円を超えない場合は支給されない	3年以上（1年以上）	任意
		受講開始日前1年以内にキャリアコンサルタントを受けた費用	2万円			
専門実践教育訓練	専門実践教育訓練給付金	一般的な場合	50%	最大で受講費用の70%	40万円	3年以上（2年以上）	必須
		資格取得等をし、かつ訓練修了後1年以内に雇用保険の被保険者として雇用された場合	20%		16万円		
特定一般教育訓練	特定一般教育訓練給付金	40%		20万円	3年以上（1年以上）	必須

人材育成に関する助成金

- 人材開発支援助成金：職業訓練等を計画に沿って実施した場合に、訓練経費や訓練期間中の賃金の一部等が助成される制度
- キャリアアップ助成金：有期雇用労働者、短時間労働者、派遣労働者といったいわゆる非正規雇用の労働者の企業内でのキャリアアップを促進するため、正社員化、処遇改善の取組を実施した事業主に対して助成されるもの

社内検定認定制度

- 個々の企業や団体が、自主的に行っている検定制度（社内検定）のうち、一定の基準を満たしており、技能振興上推奨すべきであると認めたものを厚生労働大臣が認定する制度

☑ 職業能力評価基準

- 業種及び職種・職務別に仕事をこなすために必要な「知識」と「技術・技能」に加えて、「成果につながる職務行動例（職務遂行能力）」を厚生労働省が整理したもの

☑ ジョブカード制度

- 個人のキャリアアップや、多様な人材の円滑な就職等を促進することが目的であり、「生涯を通じたキャリア・プランニング」及び「職業能力証明」のツールとして、キャリアコンサルティング等の個人への相談支援のもと、求職活動、職業能力開発などの各場面において活用する制度
- ジョブ・カードの3つの様式：①キャリア・プランシート　②職務経歴シート　③職業能力証明シート
- 対象者：①学生（大学生・短大生・専門学校生）　②在職者　③求職者

3-3　企業におけるキャリア形成支援の知識

☑ 公正な採用選考

- 採用選考時に配慮すべき事項：①本人に責任のない事項の把握　②本来自由であるべき事項（思想信条にかかわること）の把握　③採用選考の方法

☑ 人事管理に関連する用語について

- 人事管理に関する用語：①異動　②転属　③転勤　④転籍　⑤出向
- 請負と派遣の違い

	請負	派遣
契約の目的	成果物を提供すること	労働力を提供すること
指揮命令権の所在	請負会社	派遣先企業
契約の期間	成果物の「納期」を設定する	数か月単位で明確に取り決める

- 近年活用されている社内制度：①社内公募制度　②自己申告制度　③FA制度　④社内ベンチャー

☑ 労働契約の終了に関するルール

- 解雇制限：解雇が客観的に合理的な理由を欠き、社会通念上相当と認められない場合は、労働者をやめさせることはできない
- 解雇予告：解雇する場合には、解雇予告の実施か解雇予告手当の支払いが義務付けられている
- 解雇予告手当：解雇予告手当を支払うことで、解雇予告の代替とすることが認められている
- 解雇の種類：①普通解雇　②整理解雇　③懲戒解雇
- 整理解雇を行う際の4つの要件：①人員整理の必要性　②解雇回避努力義務の履行　③被解雇者選定の合理性　④解雇手続きの妥当性

労働時間の管理

- 法定労働時間：労働時間は原則として1日8時間・1週40時間以内
- 法定労働時間を超えて労働者に時間外労働（残業）をさせる場合：①労働基準法第36条に基づく労使協定（36（サブロク）協定）の締結　②所轄労働基準監督署長への届出
- 労働基準法で定める休憩：①6時間を越える場合は45分以上の休憩が必要　②労働時間が6時間未満もしくはちょうど6時間の場合、休憩は必須とならない　③8時間を超える場合においては少なくとも1時間の休憩時間を労働時間の途中に与えなければならない
- 休日：①法定休日（労働基準法で定める休日）　②所定休日（会社が独自に就業規則や労働契約で定めた休日）
- 就業規則の提出：常時10人以上の労働者を使用している事業場では、就業規則を作成し、過半数組合または労働者の過半数代表者からの意見書を添付し、所轄労働基準監督署に届け出る必要がある
- 代替休日と振替休日の違い

	代替休日（代休）	振替休日（振休）
休日の特定	事後	事前
休んだ日の扱い	休暇（労働日）	休日
休日の割増賃金	必要	不要 （ただし、同一週内で振り替えた場合のみ）
就業規則の定め	不要（ただし、代休控除の規定は必要） ※事実上は定めておくことが適切	必要

人事考課

- 人事考課で評価する視点：①成績考課（業績考課）　②能力考課　③情意考課（行動考課・執務態度考課）
- 評価誤差（評価エラー）：評価者が主観や感情に左右されて陥ってしまう評価の偏りのこと。①ハロー効果　②論理的誤差　③寛大化傾向　④厳格化傾向　⑤中心化傾向　⑥逆算化傾向　⑦対比誤差　⑧近接誤差
- 目標管理制度（MBO）：ドラッカーが提唱した従業員が個人目標を設定し、その進捗や達成度合いで人事評価を決める制度

等級制度

- 職能資格制度：職務遂行能力（知識・技能・行動力・積極性等）に基づいて従業員を評価し、賃金体系の基礎となる等級を決める日本で生まれた制度
- 職務等級制度：職務ごとの達成度で評価する。職務は「職務記述書」によって、営業・総務などの職務ごとに内容や難易度を明確に定義し、それぞれ報酬を設定する。主に欧米で発達した人事制度

新しい働き方

- 雇用型テレワーク：①在宅勤務　②施設利用型勤務　③モバイルワーク
- 自営型（非雇用型）テレワーク：① SOHO　②内職副業型勤務
- 限定正社員：①勤務地限定正社員　②勤務限定正社員　③勤務時間限定正社員

労働基準法

- 労働基準法：労働者の労働条件についての最低基準を定めた法律
- 賃金払いの５原則：①通貨払いの原則　②直接払いの原則　③全額払いの原則　④毎月払いの原則　⑤一定期日払いの原則
- 割増賃金：使用者が労働者に時間外労働（残業）・休日労働・深夜業を行わせた場合に支払わなければならない賃金
- 年次有給休暇：労働者の休暇日のうち、使用者から賃金が支払われる有給の休暇日のこと

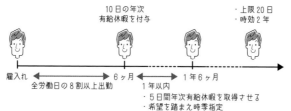

- 労働条件通知書：労働者を雇い入れた際には、賃金・労働時間等の労働条件を書面（労働条件通知書）を交付することで明示しなければならないと定められている。FAX、電子メール、SNS 等でも明示できるようになった
- 労働基準法における母性保護規定：女性が産前・産後も安心して仕事を続けるために定められている

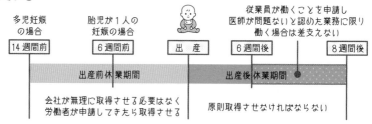

労働契約法

- 労働契約法：労働契約の締結、労働条件の変更、解雇等についての基本的なルールを定めた法律
- 無期転換ルール：有期労働契約が 5 年を超えて更新された場合は、有期契約労働者の申込みにより、期間の定めのない労働契約に転換される

労働時間等設定改善法

- 労働時間等設定改善法：事業主等に労働時間等の設定の改善に向けた自主的な努力を促すことで、労働者がその有する能力を有効に発揮することや、健康で充実した生活を実現することを目指した法律
- 勤務間インターバル制度：終業時刻から次の始業時刻の間に、一定時間以上の休息時間

（インターバル時間）を設けることで、従業員の生活時間や睡眠時間を確保しようとするものであり、導入が事業主の努力義務となっている

☑ 労働安全衛生法

- 労働安全衛生法：労働災害の防止のために職場における労働者の安全と健康を確保するとともに、快適な職場環境の形成を促進することを目的として制定
- 労働安全衛生法改正でチェックすべきポイント：①労働時間の状況の把握　②長時間労働者への医師による面接指導（1カ月あたり月80時間超）
- 労働施策総合推進法の改正（パワハラ防止対策義務化）：2022年4月1日から中小企業においても雇用管理上必要な措置をとる対応が義務化された
- 職業安定法の改正：①求人等に関する情報の的確な表示が義務付け　個人情報の取扱いに関するルールが新しくなった　③求人メディア等の届出制を創設　④苦情に対する適切・迅速な対応の義務付け
- 若者雇用促進法：①職場情報の積極的な提供　②ハローワークにおける求人不受理　③ユースエール認定制度

☑ 労働者派遣法

- 労働者派遣法：派遣労働者を保護するための法律
- 派遣の期間制限：①派遣先の同一の事業所に対し派遣できる期間は原則3年が限度。3年を超えて受け入れる場合は派遣先の事業所の過半数労働組合もしくは事業所の労働者の過半数を代表する者からの意見を聞く必要がある　②同一の派遣労働者を、派遣先の事業所における同一の組織単位（課など）に対し派遣できる期間は3年が限度（60歳以上の派遣労働者などの例外あり）
- 紹介予定派遣：一定の労働者派遣の期間（6カ月以内）を経て、直接雇用に移行すること（職業紹介）を念頭に行われる派遣のこと
- 雇用安定措置：派遣元事業主は、同一の組織単位に継続して3年間派遣される見込みがある派遣労働者に対し、派遣終了後の雇用を継続させる措置（雇用安定措置）を講じる義務がある
- 派遣労働者のキャリア形成の支援：①段階的・体系的に必要な知識や技能を習得するための教育訓練　②希望者に対するキャリアコンサルティング
- 高年齢者雇用安定法の改正（努力義務）：①70歳までの定年の引上げ　②定年制の廃止　③70歳までの継続雇用制度（再雇用制度・勤務延長制度）の導入　④70歳まで継続的に業務委託契約を締結する制度の導入　⑤70歳まで継続的に次の事業に従事できる制度の導入（a. 事業主が自ら実施する社会貢献事業　b. 事業主が委託、出資（資金提供）等する団体が行う社会貢献事業）

☑ 職業能力開発促進法

- 職業能力開発促進法：職業に必要な労働者の能力を開発し、及び向上させることを促進し、職業の安定と労働者の地位の向上を図るとともに、経済及び社会の発展に寄与することを目的とした法律。この法律で初めてキャリアコンサルタントが明文化された
- 事業内職業能力開発計画：雇用する労働者の職業能力の開発及び向上を段階的かつ体系的に行うために事業主が作成する計画。計画の作成は事業主の努力義務となっている

☑ 個別労働紛争解決促進法

- 個別労働紛争解決促進法：労働条件その他労働関係に関する事項についての、個々の労働者と事業主との間の紛争について、あっせんの制度を設けること等により、その実情に即した迅速かつ適正な解決を図ることを目的として制定
- 紛争解決のための援助制度＜都道府県労働局＞：①総合労働相談コーナーにおける情報提供・相談　②都道府県労働局長による助言・指導　③紛争調整委員会によるあっせん

☑ 育児・介護休業法

- 育児・介護休業法：正社員や契約社員として働いている人に子どもが生まれて育児のための時間が必要になったり、自分の家族に介護が必要になったときに、受給条件さえ満たせば、仕事と育児・介護を両立できるようにするために受けられる申請制の公的な福祉サービス・資格を定めた法律
- 休業・休暇：①育児休業　②育児休暇　③介護休業　④介護休暇

☑ 雇用保険法

- 雇用保険法：雇用保険は政府が管掌する強制保険制度であり、労働者を雇用する事業は原則として強制的に適用され、その雇用保険制度について定めた法律
- 失業等給付：①求職者給付　②就職促進給付　③教育訓練給付　④雇用継続給付

☑ 労働者災害補償保険法（労災保険法）

- 労災保険法：労働者の業務上の事由または通勤による労働者の傷病等に対して必要な保険給付を行い、あわせて被災労働者の社会復帰の促進等の事業を行う制度（労災保険制度）について定めた法律
- 労災保険給付の種類一覧：①療養（補償）給付　②休業（補償）給付　③障害（補償）給付　④遺族（補償）給付　⑤葬祭料・葬祭給付　⑥傷病（補償）年金　⑦介護（補償）給付　⑧二次健康診断等給付

☑ 社会保障制度

- 社会保障制度：国民の「安心」や生活の「安定」を支えるセーフティネットであり、人々の生活を生涯に わたって支えるものであると定められている
- 医療保険制度：日本は国民皆保険制で、国民の誰もが必ず医療保険に加入しなければならない。医療保険にはいくつかの制度があり、加入する人（被保険者）の職業などによって制度と運営する保険者が異なる
- 公的年金制度：国民皆年金という特徴をもっており、構造としては3階建てとなる

	個人型確定拠出年金（iDeCo）		
3階部分	国民年金基金	企業年金	
2階部分		厚生年金保険※	
1階部分	国民年金（基礎年金）		
	第1号保険者	第2号保険者	第3号被保険者

　　　　の部分は任意加入

- 厚生年金保険料等の免除：日本年金機構では、被保険者に対して産前産後休業期間中および、育児休業等期間中の厚生年金保険料等を免除するという制度がある
- 介護保険制度：介護保険制度は高齢者の介護を社会全体で支え合う仕組みとして創設された

	第1号被保険者	第2号被保険者
対象者	65歳以上の方	40歳以上65歳未満の健保組合、全国健康保険協会、市町村国保などの医療保険加入者
受給要件	・要介護状態 ・要支援状態	要介護・要支援状態が老化に起因する16種の特定疾病（末期がんや関節リウマチ等）による場合に限定
保険料の徴収方法	市町村と特別区が徴収	医療保険者が医療保険の保険料と一括徴収

3−5　学校教育制度及びキャリア教育の知識

☑ 教育基本法・学校教育法

- 教育基本法：日本の未来を切り拓く教育の基本を確立し、その振興を図るために制定された法律で、教育の目的及び理念／教育の実施に関する基本／教育行政について定められている
- 学校教育法：教育基本法に基づき、小学校／中学校／高等学校／中等教育学校／高等専門学校／特別支援学校／大学（大学院、短期大学）／幼稚園／専修学校／各種学校について学校制度の基本を定めた法律

☑ キャリア教育の知識

- 今後の学校におけるキャリア教育・職業教育の在り方について（答申）：

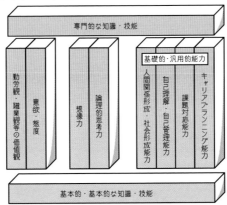

☑ 卒業後の進路について

- キャリアパスポート：児童生徒が小学校から高等学校までのキャリア教育に関わる諸活動について、自らの学習状況やキャリア形成を見通したり振り返ったりしながら、自身の変容や成長を自己評価できるよう工夫されたポートフォリオのこと
- インターンシップ：高校生や大学生が在学中のある期間、企業等で実際の業務を体験する制度

3-6　メンタルヘルスの知識

☑ ストレスが生じるメカニズムと対処法

- ストレッサー：ストレスの原因となる刺激や要求など。　①物理的ストレッサー　②化学的ストレッサー　③生物的ストレッサー　④心理・社会的ストレッサー
- ストレスコーピング：ストレッサーに上手に対処しようとすること

☑ ストレスチェック制度

- 労働安全衛生法が改正され、実施が義務付けられた　①労働者数50人以上の事業場　②1年以内ごとに1回　③本人から申出があった場合、医師による面接指導を実施する　④医師の面談結果、必要があると判断された場合には就業上の措置を実施する

☑ 代表的な精神疾患

- ①統合失調症　②うつ病　③双極性障害　④解離性障害　⑤解離性障害　⑥適応障害　⑦パニック障害　⑧発達障害（自閉スペクトラム症、注意欠如・多動症、学習障害、チック症、吃音）　⑨アルコール依存症

3-7　個人の多様な特性の知識

☑ 障害者への支援

- 障害者雇用促進法：障害者の職業生活において自立することを促進するための措置を総合的に講じて、障害者の職業の安定を図ることを目的とする法律
- 障害者雇用促進法が定める事業主の主な義務：①雇用義務制度　②差別禁止　③合理的配慮の提供　④苦情処理・紛争解決援助
- 法定雇用率：①民間企業2.3%　②国・地方自治体2.6%　③都道府県等の教育委員会2.5%
- 障害者総合支援法：障害者の日常生活及び社会生活を総合的に支援するための法律
- 障害者の福祉サービス：①自立支援給付　②地域生活支援
- 自立支援給付：①介護給付：居宅介護、重度訪問介護、同行援護、行動援護、重度障害者等包括支援、短期入所、療養介護、生活介護、施設入所支援　②訓練等給付：自立生活援助自立訓練、就労移行支援、就労継続支援A型、就労継続支援B型、就労定着支援
- チャレンジ雇用：官公庁や自治体において、障害者枠の雇用を進めるための制度。知的障害者や精神障害者が対象で、非常勤職員として雇用
- ジョブコーチ支援：ジョブコーチ（職場適応援助者）が障害のある方が働く企業に一定期間訪問し、職場に適応できるように本人と企業の双方に支援を行うサービス　①配置型　②訪問型　③企業在籍型

☑ 若年者への支援

- ユースエール認定制度：若者の採用・育成に積極的で、若者の雇用管理の状況などが優良な中小企業を厚生労働大臣が認定する制度

●地域若者サポートステーション（サポステ）とジョブカフェの違い

	サポステ	ジョブカフェ
設置	国（厚生労働省）　※管轄は各都道府県	各都道府県
運営	全国の若者支援の実績やノウハウが あるNPO法人や企業	全国の若者支援の実績やノウハウが あるNPO法人や企業
設置数	全国177箇所	46の都道府県に各1つ
対象年齢	15～49歳まで	原則として15歳から34歳まで ※都道府県により異なる
内容	・就労に関する専門的な相談 ・コミュニケーション訓練 ・就活セミナー（面接・履歴書指導等） ・ジョブトレ（協力企業への就業体験） ・就職後の定着支援　　　　　　　　　など	・就職セミナーや職場体験 ・カウンセリングや職業相談 ・正社員就職に向けた就職プランの作成 ・協力企業への就業体験 ・職業紹介　　　　　　　　　　　　　など
求人の紹介や斡旋	行なわない	ハローワークのデータベースを使用できる

高齢者への支援

●高年齢者雇用安定法の改正：70歳までの定年年齢の引上げや定年制の廃止等は努力義務

女性への支援

●男女雇用機会均等法：①性別を理由とする差別（直接差別）の禁止　②間接差別の禁止　③女性労働者に係る措置に関する特例　④婚姻、妊娠・出産等を理由とする不利益取扱いの禁止

●くるみん認定マーク：厚生労働省が仕事と子育ての両立支援に積極的に取り組んでいる企業を「子育てサポート企業」として認定する制度

●女性の職業生活における活躍の推進に関する法律（女性活躍推進法）：職業生活において、女性の個性と能力が十分に発揮できる社会を実現するため、国、地方公共団体、民間事業主（一般事業主）それぞれの女性の活躍推進に関する責務等を定めた法律

●パートタイム・有期雇用労働法：①労働条件に関する文書の交付等　②就業規則の作成の手続　③不合理な待遇の禁止　④通常の労働者と同視すべきパートタイム・有期雇用労働者に対する差別的取扱いの禁止

●えるぼし認定：行動計画の策定・届出を行った事業主のうち、女性の活躍推進状況が優良な場合に、厚生労働大臣の認定（えるぼし）を受けられる

LGBTへの支援

●性的マイノリティ:L（レズビアン）、G（ゲイ）、B（バイセクシュアル)、Q（クエスチョニング）、Queer（クィア）

治療と仕事の両立支援

●事業場における治療と仕事の両立支援のためのガイドライン＜厚生労働省＞：就業上の適切な措置、治療に対する配慮を行うための、関係者の役割、事業場における環境整備、個別の労働者への支援の進め方を含めた、事業場における取組みがまとめられている

☑ 白書と統計資料の種類一覧

白書	厚生労働省	厚生労働白書	毎年
		労働経済の分析（労働経済白書）	毎年
	内閣府	高齢社会白書	毎年
		男女共同参画白書	毎年
統計資料	総務省	労働力調査	毎月
		就業構造基本調査	5年ごと
	厚生労働省	能力開発基本調査	毎年
		一般職業紹介状況	毎月
		賃金構造基本統計調査	毎年
		就労条件総合調査	毎年
		若年者雇用実態調査	5年ごと
		働く女性の実情	毎年
		外国人雇用状況	毎年
	内閣府	景気動向指数	毎月
	文部科学省	学校基本調査	毎年

4－1 キャリアコンサルタントに必要な白書

☑ ＜厚生労働省＞厚生労働白書

- 厚生労働行政の現状や今後の見通しなどについて、広く国民に伝えることを目的として
毎年とりまとめられている

☑ ＜厚生労働省＞労働経済の分析（労働経済白書）

- 一般経済や雇用、労働時間などの現状や課題について、統計データを活用して分析する
報告書。例年9月に発表

☑ ＜内閣府＞高齢社会白書

- 高齢社会対策基本法に基づき、毎年内閣府が国会に提出している年次報告書

☑ ＜内閣府＞ 男女共同参画白書

● 内閣府が男女共同参画社会基本法に基づき作成している年次報告書。毎年6月に発表

4－2 キャリアコンサルタントに必要な統計数字

☑ ＜総務省＞ 労働力調査

● 国民の就業、不就業の状況を把握するための調査：毎月実施

☑ ＜総務省＞ 就業構造基本調査

● 国民の就業及び不就業の状態を調査し、全国及び地域別の就業構造に関する基礎資料を得ることを目的としている。5年ごとに実施

☑ ＜厚生労働省＞ 能力開発基本調査

● 国内の企業、事業所と労働者の能力開発の実態を明らかにすることを目的としている調査。毎年実施
● 調査対象：①企業調査　②事業所調査　③個人調査

☑ ＜厚生労働省＞ 一般職業紹介状況

● 対公共職業安定所（ハローワーク）における求人、求職、就職の状況（新規学卒者を除く）を取りまとめ、求人倍率等の指標を算出することを目的とした統計調査。毎月作成
● 訓練の種類：①一般教育訓練　②専門実践教育訓練　③特定一般教育訓練

☑ ＜厚生労働省＞ 賃金構造基本統計調査

● 主要な産業に雇用される労働者の賃金の実態を雇用形態、職種、性別等ごとに明らかにする調査。毎年実施
● 調査事項：①事業所に係る事項　②労働者に係る事項

☑ ＜厚生労働省＞ 就労条件総合調査

● 主要産業において労働時間制度、賃金制度等について総合的に調べ、就労条件の現状を

明らかにするための調査。毎年実施

☑ ＜厚生労働省＞ 若年者雇用実態調査

- 事業所における若年労働者の雇用状況、若年労働者の就業に関する意識など若年者の雇用実態について、事業所側、労働者側の双方から把握することにより、若年者の雇用に関する諸問題に的確に対応した施策の立案等に資することを目的としており、5年に一度実施

☑ ＜厚生労働省＞ 働く女性の実情

- 働く女性の実態とその特徴を明らかにし、厚生労働省が行なっている対策や女性労働者を取り巻く環境の変化などを昭和28年以降毎年紹介している資料

☑ ＜厚生労働省＞外国人雇用状況

- ハローワークに届け出された情報に基づいて毎年まとめている

☑ ＜内閣府＞ 景気動向指数

- 生産、雇用など様々な経済活動での指標の動きを統合し、景気の現状把握及び将来予測に資するための指標。毎月作成
- 用語の解説

先行系列	景気の動きに対し先行して動く指標。景気の先行きに対する予測を行うときに参照される	新規求人数など
一致系列	景気の動きに対し、一致して動く指標。景気の現状を把握するのに用いられる	有効求人倍率など
遅行系列	景気の動きに対し、遅行して動く指標。景気の転換点を確認するものとして利用される。先行指数や一致指数を受けて半年から1年遅れて反応する	完全失業率など

☑ ＜文部科学省＞ 学校基本調査

- 学校に関する基本的事項を調査し、学校教育行政上の基礎資料を得ることを目的とした調査。毎年実施